鑑賞系列
4

◎沈　泓　舒惠芳　著

瓷器

鑑賞與收藏

品冠文化出版社

國家圖書館出版品預行編目資料

瓷器鑑賞與收藏 / 沈泓　舒惠芳　著
　　──初版，──臺北市，品冠文化，2010〔民99.11〕
　　面；21公分 ──（鑑賞系列；4）
　　ISBN 978－957－468－780－0（平裝）
　1.古陶瓷　2.藝術欣賞
　796.6　　　　　　　　　　　　　　　　　　99017538

瓷器鑑賞與收藏

著　　者/沈　泓　舒惠芳

責任編輯/周　　允

發 行 人/蔡 孟 甫

出 版 者/品冠文化出版社

社　　址/台北市北投區（石牌）致遠一路2段12巷1號

電　　話/（02）28233123・28236031・28236033

傳　　眞/（02）28272069

郵政劃撥/19346241

網　　址/www.dah-jaan.com.tw

E - mail / service@dah-jaan.com.tw

承 印 者/弼聖彩色印刷有限公司

裝　　訂/建鑫裝訂有限公司

排 版 者/弘益電腦排版有限公司

授 權 者/安徽科學技術出版社

初版1刷/2010年（民99年）11月

定　價/800元

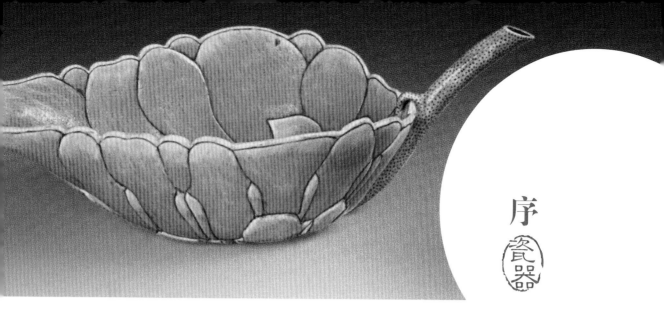

序

瓷器

　　10年前，筆者在《1998—1999中國家庭投資》一書中的瓷器章節中分析：「青花是中國最具有民族特色的古瓷，對於圖案清晰、線條流暢、意境高古、藝術精湛的青花可大量收藏，特別是帶人物圖畫、有情節、繪畫好的青花要果斷收進。」並預測：「隨著現代人回歸簡樸和回歸單純的審美潮流湧動，青花潛力無限。」

　　不到10年，正如筆者「青花潛力無限」的預測，一只青花瓷器鬼谷子下山圖罐以2.3億元在倫敦拍賣成交，創造了中國瓷器最高價。

　　一切都如筆者所分析，該青花瓷器創造了中國瓷器最高紀錄，是因爲「所繪圖案精美，人物刻畫細膩傳神」（有關專家評價），正如筆者強調的「對於圖案清晰、線條流暢、意境高古、藝術精湛的青花可大量收藏」。

　　專家在分析該青花瓷器爲何能拍出天價時評論：「貴在有人物、有故事……」這正應了筆者10年前對瓷器收藏者的忠告：「特別是人物圖畫、有情節、繪畫好的青花要果斷收進。」

　　在《1998—1999中國家庭投資》一書中，我推薦了4種具有收藏投資增值潛力的品種，一是官窯瓷器，二是青花瓷器，三是明清瓷器，四是四大名窯瓷器。從近年中外拍賣市場看來，中國瓷器成交價前十名的正是這四類瓷器。筆者欣慰地看到，很多看了本人著作而走向瓷器收藏道路的讀者，都避免了走彎路。在「大量收藏」和「果斷收進」間，青花瓷器這些年在不知不覺中以平均每年100%以上的增幅在增值。

　　上述的預測和預言，在當時很多人看來是不可想像的，也是不可相信的。然而卻都提前成了事實。

　　在本書中，又有一系列的超前預測和預言，我想現在的很多人看了仍然會瞠目結舌，仍然會感覺不可思議，好在時間是最公平的裁判，歷史的演變是不以任何個人意志爲轉移的。

　　如本書中的預言有：「中國瓷器在如今成交紀錄的基礎上再漲10倍並不遙遠」，「在我看來，2.3億元並非中國瓷器的最終價，3.9億元也不是藝術收藏品的最終價，當中國瓷器一件拍出23億元或39億元成交價的時候，那時或許有人會認爲23億元一點都不高了！」「瓷器價格仍然會不斷上揚」……

　　但是，這種上揚並非是中國所有瓷器收藏者的喜宴，也許會是他們中很多人的悲歌。因

為，現在人人都知道古瓷器值錢，很多人看到早期介入這個市場的先行者成了千萬富翁，於是紛紛湧入這個市場，以為真的只要「家有鈞瓷一片，勝過黃金萬兩」。其實這是對古瓷器收藏的誤解。

他們不知道，早期介入這個市場的人可以收藏創富，是因為他們介入得早，當時市場還沒有啟動，參與的人少，價格低，市場上都是真貨。而後來者很多人是血本無歸的。

他們虧在哪裏？虧在他們沒有古瓷器的知識，因此買的大多是贗品，虧在他們急功近利。

可見，瓷器收藏投資是一個風險巨大，主要風險就是假瓷器。

儘管筆者對瓷器收藏前景充滿樂觀，那是對大勢的研判，但這本書已經不可能像前幾本書那樣意氣風發地號召讀者「大量收藏」和「果斷收進」了，時過境遷，世事如風，幾年時間，沙泥俱下，魚目混珠，面對贗品氾濫的偽瓷時代，筆者對初入門的瓷器收藏者充滿了深深的憂慮和憐憫。

所以，這本書在預測未來的同時，也對瓷器收藏初入門的讀者發出忠告和警示——

第一個忠告是：不果斷，不大量，慎收藏。

第二個忠告是：多看少動，多看少動，還是多看少動。

第三個忠告是：如果忍不住要動，控制在200元以內。

第四個忠告是：認真收藏三年瓷片後再談瓷器收藏。

當然，瓷器收藏市場確實又是一個充滿了機會，也充滿魅力和誘惑的市場。收藏機會在哪裏？不在於資本，而在知識和學問，在於讀書和過眼、過手。這裏，真正體現了知識就是金錢的價值。

目　錄

目　錄

第一章
不斷升值的古瓷器

邢客與越人，皆能造瓷器。
圓似月魂墮，輕如雲魄起。
棗花勢旋眼，蘋沫香沾齒。
松下時一看，支公亦如此。

——唐・皮日休《茶甌》

證券市場和房地產市場造就了大量千萬富翁和億萬富翁，然而，有人卻說：「世界上最富有的不是賬面資產的千萬富翁和億萬富翁，也不是大企業家，而是收藏家。」

一位古玩收藏者這樣說：「決定一個收藏家身價的，不是他的個人資產、藏品數量、身份等，而是他擁有的藏品的價值和他的學問。」

擁有一件鎮宅之寶，是每一個收藏家都夢寐以求的事情，而某人如何眼光獨具，用一張票子買到一件稀世之寶，是收藏圈裏永遠津津樂道的話題。中國瓷器，這個古玩市場上的寵兒，其收藏投資的魅力已經吸引越來越多的人。

一隻小杯可換10套豪華別墅

人們說，一兩黃金一兩玉，是極言玉石之價值，令人驚歎。然而，用到瓷器上，一兩黃金一兩瓷，一點都不能激起人們的興奮。因為有時1000兩黃金都換不來一兩瓷。小小的明成化斗彩雞缸杯就是這樣的瓷。

1999年4月27日，在蘇富比香港國際藝術品拍賣有限公司（以下簡稱香港蘇富比）舉辦

斗彩水仙花紋杯，清同治。估價2.5萬元。

青花梅花紋杯，清康熙，官窯。估價60萬元。

青花荷花紋杯，清康熙，官窯。估價60萬元。

青花十二月花卉紋杯6件，清康熙，官窯。估價400萬元以上。

的中國文物拍賣會上，一件小巧的明代成化斗彩雞缸杯，拍出了港幣2917萬元，位居當時近10年國際藝術品瓷器拍賣價排行榜的第3位，也是當時中國古代瓷器成交的最高紀錄。

人們紛紛問，成化斗彩雞缸杯是什麼？它為什麼值這麼多錢呢？

明代成化斗彩雞缸杯是成化製瓷中最成功的作品。「斗彩」瓷器，創燒於明代成化時期，工藝是在景德鎮御窯燒製的雪白的瓷器胎體上，用成化時期特有的釉下淡雅的青花畫輪廓線，高溫燒第一次，再以豔麗的紅、綠、黃等色填在釉上，入窯經低溫二次燒成。

成化斗彩雞缸杯直徑約8公分，撇口臥足，碗外壁上先用青花細線淡描出紋飾的輪廓，上釉入窯經1300℃左右的高溫燒成胎體，再用紅、綠、黃等色填滿預留的青花紋飾，二次入窯低溫焙燒。圖案是用牡丹湖石和蘭草湖石將畫面分成兩組：一組繪一雄雞與一小雞在啄食一蜈蚣，另有兩隻小雞玩逐；另組一繪一雄雞引頸啼鳴，還有一雄雞與三隻小雞啄一蜈蚣。

最早有其價值記載的是明萬曆年間的《神宗實錄》：「神宗時尚食，御前有成化彩雞缸杯一雙，價值十萬。」

一對成化斗彩雞缸杯，值錢十萬，約合白銀140兩。而明代萬曆時，白米一石，值錢200～400文。這樣一個成化斗彩雞缸杯，值白銀70多兩，合米160多石。是當時中等之家一年的生活費用。

乾隆皇帝喜歡雞缸杯，還讓當時的景德鎮御窯仿製。

清末至民國，多種古玩收藏家大談雞缸杯的身價高，但並未記載新的成交記錄。

1949年，香港古玩收藏家仇焱之以千元港幣購得一個明斗彩雞缸杯。

仇去世後，香港蘇富比舉辦的拍賣會上，這件雞缸杯拍出了港幣528萬元。

此後，成化斗彩雞缸杯的身價每年遞增。終於達到港幣2917萬元。

成化斗彩雞缸杯帶動了各時期斗彩雞缸杯的價格。

1999年4月27日，香港蘇富比拍賣清乾隆粉彩雞缸杯兩件，尺寸為直徑6.5公分，估價為人民幣8～12萬元，成交價達17.60萬元。

2000年10月31日，佳士得香港有限公司（以下簡稱香港佳士得）拍賣清雍正斗彩雞缸杯，尺寸為直徑8.2公分，估價為港幣140萬～160萬元，成交價為港幣180.5萬元。

2001年12月10日，北京翰海藝術品拍賣公司拍賣清雍正斗彩雞缸杯，尺寸為8.2公分，估價達港幣80萬～100萬元。

2001年12月15日，上海敬華藝術品拍賣有限公司拍賣清乾隆粉彩雞缸杯一對，尺寸為高5.5公分，估價為人民幣20萬～30萬元，結果成交價達到61.6萬元。

所以，切莫忽視小件古瓷。中國古代瓷器，可以說是世界性的收藏寵兒，它是收藏品的大項，多少收藏愛好者在為它魂牽夢縈，殫精竭慮，爭相追逐。有的人日夜都在想有朝一日能收藏到一件「鎮室之寶」。

瓷器價值不斷創新高

近30年來，瓷器的升值速度和升值幅度都令人咋舌。中國收藏網主編金伯宏先生說，上世紀80年代初，花幾百元就能買明代的官窯，現在，一件普通的明代青花瓷動輒上萬元，很多的古董商都是靠瓷器發家的。

步入20世紀90年代後，中國瓷器的價格在海內外典藏家的追逐下扶搖直上，屢創新高。尤其在海外拍賣市場上，明清官窯瓷器，動輒數百萬，甚至上千萬元。

繼上文描述，1999年香港拍賣會上明代成化斗彩雞缸杯拍出港幣2917萬元，僅僅1年之後，這個價位便被刷新

淡綠地粉彩開光墨彩御題詩紋轎瓶，清乾隆，官窯。估價200萬元以上。

粉彩描金「大吉」葫蘆式壁飾，清乾隆，官窯。
估價100萬元以上。

了。

2000年，在香港佳士得拍賣會上，清乾隆粉彩花蝶紋如意耳尊以港幣3304.5萬元成交。

同年，在香港蘇富比拍賣會上，明嘉靖五彩魚藻紋蓋罐以港幣4404.475萬元成交，創下了中國官窯瓷器交易的世界紀錄。

該件創下破紀錄成交價的明朝古董，據悉曾是已故著名收藏家胡惠春的藏品，現存世的同類五彩魚藻紋蓋罐在國際級博物館內和私人收藏家手中僅有兩件。

據筆者調查，近7年間拍出大價錢的瓷器此起彼伏，不在少數。即使是最「新」的古瓷器，如清代瓷器，也創出可觀的價位。

2000年4月30日，香港佳士得拍賣會上，一對清乾隆青花胭脂紅料雲龍紋象耳方壺估價港幣300萬～350萬元，成交價達到1269.5萬元港幣。

2000年4月30日，香港佳士得舉行的拍賣會上，清乾隆粉彩花蝶紋如意耳尊成交價達到3502.77萬元。

2001年4月29日，香港佳士得拍賣會上，清乾隆黃地洋彩吉祥花卉鋪首耳大尊估價港幣300萬～400萬元，成交價達到港幣1192.5萬元。

2001年10月29日，香港蘇富比拍賣會上，清乾隆雕瓷仿漆萬花天球瓶成交價達到1147.42萬元。

2001年10月29日，香港蘇富比拍賣會上，清乾隆青花穿花龍紋梅瓶估價為港幣550萬～650萬元，成交價高達港幣1269.48萬元。

2004年，香港佳士得拍賣會上，明永樂青花龍鳳呈祥棱口洗以港幣2638萬元高價成交。

與香港瓷器拍賣市場不同的是，內地瓷器拍賣出現了量價齊升的局面，以2004年翰海秋季拍

胭脂紅地粉彩寶像紋梅花式盆奩，清乾隆，官窯。
估價1000萬元以上。

賣會為例，翰海秋季拍賣會瓷器專場的成交額已高達6727.38萬元。

高價成交的都是一些大型瓷器。到了2007年底，即使是在省城的普通拍賣會上，小型瓷器，如一個小碗，也出現了驚人的價格。如在南京金絲利喜來登酒店舉辦的江蘇聚德2007藝術品拍賣會上，一個清乾隆琺瑯彩黃地開光式胭脂紅山水紋碗，起拍價1800萬元，經過多名買家的反覆競價，最終被一名廣東買家以2600萬元高價競得。

2600萬元的價格在中國內地瓷器拍賣中堪稱天價。此前，雖然也有官窯青花瓷器突破千萬元大關，但均是形制較大的器物，一個小瓷碗能拍到如此價格，足以證明收藏市場驚人的購買力。

元青花鬼谷子下山圖罐創奇跡

上述的這些天價瓷器與元代青花鬼谷子下山圖罐的成交價比起來，又僅僅只是小兒科。

在倫敦舉行的佳士得中國瓷器、工藝精品及外銷工藝品拍賣會上，一個繪有鬼谷子下山圖的中國元代青花罐，以1568.8萬英鎊（折合人民幣2.3億元，折合美元2770多萬元）成交，創造了中國瓷器在世界最昂貴的價格。

這件高為275公分、直徑33公分的元代青花鬼谷子下山圖罐，被一位華爾街企業家買走。一家外國媒體在報導中所說：「這是中國人的驕傲，也是亞洲人的驕傲。」

這個青花罐原是一位荷蘭收藏家家傳的藏品，是其祖父於第一次世界大戰期間駐北京時購得的。這個元青花罐由於曾經僅被估價為2000美元，便被主人當作盛放DVD光碟的壇子使用。後來佳士得派人到這位荷蘭收藏家家中徵得了這個青花罐，隨後拍賣方在北京預展，被專家重新估價時稱：有望達到1000萬美元。

兩個月後，這個元青花罐果然不負眾望，竟以2770多萬美元成交。

此前，世界上最昂貴的瓷器是一件韓國古瓷，其成交價為800多萬美元，而此前中國瓷器的拍賣最高價僅為583萬美元，即紐約朵爾拍賣公司於2003年9月16日拍出的一件元代青花

豆青地五彩壽帶荔枝紋花盆，清康熙，官窯。估價1000萬元以上。

朝聖龍紋扁壺。當時中國文物藝術品拍賣的最高記錄，是由一個西周青銅器創下的。在2001年紐約佳士得春季拍賣會上，這個西周青銅器以930萬美元成交。

元代青花鬼谷子下山圖罐為什麼能拍出天價，專家認為，是多種因素促成的。

其一，它貴在是元代的東西，距今已700年了，品相完好的存世已極少，又產於中國青花瓷器鼎盛的時期，它代表了青花的最高水準。

其二，貴在有人物、有故事。鬼谷子下山講的是春秋戰國時期，鬼谷子下山助其弟子孫臏，為齊國解除燕國之圍的故事。現存類似的有人物故事的青花瓷器，被記載的只有7個，保存在世界各國幾個知名博物館裏，這是唯一能流通的第八個。

其三，這個青花罐所繪圖案精美，人物刻畫細膩傳神，可以肯定是當時的畫家所繪，而非出自工匠之手。

中國古瓷器研究會副會長、故宮博物院研究員李輝柄認為，很難說這個青花罐是全世界最值錢的瓷器，因為競拍中的價格有很多人為的原因在裏面。

早在佳士得倫敦拍賣會之前，有一些中國內地和臺灣的藏家躍躍欲試，希望奪回國寶。內地藏家由於經濟實力有限，有幾位原打算集體購買，終因操作困難無奈放棄，而臺灣幾位藏家則是以協商的方式，把「奪寶權」「禮讓」給了開設有「陳氏博物館」的陳得福，由寒舍公司總經理王定乾代表陳先生出面競標。

王定乾頗有感慨地對媒體說：「有幸躬逢其盛，參與競標。雖以華人最高標（1000萬英鎊）失之交臂，憾失國寶，但雖敗猶榮……其中所代表的意義，不僅是中國文物創下世界（瓷器）最高價格，更象徵著中華文化的藝術價值與內涵受到國際人士的尊崇與肯定。」

王定乾認為：「天價紀錄凸顯中國熱勢已難擋。在天價鼓舞下，收藏中國藝術品的全球藏家將紛紛拿出壓箱寶貝，未來中國藝術品拍賣市場精品可期。此舉也勢必帶動其他中國藝術品水漲船高。」

中國經濟快速發展催生中國文化熱、中國熱現象，是促使收藏家們看好中國藝術品的根本原因，也是天價形成的內在動力。從外在因素看，中國藝術品價格攀上一個新臺階，與全球藝術品市場價格進入新一輪上升週期不無關係。

行家認為，中國古代瓷器才是真正令世界藏家傾倒的寶貝，別說元、明的青花瓷，就是康乾時代的瓷器，在歐洲王室眼裏都曾有著無與倫比的地位。其未來走勢，仍有很大上漲空間。

目前中國瓷器最高成交價2.3億元高嗎？

2008年2月6日，培根的一幅畫在倫敦克里斯蒂拍賣行拍出了2630萬英鎊的成交價，折合人民幣3.9億元。

對於不從事收藏的人，或許認為這簡直就是燒錢。但在我看來，2.3億元並非中國瓷器的最終價，3.9億元也不是藝術收藏品的最終價，當中國瓷器一件拍出23億元或39億元成交價的時候，那時或許有人會認為23億元一點都不高了！

2007年46件瓷器成交破千萬元

中國拍賣行業協會統計資料顯示：2003年藝術品拍賣成交額僅25億元，但2005年大幅攀升至155億元！2006年成交額達到了163.09億元！

青花牽牛花紋倭角瓶，清雍正，官窯。估價1000萬元以上。

　　2008年3月1日，雅昌藝術網發佈首個中國藝術品市場年度報告《2007年度拍賣市場調查報告》顯示，自2000年以來，中國藝術品市場平均增長速度為68%，2007年度中國藝術品拍賣市場總成交額是236億多元。

　　到了2007年，只要進入古瓷器拍賣場上的，切身感受拍賣的氣氛，都會有一種瘋狂的感覺。隨著房市、股市的暴漲，2007年也創造了中國藝術品拍賣市場的最好成績，成交總額首次突破了200億元大關，單件成交價突破千萬元的拍品有168件，成交總額高達35.32億元。其中，瓷器占了46件，其他有中國油畫73件、中國書畫有38件、玉器有11件。與2006年不足100件的千萬元拍品相比，增幅超過了50%。

　　2007年成交價破千萬元的部分瓷器如下：

　　香港佳士得秋季拍賣會上，明嘉靖青花庭院嬰戲圖蓋罐成交價港幣3056.75萬元，創下嘉靖青花瓷器世界拍賣最高紀錄。

　　元青花龍紋四系扁瓶，在北京中嘉秋季拍賣會上以9790萬元成交。

　　清乾隆1768年的琺瑯彩榮華富貴燈籠尊，在中貿聖佳夏季拍賣會上以8400萬元成交。

黃地素三彩花卉雲龍紋盤，清康熙，官窯。估價600萬元以上。

清康熙青花釉裏紅團花鋸齒紋搖鈴尊，在北京長風舉辦的拍賣上以1920.8萬元成交。

清乾隆青花雲龍紋葫蘆瓶，在中貿聖佳拍賣會上以1008萬元成交。

清乾隆青花纏枝花卉如意耳瓶，在北京翰海拍賣會上以907.2萬元成交。

據有關統計資料顯示，2007年中國共有114家拍賣公司舉行了771場（次）藝術品拍賣會，在這771個專場中，共成交了219.49億元。與2006年163.09億元的成交總額相比，增幅達34.6%。在這114家拍賣公司中，拍賣業績超過1000萬元的多達99家。

從地域分佈來看，香港、北京、上海、江浙等地的拍賣公司繼續充當中國藝術品市場的領頭羊，引領著中國整個藝術品拍賣市場。

其中，業績超過10億元的拍賣公司有5家，即香港佳士得、香港蘇富比、中國嘉德、北京保利和北京翰海。其中香港佳士得以36.9億元的總成交額傲視群雄，香港蘇富比是以25.2億元緊隨其後。內地拍賣公司中，中國嘉德以17.3億元的總成交額佔據內地拍賣公司的「老大」位置，北京保利和北京翰海則分別以15.3億元和11.4億元排二、三名。

誰在收藏天價瓷器

動輒千萬元的成交價格，到底是誰在收藏這些瓷器呢？

收藏家、古董商人僅僅只是其中一小支力量，他們沒有實力攪動這個市場起大波浪。真正活躍在瓷器收藏市場上的，當屬國內一批企業和企業家，如北京保利集團、大連萬達集團、吉林彩虹集團、瀋陽東宇集團、還有今典集團、中凱集團、天地集團、金輪集團等都開始涉足收藏，在多次拍賣會上都表現得非常積極。

參與瓷器拍賣的企業大多是房地產、證券、金融和各種做實業的企業，其中民營企業占了70%～80%。

據報導，南京天地集團老總楊休，已投入7億元資金收購了以近現代書畫為主的藝術品5000多件，聯合南京的老闆謝嘉林、楊朝軍、陸軍一起建立了江浙一帶最大的私營博物館——長風堂博物館。

北京瑞寶賽博技術有限公司總裁邢繼柱、原在中關村做電器公司老總的趙慶偉都是以私人資本玩轉收藏市場的。

上海新理益集團的董事長劉益謙坦言自己並不太懂藝術品，卻在藝術品收藏方面表現得異常強悍。1994年，劉益謙以286萬元拍下陳逸飛的油畫《山地風》；2004年，又以365萬元的成交價，創造了吳冠中油畫作品在當時中國內地拍賣的最高價。

在國內瓷器投資領域，資本的力量令人矚目。據有關部門、媒體報導，僅僅在江浙一帶，投入億元以上資金的收藏家就有幾十至上百位之多。

即使是低調的四川收藏家，也出手不凡。在北京的一場秋季拍賣會上，張大千的10幅作品被四川老闆搶走4幅。在四川2007年的一場秋季拍賣會上，張大千的《覓句圖》以135萬元成交，買家是藝術品投資機構虎標行；何多苓一幅高價油畫背後的買家，則是成都某著名房產開發商。

青花蓮紋長頸瓶，清康熙，官窯。估價600萬元以上。

社會學家霍爾曾經指出：「企業對藝術品的購買已經形成了一個獨立的『企業藝術』市場。這個市場本身也遵循著『金錢話事』的邏輯。於是，藝術日益被有錢購買它們的個人或群體所塑造。」

驅動企業投資瓷器和藝術品的動機至少有三個：投資、個人興趣、避稅。

修身養性，資產保值，只是一說。以投資為目的的收藏，更多的是看重一般人玩不起的暴利。在許多商業人士和金融家看來，藝術品顯然是一種不錯的投資工具。事實上，國外的許多銀行都把3%左右的利潤用於藝術品投資。例如德意志銀行下屬的250多家分行就在進行著公開的藝術品投資。迄今為止，該銀行已經收藏了超過10000件藝術品，比德國現代美術館的藝術品數量還要多。

可見，企業家紛紛投身藝術品收藏，顯然絕非心血來潮，他們希望從中獲得高額回報，因為藝術品的投資回報率要遠高於股票和房地產，而且風險更小。

企業董事長和總裁對瓷器和藝術品的興趣，也直接影響了企業收藏投資瓷器藝術品的決策。正如《企業藝術》一書的作者馬托瑞納在對1000多家美國企業的收藏行為進行調查後發現，超過70%的企業都宣稱，該企業的收藏行為源自CEO的個人興趣。中國企業也同樣如此，像天地集團董事長楊休就坦言：「開博物館一方面是我的個人愛好，另外，也是天地集團在文化產業的嘗試。」出於類似的原因，富華國際集團創辦了北京紫檀博物館，金輪集團創辦了金輪藝術館……

企業的收藏行為有自己的特點。通常開始於企業利潤豐厚、現金流通充足的時候，而在

企業經營的困難時期，或者企業控制權發生變革的時候，企業通常會不得不出售這些藝術品。

瓷器價格何以不斷上揚

有了企業的參與，瓷器價格上揚成為常態。一年高過一年的古瓷器拍賣成交價格，為拍賣場豎起了一道高高的門檻。手攥幾百萬元，在外面是大款，在這裏似乎還真不好意思進門。一件古瓷器動輒上千萬元的拍賣價格，讓普通的收藏投資者望而卻步。中國大買家成為瓷器價格上揚的驅動器。

進入21世紀後，隨著中國收藏隊伍的迅速擴大，中國買家在國際藝術品拍賣市場上也開始頻頻出手，所瞄準的目標物都是「中國製造」的瓷器，這是促使中國瓷器迅速升溫的一個重要原因。

在全球的藝術品市場上，中國買家正成為藝術品收藏不可忽視的新生力量，並且成為「傳統中國藝術」的重要消費人群。據《華爾街日報》報導，中國購買者正在世界各地對中國藝術品提出高額報價。在許多藝術品拍賣中，中國買家的出價甚至比美國買家高30%，由此帶動了全球市場中國藝術品拍賣價格的上升。事實證明，收藏在經濟大熱下的中國，已經突破了民間收藏的含義，更像是一場富豪間的逐利遊戲。

2003年9月的紐約朵爾紐約拍賣會上，有幾件中國明代瓷器，其競買者中有一半人來自中國。據德國納高拍賣行統計，買家隊伍中有五成是中國人，他們的購買力占拍賣總額近三成。

近年來，各國拍賣行拍賣的亞洲藝術品中，中國藝術品占70%，而幾年前則是日本藝術品占70%。這種變化，讓世界看到了中國買家正在一天天增長的實力。

有人估計，中國經濟在以後的10年內若是繼續保持高速增長，中國古代瓷器精品的價格將有大幅的上漲。綜觀世界各類收藏品，已經被投資人輪番炒作過，特別是在1990年藝術品價格被推上前所未有的高度以後，市場經過十幾年醞釀，中國瓷器這個古老的「新品種」潛力不容低估。

黃地綠彩折枝桃紋碗，清康熙，官窯。估價300萬元以上。

黃地綠彩折枝桃紋碗（俯視）。

仿金釉彌處巴佛坐像，清乾隆，官窯。估價1000萬元以上。

大藏家推動藏品升值

　　儘管中國藝術品拍賣市場空前火熱，但與2007年度全球藝術品交易浪潮持續高漲相比，也只是一朵小小浪花。

　　美國有105年歷史的資深藝術類雜誌《藝術新聞》，延續17年來一年一度的模式，再度評選出2007年度全球頂級收藏家200強。從這張普查遍及各大洲的榜單中，卻極少見到亞洲人的身影，中國內地藏家更是無一人上榜。

青花纏枝蓮托八吉祥紋鋪首尊，清乾隆。估價180萬元。

《藝術新聞》目前在全球123個國家擁有超過20萬的固定讀者。在這家刊物歷年的榜單中，總會有些人員的調整，一些在過去一年裏對藝術品收藏領域作出突出貢獻或做出某種驚人之舉的收藏家往往會得到格外的重視。然而，也有另一部分收藏家，數十年來長期致力於藝術品的收藏，並且在一定程度上推動著某種藝術的發展，這類「骨灰級」的收藏家已經成為了每屆榜單上雷打不動的符號，他們的存在，標誌著個人力量對於整個世界藝術市場的影響。

在2007年度的藝術品拍賣市場上，據筆者不完全統計，全球至少有超過3000件藝術品以百萬美元以上的價格成交。筆者的手頭資料中，僅佳士得拍賣的超過百萬美元的藝術品，就有793件。

伴隨著經濟的喜人增長以及個人資產的大幅度增加，收藏者的群體也與日俱增，在每年的世界重要拍賣會上，總會看到一些新的身影，他們在藝術品交易上出手不凡。據2007年2月美國蘇富比拍賣行的一項紀錄顯示，全部參與競拍的人當中有20%是首次進入藝術品拍賣場的。

2007年全球收藏家200強共來自22個國家和地區。美國人依舊佔據著半壁江山，以107位入選。餘下的不足50%的席位主要被實力同樣不容小覷的歐洲人占去，共有68人之多。如此算來，僅歐美藏家就占去了全部200個席位的87.5%，而剩餘的席位則主要被南美洲及加拿大收藏家所分享。顯然，全球的藝術品收藏市場仍被經濟相對發達的歐美地區的收藏家們所操縱。

與2006年的榜單相比，2007年亞洲區入選的收藏家由3人增加至5人，分別是2名日本人、1名韓國人以及中國香港收藏家劉鑾雄和臺灣收藏家黃崇仁。兩位華人收藏家中，黃崇仁是繼上年後的再度入選。

黃崇仁是臺灣力晶集團董事長，並任臺北市電腦公會、臺灣半導體產業協會理事長，在臺灣商界也是呼風喚雨的人物。他主要收藏中國瓷器和現代繪畫。

當然，也並不能依據這張榜單來評論中國藏家的實力。筆者認為，上面之所以沒有中國內地收藏家的身影，可能是評選者對中國收藏家並不瞭解。同時，中國內地的收藏市場起步較晚，在很多方面都與國際收藏界有很大距離，其中中國藝術品與西方藝術品在價格上的較

大差距，在一定程度上成為導致中國收藏家難以與西方收藏家匹敵的重要原因。

中國藝術品中最貴的就是瓷器，最好的能拍到2億多，但這還是在西方的市場上，其實跟中國人沒有什麼關係。而現在一件印象派的油畫就能拍到2億多，這對目前中國的收藏市場來說是難以企及的。

縱觀整張榜單，大收藏家們個個身價不菲。而現在內地瓷器藝術品市場的矛盾常常就在於：有眼光的藏家缺乏強大的經濟實力，故而只能從事小範圍的系統收藏；而已經具備了必要的經濟基礎的人，又缺乏收藏知識和熱情，收藏也僅僅是起步階段。

瓷器藝術品市場上真正的收藏家很少，大多只是投資者，甚至說是投機者。真正的收藏是出於對藝術的熱愛，而不是把它僅僅作為一種投資。

破紀錄的瓷器藏家理念

收藏投資瓷器，樹立正確的理念是最重要的。翟健民就是靠正確的理念，成為破全球瓷器拍賣紀錄的收藏家的。

翟健民是香港著名古董商、香港永寶齋齋主，從事古玩行業超過30年，擁有豐富的實踐經驗，曾以港幣1.1548億元拿下了清朝乾隆皇帝御製琺瑯彩古月軒題詩花石錦雞圖雙耳瓶，創造了全球清代瓷器最高拍賣價。

在翟健民很小的時候，家道便中落了。他經常見到母親拿著父親早年收藏的瓷器出去，然後帶回幾百塊錢來維持家用。翟健民第一次意識到，這些看似普通的瓶瓶罐罐是可以變錢的。15歲那年，翟健民開始打工掙錢。他在一家抽紗店當學徒，隔壁古董店的黃師傅經常請他幫忙給客人送貨，講義氣的他每天下班後就去幫忙。一年後，黃師傅對翟健民說，要自己開個古董店，請他一起做。這時翟健民才明白，原來黃師傅一直在考驗他的耐性和人品。

1973年，翟健民進入了黃師傅開的福成行，開始接觸古董。剛入門時，根本不知道有底款以及沒有底款的瓷器應如何分辨朝代，他深感自己在這方面的欠缺，就努力學習瓷器知識，也逐漸成了行家。後來，翟健民到大英博物館、戴維德基金會和維多利亞博物館參觀時，被裏面的中國文物震驚了。在當時的香港，一般只能見到一些「行貨」，偶見一些小官窯、老窯。看到如此廣闊的歐洲市場，他意識到了歐洲市場對香港古董商的重要性。

粉彩松鼠葡萄紋方尊，清乾隆，官窯。
估價1000萬元以上。

1988年，翟健民在香港開了自己的店——永寶齋，店名是翟健民的太太劉惠芳取的，意為希望每個顧客來永寶齋買到的永遠都是寶貝。有了這個窗口，翟健民結識了很多客人以及香港收藏家，這些為他的事業掀開了新的一頁。

2002年，翟健民以港幣3252萬元拍得清雍正琺瑯彩題詩過牆梅竹紋盤；2003年，以港幣2918萬元拍下御製古月軒琺瑯彩內佛手果子外花石紋題詩碗。2005年，珍品清乾隆御製琺瑯彩古月軒錦雞圖雙耳瓶在香港蘇富比一露面，便成了拍賣會上的焦點。該件稀世珍品原為乾隆皇帝的賞玩物。瓶身的花石錦雞圖構圖和風格皆具郎世寧之畫風，瓶底落「乾隆年製」款，背面題上古月軒詩句。當轉動瓶身上的錦雞和花石圖案時，就如欣賞一幅圖畫。錦雞為題的古瓷器世間稀有，已知存世者僅五六件。

當拍賣師以港幣8500萬元開始叫價時，各買家都表現得較為審慎冷靜。坐在最前排的翟健民在港幣9600萬元叫價時加入，其他的競投者便放棄了。正在翟健民以為穩操勝券的時候，一位電話「神秘人」加入競投，幾個回合後，拍賣師便耐心等對方考慮。

當翟健民叫價港幣至1億元，電話競投者加價至港幣1.02億元。翟健民再三考慮後，叫價至港幣1.03億元。拍賣師反覆詢問電話競投者會否再出價，對方沒有回應後，拍賣師落下重重一槌，全場掌聲雷動。翟健民這時才鬆了一口氣。這個天價除破了全球清代瓷器最高拍賣價外，還破了亞洲區單件藝術品拍賣的最高成交價紀錄。這樣一系列的大手筆，使翟健民得到古董圈內同行的肯定，更引得眾人的關注。

翟健民表示，越來越多的富人將閒錢用來投資藝術品，這本無可厚非，但目前內地藝術品市場投資味過濃。「藝術品升值需要時間的積澱，實際上就是用時間來賺取差價，所以要有長遠目光，如果短期想獲取收益，還不如買股票呢！有些藏家認為藝術品買完了就能賺錢，這是很可笑的，如果真是這樣，那就輪不到你們來買了。」

對於收藏家而言，收藏的過程就是最幸福和快樂的事。每次獲得新的瓷器之後，翟健民都要親手去清洗。他說：「每當我在清

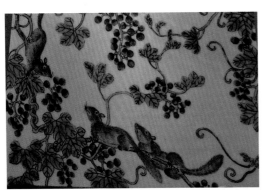

粉彩松鼠葡萄紋特寫。

粉彩白頭長春紋玉壺春瓶，清光緒。估價8萬元。

洗瓷器時，就好像給自己的孩子洗澡，彷彿跟它進行了心靈的交流，這其中的快樂是無法用言語來形容的。」

從這樣一位瓷器收藏家的成功之路，從他的收藏理念，我們可以學習到如何更穩健地行走在瓷器收藏投資道路上。

瓷器收藏投資將持續火爆

今天看來瓷器價格已經很高了，那麼瓷器收藏投資市場的未來將如何呢？筆者認為瓷器收藏投資將持續火爆。

2008年後的瓷器收藏市場將如何演繹，我們有理由相信瓷器投資牛市仍將持續，關鍵在於如何踩準市場的步點。

這是因為，隨著股市的風險加大、樓市的回報降低，收藏品投資將受到更多人的關注，而瓷器是收藏品中的龍頭品種之一。

瓷器收藏投資未來將持續火爆也與收藏品投資回報規律有關。有關機構的統計顯示，金融證券的年均回報率為15%，房地產為21%，而收藏品則是26%。

將來更多的藝術基金介入收藏品，必然使得有限的瓷器藏品資源供不應求，從而導致價

青花纏枝蓮紋賞瓶，清同治。估價25萬元。

霽藍釉金彩萬福寶相紋蓋盅，清乾隆，
官窯。估價150萬元。

霽藍釉金彩萬福寶相紋蓋盅（俯視）。

格不斷上揚。2007年6月18日，民生銀行高調推出非凡理財系列，其中包括「藝術品投資計畫」1號產品，該產品的運作就是藝術基金的標準模式。民生銀行因此成為中國第一家被銀監會批准進入藝術品基金領域的銀行機構。

剛入門的收藏者首先應考慮高古瓷器。因國內拍賣市場和收藏市場還沒有完全開放，宋以前高古瓷器拍賣會上很少見，其與國際拍賣市場的價格相差達十倍之多，所以數年後，一些品種將有十倍以上的增值空間。

明清官窯彩瓷因國內與國際拍賣市場價格如今相差2～3倍，故仍有2～3倍的增值空間。但國內中小拍賣行拍賣的明清官窯彩瓷有些是贗品，如有品行好的專家指點，收藏幾件真品定會增值。且中小拍賣行拍賣的明清官窯彩瓷真品一般會比北京嘉德等拍賣的真品便宜30%以上，所以可在中小拍賣行「撿漏」明清官窯彩瓷真品、珍品。

年成交219.49億元的拍賣價，對於起步才僅僅十多年的中國藝術品拍賣界來說，是一件值得欣慰的事情，然而，和歐美拍賣市場比起來，我們還差得太遠太遠。

2007年，僅僅佳士得的「戰後及當代藝術」一個專題系列拍賣會上，成交額就達到了113億元（折合人民幣），相當於中國全國拍賣行當年加起來的半年多的拍賣成交額。

2007年僅僅佳士得一家拍賣行，成交額就達到491億元（折合港幣），為中國當年全國拍賣行加起來的總成交額的兩倍以上！

還有多家世界著名藝術品拍賣公司推波助瀾，可以預料，中國瓷器在如今成交紀錄的基礎上再漲10倍並不遙遠。瓷器價格仍然會不斷上揚。

第二章
瓷器的文化源流

大邑燒瓷輕且堅，扣如哀玉錦城傳。
君家白碗勝霜雪，急送茅齋也可憐。

——唐·杜甫《又於韋處乞大邑瓷碗》

青花蓮紋鴛鴦圖罐。

收藏瓷器，是收藏藝術，收藏歷史，更是收藏文化。當然，也有很多人說是收藏財富，這也沒有錯，但最終是收藏文化。所以，無論是為鑑賞養眼而收藏，還是為投資增值而收藏，或者僅僅為興趣而收藏，都要懂得瓷器的文化源流，這不僅有益於收藏，更有益於修身養性，提高品位。

什麼是瓷器

瓷器代表中國文化，這從英語中瓷器的名稱是「china」就可明確看出。外國人把中國和瓷器這兩個名詞等同，可以看出外國人對中國瓷器的認識。

收藏瓷器，要瞭解瓷器的概念，這不僅是瓷器最基本的知識，更是瓷器文化的重要內容。

通常，我們認為凡瓷土燒製而成的器皿都叫瓷器，但目前對瓷器的具體定義，還沒有取得統一的意見。

一般人認為，必須具備以下幾條才能稱之為瓷器。

第一，有審美價值、實用價值的器皿。兩者至少具備其一。

第二，瓷器的胎料必須是瓷土的。瓷土的成分主要是高嶺土，並含有長石、石英石和莫來石成分，含鐵量低。經過高溫燒成之後，胎色白，具有透明或半透明性，胎體吸水率不足1%，或不吸水。原料的選擇和加工使胎質呈白色。

第三，瓷器的胎體必須經過1200℃以上的高溫焙燒，具備瓷器的物理性能。各地瓷土不同，燒成溫度也有差異，要以燒結為準。

第四，瓷器表面要有釉，而所施的釉必須是在高溫之下和瓷器一道燒成的玻璃質釉，胎釉結合牢固，厚薄均勻。

第五，瓷器燒成之後，胎體必須堅硬結實，組織細密，不吸水分，叩之能發出清脆悅耳的金屬聲。

第六，瓷器必須是價值的凝結物。這是指將瓷器作為藏品而言的，有些藏品是沒有價值成本的，如奇石，從河裏撿一塊就是藏品，無需成本，也無需支付貨幣。而瓷器因有製作成本，是不大可能撿到的，最沒有收藏價值的瓷器，也必須花錢去買。

上述諸條中，原料是瓷器形成的最基本的條件，是瓷器形成的內因，燒成溫度和施釉則是屬於瓷器形成的外因，但也是不可缺少的重要條件。因而我們要確定它是否為瓷器，必須要把以上幾個條件結合起來考察。其中最後一條是從收藏投資角度提出的。

瓷器的特點

中國在一萬多年前就開始使用陶器，三千多年前的商代就發明了原始青瓷。

瓷器是中華民族氣質最濃郁的工藝品。中國瓷器有五個特點最突出：

第一是恒久的繼承性。在漫長的歲月裏，瓷器工藝經歷了由低級向高級階段發展的歷程，一萬多年來生產沒有中斷，一個時代銜接一個時代，在繼承的基礎上創新、發展，脈絡清楚。

第二是包容的吸收性。中國瓷器在其發展中，與其他國家和地區聯繫交往逐漸增多，中華民族胸襟博大，從不排斥外來優秀文化，人們對外來的東西融熔改造，使之適合中國人的需要，再以中國文化的形式表現出來。

第三是深遠的傳播性。中國陶瓷隨著各種交往輸送到海外，深深地影響各國人民的生活和陶瓷工藝。在當今世界，瓷器是最受歡迎的用具，很多國家都能生產，但究其根源，直接或間接上都受到中國陶瓷工藝的影響。

鈞瓷長頸雙龍壺。

鈞瓷長頸雙龍壺局部。

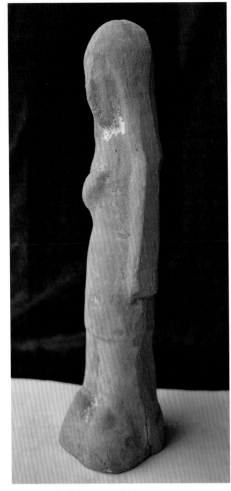

陶俑。先有陶,後有瓷。

明清時期的蓮紋罐。

　　第四是突出的文化性。瓷器是中國古代勞動人民在長期生產實踐中發明創造出來的文化和文明,是中國在世界物質文化史上寫下的光輝燦爛的一頁,對人類社會作出了偉大的貢獻。因此,中國在世界上享有瓷國的光榮稱號。

　　第五是鮮明的地域性。瓷器生動而具體地反映了各族人民飲食用具的演變、風俗習慣、審美情趣和地域特色,不同地域的瓷器有不同的風格,不同窯址的瓷器有不同的特點。

瓷器的起源

　　瓷器何時出現?其起源年代目前尚有爭議,有商代說、東漢說、魏晉說等。

　　瓷器有文物價值是因為它歷史悠久,中國最早在3000多年前的商代就燒製出了原始陶瓷,東漢時期發明了真正的瓷器。因此,陶器的出現比瓷器更為古老。早在新石器時代就已經出現紅陶、白陶等,最普遍的灰陶出現於距今6000多年前的陝西寶雞北首嶺的仰紹文化遺址。

　　中國瓷器是陶瓷製作工藝發展的必然結果。陶瓷陶瓷,顧名思義,先有陶,後有瓷。

　　從陶器工藝中發展創造出瓷器,有三個條件:一是以富含絹雲母的瓷石為胎坯原料;二是窯爐的砌築技術把窯床溫度提高到1300℃,也就是龍窯的發明與運用;三是草木灰釉的發展。

　　這三個條件在中國東漢末年,在浙江餘姚地區先後具備了。草木灰釉在高溫熔合下附著在胎體上呈青色或黃綠色,這就使中國發明出來的瓷器首先是高溫釉青瓷。餘姚一帶古代屬越州,因此越州青瓷是中國最早的瓷器。

瓷器的發展演變概略

　　最早的瓷器是漢代的瓷器。漢代是瓷器的起源時期,名窯有越窯,造瓷工藝出現了青瓷工藝。

　　魏晉、南北朝至隋代的瓷器器形主要有瓷壺、瓷瓶、瓷尊等,造瓷工藝出現了白瓷。

　　唐代時中國開始出口瓷器,名窯有長沙窯、陶窯與霍窯、刑窯、耀州窯、磁州窯。瓷器器形和造

瓷工藝有唐三彩、瓷盒、執壺、花釉等。

五代十國時期的名窯有柴窯等。

宋代的瓷器也有大量出口，這時候景德鎮建鎮，名窯有龍泉窯、湖田窯和五大名窯。瓷器器形和造瓷工藝有青白瓷、玉壺春瓶、窯變釉、葫蘆瓶、提梁壺、注碗、膽瓶、梅瓶等。

元代景德鎮設「浮梁瓷局」。瓷器器形和造瓷工藝有卵白釉、青花瓷、釉裏紅、多穆壺、藍釉、僧帽壺、法華彩、觚等。

明代瓷器大量外銷，名窯有御器廠、德化窯。瓷器器形和造瓷工藝有紅釉、甜白釉、永樂瓷、三彩、宣德瓷、天球瓶、黃釉、成化瓷、斗彩、紅綠彩、牛頭尊、嘉靖瓷、五彩、萬曆瓷、將軍罐、象腿瓶等。

清代的瓷器也有大量出口，出現了「官搭民燒」制度，名窯出現了郎窯，瓷器器形和造瓷工藝有棒槌瓶、康熙瓷、鳳尾尊、太白尊、粉彩、觀音尊、琺瑯彩、馬蹄尊、雍正瓷、燈籠瓶、墨彩、賞瓶、乾隆瓷、賁巴壺等。

蓮紋罐側面

瓷器的種類

瓷器的種類繁多，按照使用功能分，可分為以下幾種：

一是實用器。包括食器、盛器、貯器、飲器、水器、服御器、文具、樂器及瓷紡輪、瓷磚等一些工具用器等。

二是明器。明器又稱為冥器，是隨葬用品。主要有容器、模型、俑類、墓誌、斂骨具、魂瓶等。

三是陳設器。包括花瓶、插屏等，一些古代的實用器和明器，後來也轉化為陳設器。

四是玩具。包括瓷型動物羊、犬、虎、獅等，瓷型人物觀音、童子等，瓷型植物、棋類、托座、鳥籠、鳥食罐等。

五是禮器祭器。包括瓷鼎爐、瓷雙耳罐等。

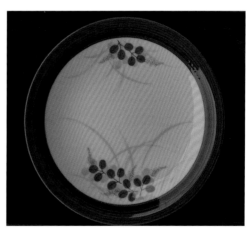
實用器：霽青釉蘭花果紋瓷盤

陳設器：紅綠彩瑞果掛盤。

六是宗教用器。主要是一些有宗教紋飾、文字的用器。

也有專家把瓷器簡單分類為日用瓷、陳設瓷和藝術瓷三大類。

按工藝分類，其種類豐富多彩。主要有：青瓷、秘色瓷、青白瓷、卵白釉瓷、甜白釉、絞胎、玲瓏瓷、釉下彩、青花、釉裏紅、釉上彩、金加彩、斗彩、素三彩、五彩、粉彩、琺瑯彩等。

豔如朝霞的鈞窯紅花釉瓷瓶。

豔如朝霞的鈞窯紅花釉瓷瓶局部。

瓷器收藏文化

瓷器收藏文化由來已久，要從中國收藏的起源說起。據戰國《周禮》記載：周代「春官之職，掌祖廟之收藏，凡國之玉鎮大寶藏焉。」

《晉書·張華傳》記載，元康五年（公元295年）十月武庫失火，「累代之寶及漢高斬蛇劍、王莽頭、孔子履盡焚焉。」可見最遲在中國封建社會初期，歷代的宮室、武庫和廟宇，就是收藏、陳設祭器、法器及奇珍異寶的場所，並很快出現了私人對文物的搜集收藏。

到宋代，收藏文物已成了朝野的風尚。宋元祐初年（1086年），哲宗皇帝收藏夏、商、周三代古物和秦漢器物數達萬餘件。12世紀初宋代建有稽古、情古、尚古等閣，以藏古玉、印璽、鼎彝、禮器、法書、名畫等，文物考釋、鑑賞的專著也相繼刊行。如王黼的《宣和博古圖》，呂大臨的《考古圖》、歐陽修的《集古錄》，趙明誠、李清照夫婦的《金石錄》，薛尚功的《鐘鼎彝器款識》等，都是當時著名的考古著錄。文物鑑定的專家也不斷湧現。明清時，搜求、鑑賞文物的風尚更盛。

對古瓷的收藏要晚於對古玉、印璽、青銅器、圖書、書畫等文物的收藏。

唐宋時，中國製瓷業空前興旺發達，南北名窯輩出，製瓷技藝有了很大的進步，產品豐富精美。瓷器成為「天下無貴賤通用之」的生活必需品，而且贏得了帝王、臣庶的喜愛，並進了收藏文物的寶庫。

如唐代邢窯類銀、類雪的白瓷，雍容華

貴的唐三彩；五代越窯的秘色瓷；宋代溫潤如玉的官窯瓷，瑩如堆脂的汝窯粉青瓷，豔如朝霞的鈞窯紅花釉瓷，美如瓊脂的景德鎮影青瓷等都是當時收藏鑑賞家們四處搜尋的珍品。

瓷器上的倫禮道德教育

中國瓷器文化還體現在古代瓷器重視倫禮道德教育方面，這從紋飾上可以看出。

古代瓷器將中國傳統文化的很多故事引入繪畫，如鼓勵教育子女奮鬥不息的五子奪魁圖，在明清瓷器紋飾中經常出現。

倫理道德教育經常用象徵和隱喻的方式表現出來，例如青花蓮紋象徵清正廉潔，松象徵堅毅，竹象徵氣節，梅象徵耐力，菊象徵高潔等。還有用畫不同的鳥類來表示社會倫理關係的，清代康熙朝五彩五倫圖花觚就是一件典型。

器身用優質五彩料繪鳳凰、仙鶴、鴛鴦、鵲鴒及鶯各一對，用來象徵封建社會君臣、父

粉彩五子奪魁圖口盂一對，清同治。估價1萬元。

粉彩加官晉爵圖燈籠瓶一對，民國。估價12萬元以上。

粉彩花鳥紋雙耳瓶，清。估價2萬元。

青花壽字罐，清。估價8000元。

子、夫妻、兄弟、朋友之間的倫理關係。這種比喻是有理論根據的，《孟子·滕文公》篇對封建社會的人際倫理關係做了歸納，認為主要有五種關係，即君臣、父子、夫妻、兄弟、朋友之間的倫理關係，謂為「五倫」，亦稱「五常」。並且認為這五種關係應當是君臣有義、父子有親、夫婦有別、長幼有序、朋友有信。

鳳凰喻君臣之道，源於晉《張華禽經》：「鳥之屬三百六十，鳳為之長，飛則群鳥從，出則王政平，國有道。」

仙鶴喻父子之道，源於《易經》：「鳴鶴在陰，其子和之。」

鴛鴦喻夫妻之道，源於晉《張華禽經》：「鴛鴦匹鳥也，朝倚而幕（暮）偶，愛其類也」。

鶺鴒喻兄弟之道，源於《詩經》：「鶺鴒在原，兄弟急難。」

鶯喻朋友之道，也源於《詩經》：「鶯其鳴矣，求其友聲。」

這種「五倫圖」又名「倫敘圖」，自清代康熙時期才出現於瓷器繪畫中。

從瓷器上的「壽」字看文化

許多瓷器上帶有「壽」字款識，有的繪畫為老壽星圖案，採用了文圖結合的抽象和誇張手法，在一個頗有藝術性的「壽」字裏，只用那麼寥寥幾筆，便刻畫出了一位聰明伶俐、生動活潑、已返老還童的「老壽星」形象。

有的瓷器所描繪的「壽星」在虛無縹緲的仙境裏過著悠閒自在、無憂無慮的生活。明代對「老壽星」的崇拜和信仰已經發展到了前所未有的地步了。而且，這種傳統的信仰和風俗，作為一種特定的民族情感和思想，由畫師們精心的藝術創作之後，也就較自然的反映在了瓷器上。

據《史記·封儀志》記載，在中國的先秦時期就有了「壽星祠」。後漢又出現了「老人廟」（見《後漢書·禮儀志》）。所以，歷代關於「壽星」的傳說、故事不少。

「壽星」，原是天體內一個星座的名字，亦名

角亢。「角」「亢」是二十八宿的兩個星宿，角為二星相對，亢對四星似彎弓。古人把周天分為十二次，大致沿二十八宿分佈的區域畫分。十二次各有名稱，「壽星」即包括「角」「亢」，二宿的星次，列宿之長，故曰「壽」。《史記·天宮書》中說：「此地有火星、曰南極老人，老人見（現）、治安；不見（現），兵亂。」意思是說「老人星」出現則天下久安。因此，後人將它奉為是福星、吉星。隨著時間的推移，人們又逐漸將它人格化了，把年老之人比喻成為「老壽星」。《莊子·盜跖》中就有「人，上壽百歲，中壽八十、下壽六十」的記載。

　　「老壽星」，本來是人們意念中的崇拜之神，起初並沒有什麼規範的造型。後來，人們以老人像作示，才出現了「老壽星」的形象。但是，各處的「老壽星」形象也不盡相同。到了中國的明代，人們對「老壽星」的崇拜和信仰已發展到了史無前例的高峰，「老壽星」這種怪裏怪氣的模樣才有一個較為統一的定型。

　　常見的「壽星」造型為：長鬚白髮老人，凸額禿頭、紅光滿面、一手執拐、一手捧桃，時坐仙鶴，時坐花鹿。而民間則把「老壽星」畫作額頭高聳、大耳長鬚、頭長身短、精神矍鑠、笑容滿面的樣子。

瓷器行話文化

　　中國古玩風氣起源較早，古玩行業歷史悠久。目前所知最早的古玩行話要算「骨董」一詞，「骨董」初見於唐代開元年間張萱《疑耀》一文：「骨董」兩字乃方言，初無定字，後演變為「古董」，直到清代乾隆時才將「古董」改稱為「古玩」，取「古代文玩」之意。

　　20世紀初為瓷器古玩行業鼎盛時期，因此古玩買賣間行話也就應運而生了。經過幾十年的變遷，舊有的行話大多已不再使用，如今古玩行話推陳出新，產生了許多新行話。古玩行話涉及的面較廣，從看貨到對貨物的評價到做

粉彩福壽雙全紋鋪首銜環耳瓶，民國。估價3萬元。

粉彩萬花地開光山水人物紋如意耳瓶，民國仿清。估價3萬元。

粉彩喜上梅梢紋缸，清光緒。估價7萬元。

生意，整個過程都有行話。這些行話也成為瓷器文化的一個別開生面的內容。

如看貨時碰上真貨叫「開門」，「一眼貨」，貨物達到一定的年代叫「到代」「夠年份」；新貨作偽叫「做舊」，做舊做得好就是「高仿」，做得不好就是「判眼」。清朝及清以前仿舊的叫「舊仿」，現在仿舊的就是「新仿」。如大明宣德爐因其珍貴，在明宣德年間就有了仿品，以後歷代直至今日仍不斷地有仿品出現。

古玩行裏有一種人，自己不開店，專跑農村收貨，然後再賣給各店家、收藏家，行裏人稱「遊擊隊」，遊擊隊收貨出價都比較低，因此又叫「鏟地皮」；而「撿漏」則是指買者有眼而賣者不識購到好貨或指買到從內行人眼底滑掉的好貨。

自己不太懂行受人騙叫「交學費」，懂行人買了新仿的貨叫「走眼」「打眼」，買了便宜的貨叫「吃仙丹」。

老貨壞了重新修補過叫「動過手」。倘若賣家說貨絕對真，信誓旦旦，而買家仍有疑問，又不好直說是仿的，就只能說「看不好」。

有許多人總認為從農民手上買的貨不會有錯，殊不知有些貨是偽造古董的人有意丟給農民「埋地雷」的。另外還有「下蛋」，則專指複製品，如將別人送去裝裱的名人字畫進行複製或學生複製老師的作品，再將複製品以假充真賣給他人。

瓷器古玩行裏，同行之間做生意叫「交行」，一般成交的價格利潤很低，有時甚至是「蝕本」，這就叫「交行價」，漫天要價是「天價」，一件古玩喊到幾萬，甚至幾百萬，真弄不清楚是不懂還是存心坑人。一批貨物連好帶孬一起賣稱作「一槍打」、「一腳踢」。某人帶人上門來購貨，行規要按成交價的10%付回報，叫「打一」。

行話即是專用語，一般變化不大，有陶瓷方面的專用語，還有翡翠玉器、竹木牙雕、字畫等方面的專用語。如新瓷器釉面的光叫「賊光」「火光」；瓷器上有裂紋叫「沖」；老翡翠叫「老種」，新翡翠即是「新種」；傳世古玩都有一層自然陳舊光澤，叫「包漿」；新出土的東西叫「生坑」等。由於行話專業性比較強，因此不是行家就難以掌握。

上面所提及到的古玩行話，僅是收集到的一部分，各地區的行話也各不相同，並且隨著古玩行業的不斷發展，也將會湧現出更多的行話。

趣味瓷器耐人尋味

官窯主要是為皇宮生產的，使用者首先是皇帝。在某種程度上，官窯就是給皇帝生產的，生產者和設計者都要考慮皇帝的喜好、興趣和習慣。因此，官窯的收藏投資者必須研究皇帝的趣味，才能在官窯的收藏投資中多一分勝算。

這裏以宣德皇帝朱瞻基為例分析。

朱瞻基生於公元1398年，卒於公元1435年，為明朝第五位皇帝。史稱「太平天子」。宣

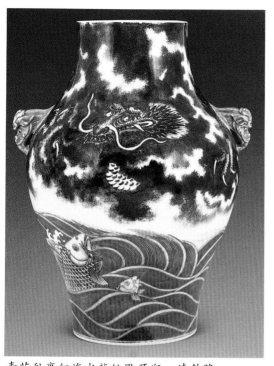 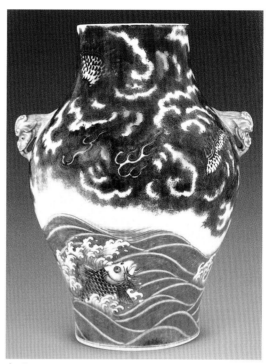

青花釉裏紅海水龍紋獸耳瓶，清乾隆。　青花釉裏紅海水龍紋獸耳瓶背面。
估價200萬元。

德一朝雖然僅持續了短短的十年（1425—1435），但是由於宣德皇帝全力發展生產，提倡藝術創作，使社會經濟、文化有了長足的長進。當時繪畫、書法以及瓷器、漆器、銅器等各種藝術門類都有輝煌成就，並對後世產生了深遠影響。

宣德皇帝自小聰明睿智，曉諳兵事，善騎射。在位期間曾數度率兵征討叛軍，頗有武功。時世清平時又銳意文治，好作詩文，有御製詩集傳世，尤愛繪畫、書法。

明韓昂所著《圖繪寶鑑續編》云：「宣廟御筆有山水、人物，有花果、翎毛，有草蟲，上有年月及賜臣名。」

明姜紹書《無聲詩史》也說宣德「帝天藻飛翔，雅尚詞翰，尤精於繪事。凡山水、人物、花竹翎毛，無不臻妙」。

傳世的朱瞻基書畫作品，據乾隆時編輯的《石渠寶笈》、《秘殿珠林》兩書記載有31件，另見其他著錄者共達54件之多。其中《三陽開泰圖》《戲猿圖》《花下狸奴圖》《子圖雞圖》《瓜鼠圖》《萬年松圖》都是精妙之作。

現藏北京故宮博物院的一幅

黃釉雕松竹梅歲寒三友圖筆洗，清光緒。估價6000元。

《瓜鼠圖》，是朱瞻基書畫的代表作。畫面上一隻毛茸茸的小鼠站在一塊大石上，垂涎望著枝幹上長出的瓜，瓜藤枝條曲折攀緣而生，筆意生動，富含野趣。引首楷書「宣德六年四月初一日，長子皇帝瞻基敬寫萬年松圖奉仁壽宮清玩」。瞻基做此畫時年33歲，正值年富力強之時。

宣德皇帝在書畫方面的才藝可與宋徽宗媲美，明錢謙益《列朝詩集小傳》評道：「帝遊戲翰墨，點染寫生，遂與宣和爭勝。」

朱瞻基還以恢復北宋徽宗宣和書院為目標，吸收眾多名家入宮，即後人所說的「宣德畫院」。它一掃元人的影響，代之以南宋風骨。此種畫風自然也促成了明初宮廷藝術的發展風格，並為宣德青花的發展提供了可以借鑒的藝術藍本。

僅以宣德青花海水龍紋為例，其海水洶湧澎湃之勢，游龍勇猛矯健之態，在中國歷代海水龍紋中實屬罕見。現藏於北京故宮博物院的一件宣德青花海水龍紋扁瓶是其代表作。器身上一片茫茫無際、波濤洶湧的海水，一條矯健的白色游龍橫亙於驚濤駭浪之間。由於匠師用筆灑脫奔放，猶如紙上揮毫，故游龍神采飄逸，大有騰雲駕霧之勢，海水連天翻湧又有鋪天蓋地之感。後人評說宣德青花「開一代未有之奇」，實非過譽之詞。

宣德青花不僅海水龍紋極具時代特徵，其花卉、果實、鳥蟲繪畫得也相當出色。以植物花果為例，就有蓮花、菊花、牡丹、苜蓿、靈芝、牽牛花、茶花、百合、葡萄、荔枝、枇杷、桃、石榴、西瓜等，幾乎人世間的祥花瑞果都在其上，從中不難看出宋人花鳥畫的影響。那一幅幅青翠欲滴的畫面，就是一幅幅酣暢淋漓的水墨畫。

例如，一件枇杷綬帶鳥紋盤上，一隻拖著長翎的綬帶鳥正聚精會神啄食熟透的枇杷果，其形栩栩如生，儼然一幅生動的花鳥畫。另一件一束蓮花紋盤上，作者以簡潔生動的筆線，勾勒出亭亭玉立的蓮花出淤泥而不染的風采，畫意飄逸灑脫。

松、竹、梅歲寒三友圖，是歷代文人墨客筆下常用的題材，在宣德青花器上也大量出現。無論盤、碗、瓶上，其松樹的挺拔、篁竹的青翠、梅花的嬌豔，都得到最完美的表現，頗有幾分宣德筆下松、竹、梅的韻味。一件竹石蕉葉紋梅瓶，佈局典雅和諧，其山石、蕉葉、篁竹構成一幅靜謐的庭院景色，令人產生無限遐想。

而另一件牽牛花倭角象耳瓶，其青花暈染的效果，濃淡相間更似水墨畫的神韻，是宣德青花中的佳作。

此外，在宣德青花中還有大量的仕女人物畫，其數量之多、描繪之細膩，也為明清青花之首。明沈德符《敝帚齋餘談》論曰：「宣窯不獨款式端正，色澤細潤，即其字畫亦皆精絕。余見御用一茶盞，乃畫『輕羅小扇撲流螢』者，其人物毫髮具備，儼然一幅李思訓畫也。」

宣德青花仕女人物畫有仕女賞月圖、仕女琴棋書畫圖、仕女對鏡梳妝圖、仕女嬰戲圖、仙人騎鳳圖、仙人騎鶴圖、仙人吹簫引鳳圖等，這些畫面從另一個側面多少反映了朱瞻基的宮廷生活與審美情趣。

宣德青花的款識亦獨具特色。從宣德時期開始，瓷器上盛行書帝號款，曾有「宣德款識滿器身」的說法。

宣德青花款識多為楷書，字體雖大小不一，但筆畫端莊秀雅、遒勁有力，有顏體的風韻。最具時代特色的是「德」字「心」上無一橫，「德」字的古寫一直非常混亂，其「心」上的橫時有時無。而宣德時不僅瓷器，其他工藝品的題款「心」字上都少一橫，這恐怕與宣

德皇帝本人的書寫習慣有關。

朱瞻基的書法有極高造詣，他的楷書宗法顏真卿，風骨雋秀、筆意清新。前述朱瞻基所畫《瓜鼠圖》《萬年松圖》上，其引首楷書可略見一斑，而其「心」字上也無一橫。宣德青花的款識與宣德的楷書風格十分接近，或許當年就是以宣德帝親筆所書為藍本，也不得而知。

總之，宣德青花能夠蜚聲中外馳譽藝林，與宣德皇帝深厚的藝術修養以及他對工藝美術品的特殊愛好有著直接的關係。

仿古瓷器是一種文化現象

「有明一代，至精至美之瓷莫不出於景德鎮。」明代景德鎮瓷業無論官窯、民窯都極興旺。當時朝廷在景德鎮設「御廠」，專燒供宮廷使用的瓷器。在生產御用瓷的過程中，造就了一批製作仿古瓷的名家。

清藍浦《景德鎮陶錄》記載，明嘉靖、隆慶間，以仿宣德、成化瓷器而成名的崔國懋，號稱崔公窯，為當時民窯之冠。又有周丹泉「尤精仿古瓷，每一名品出，四方競重購之」。

永樂、宣德、成化三朝是明代瓷業的黃金時期。一般說來，永樂、宣德瓷器以「鮮紅為寶」，「青花為貴」；而成化瓷器則一斗彩名世。然而當時在仿古瓷方面也毫不遜色。從現存的藏品看，這一時期景德鎮窯仿燒的汝、哥、龍泉等宋代名窯瓷器，精美程度不亞於宋代真品。到了明後期的嘉靖、萬曆時期，風格又有變化，瓷器胎體厚重，追求奇靡，五彩斑爛，花紋繁褥。但由於國勢漸衰，整體工藝水準下降，古時人特別推崇明初瓷器。

如王世貞《觚不觚錄》中說：「十五年來忽重宣德，以至永樂、成化價亦增十倍」。沈德符《敝帚軒剩語》說：「宣德品最貴，近日又重成窯，出宣窯之上。」明中後期出現爭仿寫前朝年款現象，以仿宣德、成化款最為常見。此外，這一時期仿宋代官、哥、龍泉窯瓷器也很流行。

清代，康熙、雍正、乾隆三朝瓷器發展臻於鼎盛。這三朝的一個共同特點是作為國家最高統治者的皇帝本人都非常喜好瓷器。

據清宮檔案記載，雍正、乾隆兩位皇帝還歷次親自詔令景德鎮督陶官唐英仿造歷代名瓷。因而這一時期的仿造水準很高，所仿宋代五大名窯以及明代永樂、宣德、成化等朝瓷器，在釉色、胎質、造型、紋飾方面多已達到理想境界。當時以郎窯、唐窯製品最為逼真。

郎窯是指康熙時由郎廷極兼任陶務官時的景德鎮官窯。清人劉廷璣著《在園雜誌》稱讚「近復郎窯為貴，紫桓中丞公開府西江時所造也。仿古暗合，與

粉彩天仙拱壽紋水盂，民國仿乾隆。估價8000元。

粉彩通景山水人物圖筆筒,民國仿乾隆。
估價3萬元。

粉彩瑞兔望月紋筆洗,民國仿乾隆。
估價2.2萬元。

真無二。其摹成、宣,黝水顏色,橘皮綜眼,款字酷肖,極難辨別。」

　　唐窯一般指乾隆時的景德鎮窯,實則貫穿雍正、乾隆兩朝。當時的督陶官唐英博才多藝,是「深諳土脈、火性、諸料」的製瓷專家。在他直接管理和指導下,景德鎮窯成就驚人。僅雍正後期,短短幾年間,便燒造出仿古品種四十多種,另有創新品種十幾種。乾隆時又有更多的品種問世。

　　這一時期的仿古瓷技術上精益求精,但並無牟利目的。特別是官窯的產品,燒出來是供皇宮使用的,當然更不敢真的用來魚目混珠。所以許多仿品並不仿寫前朝年款,而是直書本朝年號。清乾隆時並有「大清乾隆仿古」專款。這樣的仿作只能稱作「仿品」而非贗品,其本身也具有很高的收藏價值。

　　清末民初,中外人士搜求歷代古瓷者漸多,古董行生意興隆,因而仿古和造假能手亦相繼湧現。上自原始社會彩陶、黑陶,下至唐三彩、五代越窯與宋代各大名窯,乃至明代德化白瓷、山西法華以及明清時期各類品種的景德鎮官窯瓷器,幾乎無不仿作。其中的絕大多數,由於燒造時的用意即在於拿來冒充真品,所以就不但要求「神似」,也極力追求每一點細節的「形似」。加之當時去古未遠,匠師們的經驗、技藝、工具、環境、修養以至心境都與古人接近,因此,僅就燒造瓷器中的贗品——假古董而言,這一時期的造詣可以說是達到了空前的水準。

　　總的看來,古今製造仿古瓷的目的無非出於兩個,一是發思古懷舊之心,保持傳統品種;二是以假亂真,牟獲商業利益。前者對瓷器發展有重要的推動作用。例如清康、雍、乾三朝,既是嗜古、仿古之風極盛的時期,也是大量新品種湧現的時期。可見在瓷器發展中,仿古不但不妨礙創新,而且能夠促進創新。

　　所以,仿古瓷器,特別是古代的仿古瓷器,也是一種文化現象。因為它不僅仿製的是藝術和歷史,也是一種心理和趣味,複製的更是古代文化。這種複製本身就是有深刻社會歷史根源的文化現象。

第三章
瓷器鑑賞的要點

上林之窯盛天下，宋社已屋陶亦罷。
遺珍誰得雄雞山，久埋土中猶未化。
餘姚沈君藏一瓶，釉色瑩澈凝貌青。
相攜萬里來扶桑，割愛貽我何厚情。

——明‧石川鴻齋（日本）《詠越窯瓷》

青花飛燕紋碗，明清。每一件瓷器就是一本打開的書，可以正面讀。

　　古瓷器的收藏投資價值是由它的文物價值、審美價值、工藝價值、藝術價值、技術價值等決定的。其中審美價值、工藝價值、藝術價值都和鑑賞有直接關係，技術價值也間接有關。

　　隨著人們生活品質的提高，很多收藏投資者把目光轉向了瓷器收藏。現實中，很多收藏瓷器者動輒幾千、幾萬元，也許扔下的錢是打了水漂，買回來的儘是假的。而有些人則巧為無米之炊，從幾百元、幾千元起家，累積了價值上百萬元的珍奇瑰寶。

　　為什麼同樣的起點收穫卻不一樣？差距在哪裏？不在金錢，而在眼光。這眼光即鑑賞眼光，鑑賞眼光來自知識。知識就是金錢。

　　中國古瓷器的工藝水準高超，裝飾手法多樣，有刻、畫、印、貼、塑、雕、鏤等，無所不精。從用釉特色看，有釉下彩、釉上彩、多種彩釉、多種窯變、豐富的彩釉等，它創造出來的晶瑩、潤澤、絢麗的審美氣韻，巧奪天工的技藝，讓眾多的收藏者為之深深著迷。但

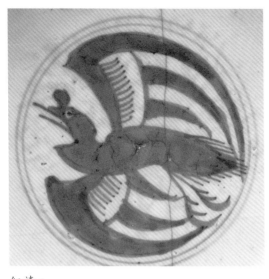

細讀。

反面讀。

側面讀。

是，要想在收藏古瓷上獲得成功，必須具備瓷器的鑑賞知識，培養一雙富有鑑賞力的眼睛，盲目介入是有極大風險的。

讀書給你一雙懂得鑑賞的慧眼

古瓷鑑賞是瓷器收藏重要內容，瓷器收藏的境界和鑑賞眼光有密切關係。

瓷器鑑賞自古以來就是一門學問。因瓷器的產量大、流傳範圍廣，又具有歷史文化價值，所以它很快就成為社會收藏最廣泛、最多的藏品了。一個藏家要想賞盡天下古瓷器是不可能，那麼，古人著作就是鑑賞的地圖和導航。

古瓷鑑賞的著錄較多，如明曹昭《格古要論》、王世懋《窺天外乘》，高濂《遵生八箋》、張應文《清秘藏》，黃一正《事物紺珠》，谷應泰《博物要覽》，陳眉公《妮古瓷》，屠隆《考盤餘事》，宋應星《天工開物》等古籍中都有專門的篇幅。

隨著博雅好古之風甚盛和古瓷貿易的興起，至清代到民國，有關專著則不斷問世了，如清藍浦《景德鎮陶錄》、《南窯筆記》（無名氏）、吳騫《陽羨名陶錄》、梁同書《古銅瓷器考·古窯器考》、朱琰《陶說》、寂園叟《陶雅》、程哲《窯器談》，以及民國許之衡《飲流齋說瓷》、趙汝珍《古玩指南·瓷器》、邵蟄民《增補古今瓷源流考》、向焯《景德鎮陶業紀事》、郭葆昌《瓷器概說》、江思清《景德鎮瓷業史》、張斐然《江西瓷器沿革》、陳萬里《瓷器與浙江》等，都是影響較大的瓷器鑑賞專著。

瓷識無涯，鑑賞有心。即使是專家也有看不懂的時候，何況新入道的收藏愛好者？從不懂到懂的最佳途徑，除了拜師學習、多問多看外，多讀書是練就一雙明亮的慧眼的最好辦法。

讀書一定要精。值得精讀的書除了上述書目外，吳仁敬、辛安潮的《中國瓷器史》《繪

瓷學》，趙汝珍的《古玩指南》《古玩指南續編》和《古董辨疑》也是必讀書目。

多讀瓷器方面的書，可以日積月累培養鑑賞能力。同時也要注意，每一件瓷器就是一本打開的書。讀紙書的同時，也要讀瓷書。

鑑賞和鑑定的關係

鑑賞和鑑定都是瓷器收藏的基礎，是瓷器收藏的重要內容，但鑑賞不同於鑑定，鑑賞是指審美，是發現瓷器外在素質，鑑定是辨真偽，是判斷瓷器的內在素質。

兩者的區別在於如下幾點：

鑑賞是辨別瓷器優劣的眼光，鑑定是斷代和研究瓷器史的基本功。

透過鑑賞，可以辨別瓷器優劣，決定藏品價值；而鑑定是斷代和研究瓷器史的基本功。

研究瓷器史主要靠文獻史料和實物資料。實物資料主要來源於調查、發掘古窯址、古遺址、古墓葬和徵集社會上的流散古瓷。要運用好這豐富的實物資料，首先必須解決好古瓷的鑑定問題，借助實物資料來認識不同窯口之間的聯繫與區別以及所發生的相互影響，認識到各窯口不同時代產品的特點，以及它們在原料的選擇與精製、成型與裝燒方法、裝飾技法等一系列的工藝過程。

瓷器史上這一系列的重要內容，往往在文獻史料中缺乏記載，所以古瓷器鑑定對研究瓷器史來說，是必須首先具備的基本功。

鑑賞是感性的經驗，目的是發現藏品的美好；鑑定是科學的理性，目的是斷代。

讀紋飾風格。

讀沖口裂紋。

讀底足。

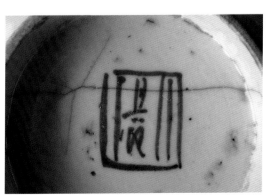

讀款識。

比較讀款識。

比較讀底足。

比較讀沖口裂紋。

在考古工作中往往遇到文獻記載不詳或沒有帶紀年的資料出土的遺址、廢址或墓葬，考古工作者就靠對出土瓷器文物斷代，來印證其相對年代。特別是海外一些國家的古城遺址中，常有中國自唐以來的古瓷出土，學者就根據對遺址中出土的中國瓷器的斷代，來證實城市的發展史和同中國友好的交往歷史。

鑑賞和鑑定結合，才能正確地評價某件古瓷的價值和畫分藏品的等級。

鑑賞和鑑定結合，才能判斷具體實物是否屬於稀世珍品，有何歷史價值、藝術價值和科學技術價值。

鑑賞和鑑定結合，有利於創新。

在學習古瓷鑑賞、鑑定的過程中，將兩者結合，反覆地對同時代的不同窯口的瓷器相比較，同一窯口的不同時代的產品相比較，才能得出帶有普遍意義的科學結論。

從事瓷器美術工作的人具有古瓷鑑賞、鑑定知識，必然會較全面地瞭解各歷史時期曾有過哪些主要造型、裝飾手法和紋樣，何為精華和糟粕，古代瓷工和藝人們是如何發現和使用新材料，創造新技藝的，怎樣不斷地繼承、創新等。

鑑賞和鑑定結合，有利於收藏成功。

不懂鑑賞，只是收藏一些大路貨；不懂鑑定，可能會收藏到大量贗品。只有鑑賞和鑑定結合，才有利於收藏成功。特別是對於各地的文物收購部門的業務人員，有了豐富的古瓷鑑賞、鑑定知識，就不會使價值高的古瓷失散以致受到損壞，博物館等文物收藏單位的古瓷藏品也將不斷豐富。

鑑賞和鑑定結合，可以提高辨別仿古瓷的眼光和能力。

目前收藏市場上除了大量古董商人製作的仿古瓷，還有專業瓷廠的產品。如景德鎮瓷器館的專業人員和小作坊的工人在研究元青花、明永樂、宣德官窯青花和明代民間青花的基礎上，進行了少量的複製。複製品達到了亂真水準，在深受專家和需求者的讚賞與歡迎的同時，也帶來了收藏者的困惑。懂得鑑賞和鑑定知識，就會減少在收藏中失誤。

瓷器鑑賞的目的

對於收藏者而言，瓷器鑑賞和鑑定的目的是一致的，主要有如下方面：

斷年代

即鑑別某件古瓷的相對燒造年代，又叫分期斷代。古瓷中，多數器物上沒有落年款，也有的器物上落有年款的。前者首先是解決斷代問題，後者有辨別真偽的問題和偽品的仿造年代問題。

如對景德鎮古瓷的斷定，一般要求按如下時代來區分：五代，宋朝早期、中期、晚期，元朝前半期、後半期，明朝與清朝。要求按照帝王年號來分期，但只是為了表述上的方便，

絕不意味著產品所具的特徵是隨著帝王的更換而
變化的。

隨著現代自然科學的研究成果在考古學上的廣
泛應用，一些科學儀器對古瓷斷代起了作用，但
也有誤差，因此必須和人的鑑賞、鑑定經驗相結
合，來對瓷器進行斷代。

斷真偽

斷真偽是區分有意仿製前代產品的贗品，即把
仿古器與真器識別出來。景德鎮明朝成化御窯廠
仿宋朝龍泉哥窯紋片瓷極似。正德時開始寫「宣
德年製」等年款，嘉靖、萬曆時期以來仿古風氣
更盛。清朝雍正、乾隆仿古瓷的水準很高，唐英
所督造的御窯廠，「仿肖古名窯諸器，無不媲
美，仿各種名釉，無不巧合。」（《景德鎮陶
錄》）。清末和民國，仿古生產有不少專門的小
作坊，有的達到了亂真水準。這樣一來，致使傳
世的「古瓷」中贗品充斥，魚目混珠。有了鑑賞
眼光和鑑定知識，在收藏投資瓷器上才能立於不
敗之地。

斷優劣

即鑑別古瓷的品質和價值。品質是指古瓷本身

反面比較讀。

側面比較讀。

是否存在燒製時所造成的或使用過程中所造成的
種種毛病，如變形、裂痕、沖口、陰黃、粘釉、磨釉、縮釉、剝釉、剝彩、脫彩、漏彩、補
彩等。價值是指某件古瓷的歷史、科技、藝術方面的價值。

歷史價值是說該產品帶有絕對的燒造年代或知道了相對的燒造年代，可作為斷代的依
據；能證明某一品種的創燒年代或衰落年代；能證實中外技藝交流或反映某一歷史事實等。

科技價值是說該產品能反映古代製瓷技藝發展進程和瓷業科學技術成果，能反映瓷業的
革新、創造和高超的技藝等。

藝術價值是看構成產品美的三個基本要素：瓷質、器型、裝飾的藝術處理是否高，三者
之間是否和諧統一，能否代表某時期的瓷器藝術水準和藝術風格，此外，國內外稀少的產品
也往往是珍貴品。

斷窯口

即鑑別產品的產地。唐代陸羽《茶經》較早評論了不同產瓷地區的茶碗：「碗，越州
上，鼎州次，婺州次，岳州次，壽州次，洪州次……邢瓷類銀，越瓷類玉，邢不如越也。若
邢瓷類雪，則越瓷類冰，邢不如越二也。邢瓷白而茶色丹，越瓷青而茶色綠，邢不如越三也
……」

這是在古文獻中較早以瓷產地來稱道產品的窯口的名稱。隨著瓷業的發展，窯口的命名
方法也越來越多，歸納起來主要有四種方法。

紋飾風格比較讀。

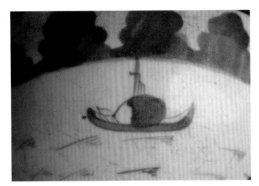

釉色比較讀。

繪畫技巧比較讀。

細部比較讀。

一是以燒造地點來命名。如浙江龍泉窯、福建德化窯、江西吉州窯、景德鎮湖田窯等，這種命名方法較為普遍。

二是以某窯的主技者的姓氏來命名。如景德鎮唐代的陶（玉）窯、霍（仲初）窯，明代的崔公窯、周（丹泉）窯，清代的郎（廷極）窯、年（希堯）窯、唐（英）窯等。

三是按燒造年代來命名。如景德鎮明代御窯通常分別叫永樂窯、宣德窯、成化窯等。

四是按產品的收用者的身份來命名，如官窯、民窯、樞府窯等。

所謂官窯，是生產專供朝廷和皇家使用（包括皇帝用來賞賜入貢國及使臣，或賞賜群臣、親貴）的各種瓷器的窯，也稱御窯。如北宋的汴京官窯、南宋的杭州官窯，景德鎮元代的御土窯、樞府窯，明清的御窯（又叫官窯、廠官窯）。

所謂民窯，是為了滿足國內外廣大人民生活需要而生產民間用瓷的民營手工業作坊。據《陶雅》說：「民間所賣之瓷器，廠人則謂之曰客貨。凡所以別於官窯也。官窯之尤精者，命曰御窯。御窯也者，至尊之所御也，官窯也者，妃嬪以下之所得用者也。」

同時期的不同窯口產品，有差別明顯的，亦有相近的，這需要我們去加以區分。產品的地方特色主要是因原料的不同而形成的，所以，斷窯口主要是看產品的胎、釉特徵，其次是看工藝、造型和裝飾等諸因素。

瓷器鑑賞的追求

瓷器鑑賞是有境界、有追求的，有什麼樣的追求就有什麼樣的境界。作為一種高層次的瓷器鑑賞，應有如下追求。

第一要求美

在宋代五大名窯中，只有定窯燒製白瓷，而汝、官、哥、鈞都是以青釉取勝。然而，定瓷精品之所以珍貴，倒不僅僅在於其如雪似銀的胎釉，而在於它精美的畫花、刻花和印花的紋飾。而汝瓷的精美，可謂宋代瓷藝百花苑中一朵奇

蒞。它的造型，既注重古樸典雅，又追求造型美麗，把造型藝術之秀美，釉色高雅素淨之風尚以及裝飾藝術之風格融為一體，把東方美學特有的藝術神韻展現得淋漓盡致。

元代青花和清代彩釉瓷器，也都是以精美而聞名，雖然在民間有一定的藏量，但價格也都不菲。如北京中拍國際拍賣有限公司2007年迎春大型拍賣會，一個元代青花雲龍紋玉壺春瓶以88萬元人民幣成交。

瓷器之美美在形狀，美在色彩，美在釉光。這是外表的美。

器形整體宏觀比較讀。

第二要求韻

韻是瓷器的內在美，是瓷器的文化內涵，是瓷器的氣韻和神采，這是瓷器鑑賞的最高境界。

瓷器之韻主要是由器形和紋飾展現的。瓷器本身有它的時代性，是當時社會文化的反映。

例如，明代中期正德年間，道教、佛教和伊斯蘭教在社會廣泛興起，所以，瓷器上出現了八仙、八寶圖、真武大帝、花捧回文、書寫回文、仙人朝聖圖等圖案。又如，清代康熙皇帝吸取明亡的教訓，對「尚武」和「習文」極為重視。所以，在瓷器圖案中，「尚武」方面有各樣的刀馬人物和清裝射獵圖等出現；「習文」方面，在瓷器上大量書寫詩詞，以文字作為圖案裝飾。

這些紋飾構成了瓷器之韻。

第三要求古

古瓷貴在一個「古」字。古瓷器屬於傳統收藏，或稱古玩（現代收藏稱現玩）、古董。遠古的器物是歷史文物，加之瓷器的保存不如金玉、銅石等物容易，越古越少，越古越貴。

第四要求稀

物以稀為貴。如宋代汝瓷，便因其稀有而倍加珍貴，尤其是御用汝瓷。據有關資料統計，從北宋晚期至今傳世的御用汝瓷總數不超過百件，且分別珍藏於故宮博物院、上海博物館及各地、各國博物館和少數收藏家手中，故有了「縱有家產萬貫，不如汝瓷一件」的說法。據瞭解，目前市面上，一塊帶有芝麻釘的汝瓷殘片價位已達數千元，如果是一件完好無缺的汝瓷器，那將是數萬、數百萬元甚至更高的價位。國內外古瓷收藏界，均以宋代「汝、鈞、官、哥、定」五大名窯作品為熱點，其次要數元代青花彩瓷了。

唐代青花是由白瓷與三彩孕育而生的，唐代白瓷成熟的燒製工藝，使三彩器與唐青花以其潔白的襯底映照出豔麗的色彩效果，因其存世數量極少而難得，故唐青花瓷從其歷史價值、科學價值、藝術價值上講，均具有相當高的鑑賞價值。

第五要求俏

要注重人們審美評價較為一致的瓷器，這些瓷器在收藏市場需求量大、行情看漲。

20年前，清三代官窯瓷器在拍賣會上的成交價才幾千、幾萬元。由於市場需求量不斷增大，現在的官窯瓷器已達幾十萬、幾百萬，甚至幾千萬了。這些在收藏市場上緊俏的瓷器，

也是人們鑑賞眼光較為集中的瓷器，收藏鑑賞者應重點研究。

從這五個方面鑑賞一件瓷器，可以把握鑑賞方法。如鑑賞器形相似的碗，可以採取比較的方法，對瓷器這本打開的書，多角度、多側面來閱讀鑑賞。要正面讀，反面讀，還要側面讀。要宏觀讀整體，也要微觀讀細部。要讀沖口裂紋，讀釉色，讀底足，讀款識，還要比較讀。

比較讀瓷器很重要。對有關聯的瓷器比較讀，包括如下內容：比較讀款識，比較讀底足，比較讀沖口裂紋，反面比較讀，側面比較讀，紋飾風格比較讀，釉色比較讀，繪畫技巧比較讀，細部比較讀，器形整體宏觀比較讀。

這裏，讀就是鑑賞，就是研究，就是融會貫通，會意於心，凝注於神。讀得多了，眼光自然就漸漸高了。

要善於鑑賞瓷器的缺陷美

古瓷多數的窯口和相當部分的品種，或多或少地存在著不同程度的開片現象，多數是被看做燒造缺陷對待的。但也有一些品系卻形成了特定的藝術效果，在鑑賞古瓷的鑑賞家眼中，有時甚至是一種大美。

當然，這是缺陷美，就和斷臂維納斯一樣，有一種藝術史上雋永的美。

如開片是瓷器燒造過程中或是歷史原因而產生的釉層斷裂現象，一般認為是一種缺陷，對玲瓏剔透、完整無損的各類瓷器的美觀產生了影響，在或潔白如玉，或青翠欲滴，或碧藍如洗，或鮮豔如血，或嬌黃嫵媚，或姹紫嫣紅的釉面上產生的裂紋影響到瓷器整體美觀。

但古代瓷器藝人正是利用這種缺陷，化腐朽為神奇，人為地製造出開片效應，產生了變幻莫測、鬼斧神工的藝術效果。在溫潤如玉、凝若堆脂的天青色釉面上，佈滿了縱橫交錯，或大或小，或長或短，或連或斷的紋路，使人產生遐想。

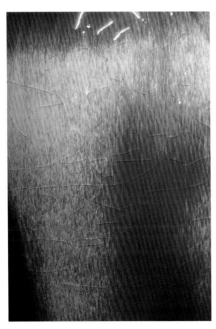

古瓷是靜物，尤其是陳設器物，陳設在室內，給人以寧靜、肅穆的感覺。那條條紋路、塊塊紋片縱橫交錯，忽斷忽連，高山峽谷，溝壑縱橫，阡陌交通，層層梯田，湖泊平滑如鏡，江河九曲蜿蜒，充滿了生機與活力。鑑賞者的目光沿著紋線追尋而產生浮想聯翩，產生了躍動迷離之感。從而賦予了靜置器物之生機，賦予了古瓷器千年不朽、長青不衰的藝術生命力，這就是鑑賞開片藝術的魅力所在。

瓷器開片主要有如下品種。

「冰裂紋」開片

這是形容在冰清玉潔的釉面上形成了像冰雪一樣清澈的裂紋。這種裂紋十分緻密，沒有縫隙，雜質無法侵入，歷經數百年，仍然顯得晶瑩剔透。

在宋龍泉窯三足爐中，冰裂紋常常清晰可見。

郎窯紅是冰裂紋的典型代表。這種開片以縱向為主，橫向較少，與血絲般的牛毛紋內外呼應，奇異非

「冰裂紋」開片。

凡。如清康熙年間燒製的觀音尊，器形典雅，從上至下鮮豔如初凝的牛血般的釉色，顯得雍容華貴。

「文武」開片

這是形容瓷器物上下左右，通體開片。其中呈大型的不規則開片，比喻為「文片」，當中又套有較小型的開片，比喻為「武片」。

自古以來就有「文武之道，一張一弛」的比喻，以此來形容這類開片的形式頗為恰當。這種開片以宋官窯、哥窯特徵最為顯著，多見於宋哥

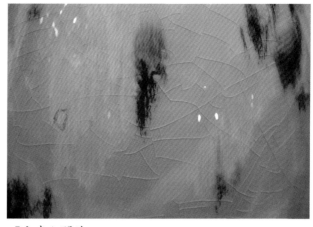

「文武」開片。

窯膽式瓶。「文武」開片也是宋官窯、哥窯瓷器除紫口鐵足之外最大的特徵，後世明代成化、清代雍正、乾隆年間仿哥窯製品多仿之。

「魚鱗」狀開片

「魚鱗」狀是瓷器中一種十分獨特的開片現象，主要集中在北宋汝窯、宋官窯和少數南宋龍泉窯製品上，其他品種未曾見過。

「魚鱗」狀形態是在肥厚釉層的層與層之間產生的層間開片現象。故宮藏北宋汝窯三足奩和北宋汝窯敞口洗是典型代表，從中可以清晰地看出這種層層疊疊、晶瑩閃亮、猶如魚鱗狀一般的開片。

出現「魚鱗」狀的原因是這類瓷器釉層很厚，有些甚至超過了胎體厚度。如此厚的釉層是多次上釉形成的，每次上釉都要等乾燥後再施，故各層釉之間薄厚不均，瓷器燒成後，層間應力不同，在層間產生斷裂。

據有關報導，河南汝窯研究所已掌握了這類工藝，不過仿品開片過於密集，顯得刻意做作，不如真品那般酣暢自然。

「金絲鐵線」開片

為傳世哥窯瓷器的特殊紋飾，因開片有大小之分，大開片呈深灰似鐵，小開片呈醬褐色，似金絲而得名。

這種開片屬於人工二次開片，這在古瓷器品系中是絕無僅有的。古代工匠利用哥窯出窯前驟然冷卻的方法，釉面內應力急劇釋放產生大的開片；然後將瓷器浸泡入含鐵的溶液中，裂紋將鐵物質吸附進裂紋內形成「鐵線」效應；再將這種一次開片的瓷器放入窯爐內烘烤，不等釉面熔化，再進行第二

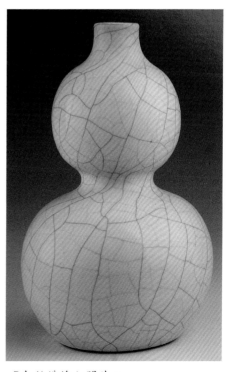

「金絲鐵線」開片。

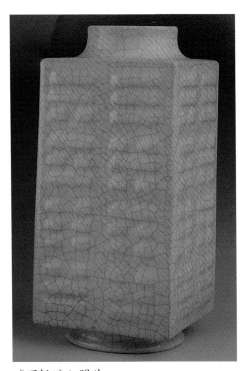

「百圾碎」開片。

次驟冷，使釉面再次在大開片中產生小開片；再將燒成的瓷器放入陳腐的茶葉水中，裂紋再將茶鹼之類的色素吸附進縫隙中，就形成了大片套小片，「鐵線」裏「金絲」的藝術效果。

這種哥窯特有的工藝是自宋以來古代工匠人為掌控開片的典型例證，並被元、明、清繼承與延續至今。當代仿品中也使用了這種工藝，但遠未達到真品的古拙之氣。

「百圾碎」開片

這也是哥窯開片的一種，只不過是紋片更細碎而已，是出窯前降溫過快，致使釉面四分五裂，裂紋密如攢珠。

晚明天啟年間的「煨瓷」釉面上被稱作「魚子紋」的開片也是這種效應，不過是名稱叫法不同。《飲流齋說瓷》中提到：「器小開大片，器大而小片皆足貴也。晚近以來則不貴哥窯之開片，而貴郎窯之開片。大抵開片瓷器，概以捫之無痕者乃為可貴也。」這是自古以來人們鑑賞的標準。

「蒼蠅翅」開片

這是唐三彩特有的現象。唐三彩是唐代盛行厚葬之風的產物，並吸收西域風情，塑造出了器形豐富、絢麗多姿的器物，充分昭示了盛唐文化，受到世界各國的青睞。

唐三彩屬於陶質胎體，胎釉結合度不好，在千百年地下埋藏中，受到水汽的侵蝕，器物裂析成蒼蠅翅膀大小的細碎透明開片，四周微微翹起，如同乾涸的池塘泥土四周翹起一般，屬於歷史性自然開片範疇，至今造假者無法仿製。這也是鑑別唐三彩真假的要領之一。

「芝麻紋」開片

這類開片形態與唐三彩釉面開片類似，細如芝麻顆粒，但因附著在瓷化胎質上，附著力相對強，釉層無翹起現象。唐長沙窯製品最具代表性。

不論是何種瓷器，不論是哪個朝代的瓷器，也不論是圓器或琢器，只要是用轆轤一次性拉坯成型的器物，其開片主要紋路的延伸方向均是從器物的底部自下而上，從左向右延伸傾斜的。

產生這種現象是因為拉坯時操作轆轤的旋轉方向是自右向左轉，也就是順時針方向，這種方向旋轉的胎體內部並不十分均勻，產生了一種自下而上、自左向右的密度差，內應力的方向差異正是這個方向，故施釉燒成後，其釉層開片方向正好與拉坯方向相一致。

這證明了胎釉之間開片方向是與其內應力的拉伸方向保持相同的，順著拉坯方向從下到上、從左向右延伸。當然這種規律不包括那些異型器物，用貼塑或捏塑等其他方式成型的，就沒有這種現象。

第四章
瓷器鑑賞賞什麼

荊溪陶器古所無，問誰作者時與徐。
泥沙入手經搏埴，光色便與尋常殊。

—— 清·汪文柏《陶器行贈陳鳴遠》

明景德鎮黑釉開光三彩鏤雕人物故事四方瓶之一面。

　　瓷器鑑賞是瓷器收藏的起點，但很多收藏投資者並沒有多少鑑賞知識，就貿然介入瓷器收藏投資，這是要吃虧的。

　　當然，在吃虧中也可以學習鑑賞，但這個代價需要昂貴的學費來支付，得不償失。最聰

明的方法，是先從書本上學習，再向瓷器學習，並到市場上學習，最好可以拜行家為師。多看少買，直到練就一雙慧眼，能夠從瓷器的造型、紋飾、款識、釉質、胎質、開片等鑑賞方法中找到規律性的東西，再介入瓷器收藏投資。多種方法並用，才會達到事倍功半的效果。

那麼，瓷器鑑賞到底賞什麼呢？筆者以為，初學者應從如下方面入手。

造型鑑賞看器形

瓷器鑑賞和鑑定是由比較來鑑賞的，瓷器的燒造年代和窯口的鑑賞和鑑定，首先是看器形或稱造型。

如對某一時代的產品尚未取得標準器的情況下，則採用看兩頭、印證中間的方法。如美國波普氏在鑑定洪武青花時，先看元至正型青花，再看明永樂、宣德有官窯年款的青花。那些似又不似元青花，而又具有某些明永樂、宣德青花瓷特徵的青花瓷，便是明洪武青花瓷。

一般說瓷器在紋飾、胎釉等方面均能體現各時代的特色，但造型在這方面表現得更為突出。所以若能善於識別其形狀和神態，就可以在鑑定工作中掌握一種比較可靠的方法。

看造型主要看器物口、頸、肩、腹、壁、脛、底足、流、執、系等的形體特徵和胎體的厚薄、輕重。

明景德鎮黑釉開光三彩人物鏤雕故事四方瓶之二面。

如飯碗是我們日常生活中不可缺少的器皿，一般人對它也許注意不多。其實，它的造型也是不斷地隨著社會發展而變化的。

唐代的飯碗，一般是深腹、直口、寬平足，胎厚，體重。

明代的碗，口外撇，腹深而豐滿，圈足較高，給人以古拙穩重之感。

明末清初許多民窯碗底常有明顯的輪狀旋削痕（即所謂「跳刀」），而在官窯瓷器中則極為少見。

有些時代接近或後世所仿前代的精品碗，由於紋飾畫法和胎釉原料前後相似，不容易區分。例如永樂、宣德青花撇口碗多在碗裏繪三層紋飾，碗外繪四層紋飾，而且乍看胎釉也大致相像，都是撇口圈足。然而如仔細加以對比，便會發現他們之間的重要區別在於碗腹下部收斂程度有所不同，即永樂碗腹較豐滿，宣德碗腹微削。這是風格的不同。

清代以後，特別是康熙時期，碗口外撇，但弧度沒有明代大，腹深但顯得瘦小，圈足開始變矮。

到雍正時期，其圈足最下處一改明代的平齊而向圓形（俗稱「泥鰍背」）演變。

雍正時期所仿的成化青花撇口碗，也是在造型上存在著碗腹微削的特點。這些細微的差別，是根

明景德鎮黑釉開光三彩鏤雕人物故事
四方瓶之三面。

明景德鎮黑釉開光三彩鏤雕人物故事
四方瓶之四面。

據實物仿製時，因成型、燒窯等技術條件所限，或偶然忽略而造成的破綻。

不同時代的碗有不同時代的特點，同時代不同窯口的碗也有不同窯口的特點。即使是一個窯口同時期的碗，也多種多樣。以景德鎮宋代的碗類瓷器為例，有斜壁、弧壁、鼓腹碗三大類，其中又有唇口、葵口、撇口、直口以及圈足高低、寬窄和碗身高、矮、大、小的變化。經過反覆比較，可掌握各類碗的變化規律。

還有我們常見的梅瓶，總體來看，其器型特徵是口小、肩豐、圈足，但它也隨著不同時代而變化。

宋代的梅瓶造型是小撇口，短頸，肩特別豐，身體修長，圈足，給人以古樸秀美之感。

元代則改宋代時的小撇口為板唇口，短頸加高，從直筒式小頸改為喇叭狀，下身加粗，體形變大。

到了明代早期，其口又改為卷唇口，肩豐而斜，下

粉彩三羊開泰紋笠式碗，清道光。一對估價45萬元。

身略胖，改變了宋代的秀長身形，向平穩實用發展，這是梅瓶造型最美的時期。

發展到清代雍正時的梅瓶，它以明代早期為式樣，但其口往往略高於明代，和頸相接處像欠一定弧度似的，沒有明代早期那麼好看。這時期的梅瓶，雖然豐肩，但肩的上部不是忽平就是下斜，下身又有所加粗，造型呆板，失去線條美。

到清代後期，其造型更加呆板、粗糙，藝術欣賞價值也就更差了。

各時代的一些獨特的而又顯著的器形，應一一牢記其特徵，因為它往往是後人仿製的對象。如明代永樂的壓手杯，成化時期的雞缸杯，清代康熙時期的鳳尾尊、乾隆時期的百鹿尊、轉心瓶等。只有熟記了真品的器形特徵，贗品便可一眼識破。

觀察器形首先要對歷代造型有一個基本概念。瓷器的形狀，大體是古時簡樸，隨同時代的演進而漸趨繁複。以元、明、清三代造型而論，元代造型大多較為鈍重稚拙，無論青、白瓷器都比一般宋、明瓷器顯得突出。尤其是日常應用的壇、罐、瓶、壺及盤、碗等一般器物，常見有相當大的器形。

例如傳世的元青花與釉裏紅大碗有口徑達42公分，青花和釉裏紅大盤的口徑也在45～58公分左右。由於胎體厚重，燒製不易，難免有翹棱、夾扁、凹心、凸底等變形的缺陷，因而過去文獻多有元瓷粗劣之論，其實這是不夠全面的。

元瓷紋飾之豐富多彩，固不待言，即以大盤造型而言，十二瓣板沿花口的多是花口花底（口、底均為十二瓣花形），足見當時製作認真，雖底足也不輕易放過。此種作法到明代永樂、宣德以後便不復見（永樂、宣德只見有花口花足的把碗和中型碗、洗，而無花足盤）。

永樂時一般盤、碗的底心也多是外凸內凹，圈足較元代放大，顯得格外平穩。特別是胎土陶煉精細，造型輕重適宜。永樂時期另有一種純白脫胎帶暗花的器皿，胎體非常輕薄，清代人形容它曾有「只恐風吹去，還愁日炙銷」的詩句。這種「薄如蟬翼」的瓷器造型精美，都是盤、碗之類，後世雖有仿作，但在暗花紋飾的技巧上仍有所不及。

宣德瓷器的造型種類更加繁多，無論盤、碗、杯、壺、罐、瓶等製作都非常精緻，而且能別出心裁、銳意創新，如「無擋尊」可稱是空前之作，除乾隆時曾經仿製外，後世很少有此種仿品。目前傳世品中常見的永樂、宣德時期造型有：雞心碗、花澆、僧帽壺、長圓腹執壺（流口為葫蘆形）、天球瓶、扁腹綬帶葫蘆瓶、四季倭角獸耳瓶和菱花式洗、菱花式把碗等。至成化時期在瓷質方面精益求精，造型唯重纖巧，而且也無大器。弘治傳世瓷器雖不多，但以黃釉雙耳罐、碗著稱於世。

正德時期最突出的造型有筆架、插屏、墩式碗、磨盤式香盒、七孔出戟圓腹高足瓶等。嘉慶、萬曆以後造型漸趨複雜，在器形上有很多創新之作，文獻上有所謂「製作益考，無物不有」的記載。只以文具一項來說，

粉彩三羊開泰紋笠式碗背面。

就有筆架、筆盒、筆洗、水
丞、硯臺、顏色碟、顏色倉
（俗稱溫盂）、印盒等多種多
樣。更有大魚缸、大罐、大
瓶、大盤（嘉靖黃地青花大盤
口徑有達80公分的）等，器形
之巨尤勝過元代；其他如鏤空
瓶、壁瓶、捧盒、方斗杯、燈
檯、繡墩等不勝枚舉。可以說
在風格上厚重古拙與輕盈華麗
兼而有之，只是比起永樂、宣
德、成化時期的作品來未免粗
製濫造。

粉彩黃地軋道開光羊紋碗，清光緒。估價3萬元。

　　清代無論在器形或種類方面均顯著增多，並且製作精巧。其中以康熙時期創新之作獨樹
一幟。琢器中如琵琶尊、馬蹄尊、象腿尊、鳳尾尊、觀音尊、太白尊、蘋果尊、杏葉尊、棒
槌瓶、柳葉以及凸腹花觚等都是前代少有的器形。

　　雍正時期在器形的創作方面也是豐富多彩的，如雙陸尊、三羊尊、虯耳尊、鹿頭尊、絡
子尊、牛頭尊、蒜口綬帶如意尊、撇口橄欖瓶、太白壇、菊瓣盤等。尤其是所仿宋代名窯及
永樂、成化瓷器不僅胎釉、紋飾惟妙惟肖，而且在造型上更足以亂真。

　　乾隆時期比較突出的造型有轉頸瓶、轉心瓶、轉帶瓶、花籃、扇子及書式印盒、書式金
鐘罩等。這一時期無論創新、仿古都達到了高潮，所仿銅、石、漆、玉、竹、木器等物品均
十分相似。

　　到了嘉慶、道光以後，則大多因襲舊制，很少見有創新之作。造型從精美蛻變為粗笨，
已逐漸失去前期的優秀傳統。例如玉壺春瓶的造型在康熙、雍正、乾隆三朝區別並不顯著，
以後漸漸變得笨拙，到同治、光緒、宣統時期竟變成短頸豐腹的矮粗形式，造型遠不及以前
那樣精美秀麗了。

　　知道了元、明、清瓷造型的基本特點之後，進而還需掌握觀察造型的方法。一般首先要
注意口、腹、底三部分。很多同類的器皿乍看外表極為相似，仔細觀察這三個部分，便可得
出不同的結論。

　　例如明代中期瓶、壺、罐一類的琢器造型，多在腹部留有明顯的接痕，而清代以後製品
由於旋削細緻，此種接痕多不明顯。如此所謂一線之差，往往在斷代辨偽的工作中起著相當
重要的作用。又如元代大盤盤身弧度較小而淺，明代永樂、宣德大盤盤身弧度稍大而微深；
前者底小，後者底大。特別是永樂造型，無論大小盤、碗多是器心下凹，器底心凸起，而且
足內牆向外稍撇，較外牆約矮二分之一至四分之一。

　　再如筆筒，是文房四寶之一，不同時代也有不同特色。

　　順治年間的筆筒體形高，平底無釉，胎厚體重。

　　到康熙年間，體形略為降低，這時筆筒胎壁適中，底中央有一小圈下凹，塗白釉，凹圈
外平坦，向外施一圈白釉，向內邊的一圈則無釉。這種底形看上去似一玉璧形，所以，人們

稱之為「璧足」。

　　到了雍正、乾隆以後，筆筒變得胎體略寬，胎壁也略薄，其底也由「平底」「璧足」改為「圈足」。不同的造型，打著鮮明的時代印記。

　　認識、熟記各個時代器物的造型，對鑑賞瓷器是非常重要的。例如，拿起一把雞頭壺，我們應該知道這種壺是三國、兩晉、南北朝的產物。說起宮式碗，則應該知道是明正德年間產品的一種造型。如果是觀音尊、棒槌瓶、花觚、太白缸、柳葉瓶等，這些都應是清代康熙時期生產的器物。所以說，型制是古瓷器鑑賞的重要內容。

　　有些臆測而製成的仿品，也有一定鑑賞價值。如後世所仿的各式各樣的所謂「永樂壓手杯」之類，在造型上愈變愈奇，自嘉靖、萬曆年間開始越仿越大，甚至後來的已不成杯而變為大碗，這種演變過程的鑑賞，也有鑑賞之趣味。

裝飾鑑賞看紋飾

　　紋飾就是瓷器上的圖案。裝飾鑑賞其實可以說就是紋飾鑑賞，是瓷器鑑賞的主要內容。

　　裝飾鑑賞包括裝飾方法，即彩繪、顏色釉、刻、畫、雕、鏤、堆、捏、印、貼等，還有題材、構圖、紋樣形象、畫風和彩料等方面所表現的時代特徵和窯口特徵等。

　　由於裝飾是隨著造型、工藝、材料、人們的審美要求的變化而變化的，所以裝飾的更新換代和所產生的種種變化要比其他鑑定因素的變化顯得活躍，鑑定時分析這一因素就更重要。

　　看裝飾的重點是看紋飾。瓷器上的紋飾同造型一樣具有鮮明的時代特徵，並且由於繪瓷原料與技術的不斷豐富和改進，無論在題材內容及表現形式方面都有其不同時期的水準和特點，因而也成為畫分時代、鑑別真偽的一條有力線索。

　　大體說來，瓷器紋飾的發展過程是由簡到繁，由畫印貼刻到雕剔描繪，由單純一色到絢麗多彩。例如元瓷上慣用的變形荷花瓣（俗稱「八大碼」）圖案，就是在晉瓷紋飾的基礎上演變而來的，尤其元代青花、釉裏紅等釉下彩的出現，開闢了瓷器裝飾的新紀元，打破了過去一色釉的單調局面。

　　明清以後各種色彩的發明更豐富了瓷器的裝飾，而每一種裝飾方法的出現都有其產生、成長、發展過程，因此也可據以推斷器物年代的遠近。

　　如早期的青花、釉裏紅因為尚未充分掌握原料的特性，所以在元代製品中顏色美麗

青花釉裏紅魚紋盤。

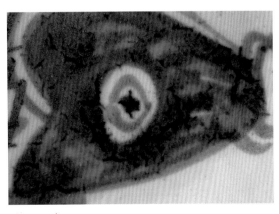

魚紋鑑賞。

的較少，而且釉裏紅中常有色調灰暗或變為絳褐或灰黑色甚至流散的缺點。但大部分成熟的元代青花、釉裏紅紋飾佈局都非常美觀，圖案不僅重視主次協調，而且慣用多層連續的花邊紋飾，無論山石、花卉多在外留有一圈空白邊線不填滿色，形成一種獨特的風格（至明代中期以後此種畫法漸絕，雖有間或採用，但為數不多）。

釉裏紅鑑賞。

此外由於原料成分的限制，在畫法上也各有不同的時代特徵，如元末明初有些用進口青料的瓷器，雖以顏色濃豔渲顯一時，但色調極不穩定，很不適於畫人物，因而在元代紋飾中畫人物的較少，也有所謂「元代人少，永樂無人，宣德女多男少」的說法。

至於成化斗彩，雖然色澤鮮明、晶瑩可愛，卻也受原料和技術的限制而有「花無陰面，葉無反側」的缺點，而且畫人物不論男女老少，四季均著一單衣，並無渲染的衣紋與異色的表裏之分。類似這些就表現為紋飾上的時代特徵，往往為後世仿品所忽略，倘能加以注意，自然對於鑑別真偽會有一定的幫助。

在鑑賞、鑑定瓷器紋飾時，要注意真者用筆（刀）流利自然，偽者則生硬、做作、呆

斗彩團龍紋罐，清雍正。估價5萬元。朵雲紋發展到清代雍正時期，朵雲頭拉長，左、右飄帶短而肥，形成菱角形狀。

青花雲龍紋缽缸，清乾隆，估價8萬元。乾隆年間，朵雲頭不是一個，而是幾個相連在一起，形成「一串雲」。朵雲的雲頭寫成「牛面形」，其尾部的飄帶活像一撮鬚。

板、缺乏活力。

另外還要注意的是，紋飾鑑賞與紋飾鑑定有一定關係。鑑賞時，對不同時代的紋飾要掌握其不同紋制手法。例如我們最常見的雲紋，元、明、清就有不同的「朵雲」，只要細心研究，不難發現，每個時期都有其特定繪製方法。

元代朵雲紋，其繪畫方法基本可分為兩種。

第一種，雲身繪成如意頭狀，多不對稱，一邊大一邊小；尾前半段肥大，後半段細長，整個造型活像一條大頭小蝌蚪在游動著。

第二種，也繪一個不對稱如意頭為身；拖一長尾，尾的前段長出兩個小頭，活像萌芽的種子；如意頭下的兩個小頭，又似兩片小葉托著一朵盛開之花。但到明代宣德年間的朵雲，又有變化，雖然也是繪如意頭為身，但身上的飄帶增多了；有的雲頭下飄出一帶，有的在雲頭左、右兩邊和尾部各飄出一條雲帶，有的還在前者的繪法上在雲頭部再長出一雲帶；所繪如意頭豐滿肥壯，飄帶瘦長，變化多樣。

明代中期，成化年間的如意雲飄帶較長，是如意雲頭長度的兩倍，尾部的飄帶又有增加突出的小小雲塊，和前期一條帶狀有所變化，雲頭又似露齒的獸面。

明代萬曆時的朵雲，主要有三種形式：一種是有飄帶的朵雲，飄帶加粗，雲頭縮小。第二種是把雲頭拉成一塊長雲，朵雲無頭無尾、畫工簡單。第三種是繪一如意頭雲頭，全身繪飄帶數條，不分頭尾。

朵雲紋發展到清代雍正時期，朵雲頭拉長，左、右飄帶短而肥，形成菱角形狀。原來的雲頭沒有了，在雲頭上端、左右兩邊和尾部的飄帶均變成了雲頭。

乾隆年間，朵雲頭不是一個，而是幾個相連在一起，形成「一串雲」。朵雲的雲頭寫成「牛面形」，其尾部的飄帶活像一撮鬚，或者把如意雲頭拉長成「S」形，或者拖至尾部。

元、明、清三朝，朵雲繪法藝術最高，給人以美的享受。

我們鑑賞瓷器紋飾時，必須對它的民族性和時代的特殊性有所瞭解，這樣，我們才能從中體會到鑑賞文化的魅力。

釉質鑑賞看光澤

觀察古瓷的釉質，一般要注意其釉質的粗細、光澤的新舊以及氣泡的大小、疏密等幾方面的特徵。如宋中朝景德鎮的影青瓷，胎潔白細膩、體薄透光、釉面晶瑩透明，如水似玉，和同時代的其他窯口的影青瓷質有著明顯的差別。

又如明代永樂的甜白釉瓷，胎骨微帶肉紅色。成化時則瓷胎迎光照映顯牙白或粉白色。

清代康熙的胎骨給人細膩，堅致感。雍正瓷胎迎光照映顯微青白色。這些特徵都為後世仿品所不可及。

舊瓷多有所謂「螢光」或「酥光」一類的光澤，這種深厚溫潤的釉光是由於年深日久而自然形成的。新瓷則多具有炯炯刺目的「火光」，但是有些仿品經過茶煮、漿沱、藥浸、土埋的方法加工處理後，也可以將此種「火光」去淨（如用放大鏡仔細觀察，即能找見破綻和不自然的光澤）。

相反，一向被妥善保藏的舊瓷，有些從未啟封而保存至今，一旦開箱其光澤依然燦爛如新。如遇到此種嶄新的舊瓷，須從器形、釉質、色彩、紋飾、款識等幾方面詳如考慮。所以，如果只憑暗淡無光作為歷年久遠之證，也是不可靠的。

一般舊瓷常有所謂柳葉紋、牛毛紋、蟹爪紋、魚子紋、鱔血紋、冰裂紋等大小不同的片紋，這些雖成為宋官窯、哥窯、汝窯等瓷器上自然出現的特徵，然而後世仿品同樣能憑人力作出相似的片紋。尤其是雍正、乾隆時期景德鎮仿官、仿哥的製品最能亂真，稍不留心極易混淆。

因此，仍需進一步觀察釉中所含氣泡的大小疏密，方不致眩於假象。如官、哥窯釉泡之密似攢珠，汝窯釉之疏若晨星，以及宣德釉面有所謂的「棕眼」等，這些都是不易仿做的特徵，可以當作畫分時代的一條線索。

此外，在觀察釉質時對於釉層的厚薄程度及縮釉、淌流狀態也需要加以注意。如宋均窯瓷釉多如堆脂，定窯瓷釉多有淚痕，明、清脫胎瓷釉竟薄如卵幕或瑩似玉石，這些固然都是難能可貴的特點，可是後世仿品也能大體近似。若不參照其他方面的特色，並注意器裏和口邊、底足等處，則往往失於片面。

例如元代琢器表裏釉多不一致，而且常有窯裂、漏釉、縮釉、夾扁的缺陷；永樂白釉器皿的口、底、邊角與釉薄處多閃白和閃黃色，釉厚聚處則閃淺淡的豆青色，並且琢器的表裏釉多均勻一致；康熙郎窯紅釉則有所謂「脫口垂足郎不流」以及「米湯底」「蘋果青底」等特徵。這些都是後世仿品難於仿效之處。

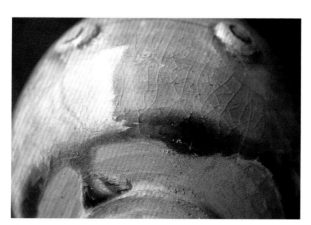

在觀察釉質時對於釉層的厚薄程度及縮釉、淌流狀態也需要加以注意。

鑑賞要時細察瓷器釉質的色澤、粗細、鬆緊、堅脆、厚薄、透光等。

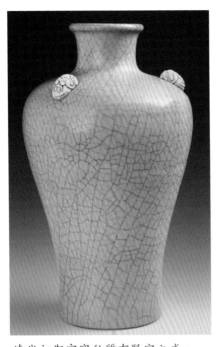

清代初期官窯釉質有緊密之感。

明代景德鎮官窯的釉質多有肥厚之趣，清代初期官窯釉質則有緊密之感，不過是就一般而論，當然也有例外，而且後世的仿品在這方面更不乏亂真之作。所以說只憑釉質而斷瓷器的新舊真偽仍嫌不足，必須進一步研究其胎質。

鑑賞時要細察瓷器釉質的色澤、粗細、鬆緊、堅脆、厚薄、透光與敲打聲等亦很重要。

透過鑑賞胎、釉，不難看出古瓷和新瓷的一般區別。古瓷釉面無耀眼的浮光（燥光），光澤靜穆如玉；新瓷則有耀眼的浮光，但仿古瓷往往作去浮光的處理，主要方法有用稀酸塗或浸，但釉面蒼白，在放大鏡下見傷痕。其次是用獸皮打磨，但在放大鏡下見無數平行的細條狀紋。有的用茶水加少量食鹼久煮或煙久燻，但釉色不正。還有入土久埋等方法。

出土的古瓷土鏽入釉，偽造者土鏽附於表面，用水浸洗即去之。古瓷的金色日久磨損，易變色，或只留下痕跡；新瓷金色鮮豔，光澤耀眼。古瓷中的低溫鉛釉，釉面可見一層銀色，瓜皮綠釉較明顯；新瓷則無。

由此可見，鑑賞胎釉的方法是，既要用眼光辨其色澤，度其厚薄，審其片紋，觀其氣泡，也要用手摩挲以別粗細，用指扣敲以察音響。可以說耳、目、手三者並用，方不致限於表面或拘於一格。

而對於舊坯新彩、補釉提彩、舊彩失色重畫，以及舊白釉器新作暗花、款識等各種式樣的仿品，尤其應當慎重研究。如果滿足於局部的特徵相符而失於整體的條件不合，或只看外表而忽略器裏，或只觀釉色而不問胎質，都是片面的。

色彩鑑賞看彩虹

釉上彩瓷（五彩、粉彩、古彩）一般達一百年的，在光照下彩色的周圍有彩虹般的光

粉彩夔鳳紋碗，清同治。估價6萬元。

量，有的僅隔60年的釉上彩瓷也會出現此現象，但年歲愈久則愈明顯。

在施用的彩色方面可以找到一些時代上的區別。如根據現在掌握的實物資料看，成化彩繪中沒有黑彩，當時除用釉下鈷畫藍線外，還用紅、赭色描繪輪廓線。假如我們遇到一件釉上黑輪廓的成化彩瓷器，就應該懷疑它是不是真實可靠，因為黑輪廓線的應用最早不超過正德初期。其他如粉彩的出現，現知不會早於康熙晚期，當然也很難令人相信施有粉彩的仿明瓷器不是贗品了。

至於乾隆時期由於大量使用洋彩，並且吸取了西方紋飾圖案的裝飾方法，有些作品但求筆法線條精細與紋飾奇異，從而有部分花樣失掉了固有的民族風格。這種瓷以乾隆中期以後的製品較多。其他如明代正德時期的官窯瓷器中多有用阿拉伯文字作裝飾的，清代外銷瓷器中也有畫著西洋紋飾圖案的，都是比較別致的一種裝飾，具有鮮明的時代特徵。

粉彩秋趣圖天球瓶，民國。估價8萬元。

舊胎後掛彩自光緒以來多見，新中國成立後很少見了。是否屬後掛彩，著重看如下幾方面：釉上彩是否有當時彩色特徵，紋樣的佈局、形象、用筆等是否有當時的風格。後加彩多畫得拘謹、呆板、纖細、缺乏當時的風格；紋樣是否壓著了釉面傷痕，有這種現象的必然是後加彩；後掛彩的彩色一般光澤度強。此外，後加款、換底、換款、換口、補彩、修補器物殘缺等現象也在鑑定中常遇見，都必須認真鑑別。

聲音鑑賞聽悶聲

為了有助於胎質方面的鑑別，有時還需要兼用聽聲音的方法。通常瓷胎聲音清脆，缸胎體重而堅硬，漿胎體輕而鬆軟等，聲音呈現不同特點。

一般說來，永樂、宣德、成化瓷胎均較元瓷為輕，而宣德器皿又比永樂為重。若由斷面剖視元、明器皿，在口邊處的厚薄區別並不很大，主要全在器身和器底相差懸殊。其他如後世新仿的宋吉州窯黑釉圓琢器皿，無論其外貌如何神似，總覺聲音清脆。古瓷研究者將這種聲音稱為「發冷」，而真者聲音反覺沙啞，為悶聲。

繪畫鑑賞看氣韻

根據瓷器上的繪畫筆法，也可鑑定出時代特徵。

如康熙瓷器由於當時對繪瓷方法十分重視，因而官、民窯瓷器在這方面的成就都非常顯著，而且瓷器上的圖案紋飾多是模仿名畫家的筆法。以畫樹方法而論，康熙枝幹喜用披麻

皴，顯得筆力老道、奔放有力；而雍正所繪枝幹只是描繪皴點，工力雖細，但筆力纖弱，索然乏味。若能仔細從它的起落轉折等處看清筆法，有助於鑑賞、鑑定。

明清官窯繪畫風格多較為工整而板滯無力，民窯繪畫風格則氣韻生動而粗放不羈，這些都是大家所熟知的特點。不過，在官窯中又有所謂「欽限、部限」之分，民窯瓷器中往往也有近似官窯的作品，以清代帶私家堂款者居多。

辨別官、民窯瓷器，還可以由一些細節的畫法來辨別。如所謂「官窯龍五爪，民窯龍三爪或四爪」的問題，就是不同瓷器畫龍的路數。這種有規律性的繪畫，雖然提供給我們一條判斷真偽和區分窯口的線索，然而並非是絕對的。在民窯瓷器中既有五爪龍的紋飾，而官窯瓷器畫三爪龍、四爪龍的作品也不是沒有的。

例如宣德官窯青花海水龍紋天球瓶及一些康熙官窯青花魚龍變化折沿洗等畫有三爪龍，康熙官窯綠地素三彩雲龍紋文具盒畫四爪龍。而元代民窯青花紋器皿則三爪、四爪、五爪者均有，並且明清民窯瓷器中也不乏此種例證。

官窯瓷器上的繪畫往往還與當時最高統治者的愛好和意願分不開。如明嘉靖皇帝迷信道教，於是多喜用八卦、仙、雲鶴一類的圖案作裝飾。清道光皇帝嗜愛鳥、犬、草蟲，因而這一類的畫面也出現得較多。

又如清代有賞賜瓷器之風，舉凡雍、乾、嘉、道、咸五朝皇帝所賜群臣的瓷器，照例是以白地青花蓮為主要繪畫，並以海水紋飾繪瓶口者為多（此種賞瓶通身共有九層花紋）。使用這種紋飾的含義，據說是表示為官以清（青、清同音）白為重，蓮是廉（蓮、廉同音）潔，海水是象徵四海升平之意。

其他如統萬年、二甲傳臚、三陽開泰、四十六子、五倫圖、六國封相、七珍、八寶、九連登、百福、百壽、洪福齊天等，類似這些充滿民俗色彩的紋飾，在明、清瓷器上出現的很多，如能進一步聯繫當時的時代背景，對於我們鑑賞、鑑定當時瓷器的規律大有裨益。

看繪畫還可以參考當時其他工藝品和器物的繪畫圖案。某些常用的瓷器繪畫往往在同時代的年畫、銀器、漆器、銅器乃至織繡等得以表現，舉一反三，互相印證，往往能發現時代特徵，找出共同的規律。而對於歷代瓷器繪畫中較為突出的時代特徵，更應瞭若指掌。

例如，元瓷的變形荷花瓣和山石花朵不填滿色的畫法，永樂、宣德瓷的牽牛花與海水江芽，正德的回文的行龍穿花，嘉靖、萬曆瓷的花卉捧字和道教畫，康熙瓷的雙犄牡丹和月影梅花，雍正瓷的過枝花與皮球花，以及乾隆瓷的萬花堆和錦上添花等紋飾，在決疑辨偽中有重要作用。

鑑賞瓷器繪畫要考慮到它

青花福祿壽三星圖六方花口花盆，清康熙。康熙枝幹喜用披麻皴，顯得筆力老道、奔放有力。

由簡單到複雜，由一色到多彩的發展過程，也要留意其題材內容、筆法結構以及時代風格和所用材料，並且多參考其他旁證，方可得出初步認識。但不能執此一端即輕下結論，因為後世利用所謂複窯提彩、舊胎刻填加彩、加暗花等種種手法製成的仿品，往往足以亂真，必須進而結合其他方面的特徵，作全面的分析研究。

工藝鑑賞看底足

隨著科學技術的進步，製瓷工藝和裝燒方法也在不斷地改進和提高，伴隨新工藝的出現和新窯具、新裝燒方法的使用，產品面貌產生了變化。

如景德鎮五代時採用多支釘疊燒的無匣裝燒方法，使器物的圈足和器內底留下了7～18顆支釘痕跡。北宋初以三、四顆支釘墊在器物的底足上，再裝入匣缽（一匣裝一器）入窯燒成，產品底足留下了三、四顆支釘痕跡。

後來捨棄了支釘，採用了小於圈足內徑並約高於圈足的墊圈或墊餅，裝在器物的圈

青花纏枝紋賞瓶，清同治。清代皇帝所賜群臣的瓷器，以白地青花蓮為主要繪畫，並以海水紋飾繪瓶口者為多。

足內底上，然後裝入匣缽，從而使產品圈足內底只留有墊圈或墊餅的痕跡。

北宋晚期因覆燒的出現而產生了芒口瓷等。又如元代至明洪武時，大件瓶罐的器底是另接的；洪武後則不採用。元與明洪武時高足杯的高足是用泥與上部的杯相接的，洪武後則改用釉接。明代瓶罐成型時所產生的接口多而明顯；清代因工藝技術提高，器底接口少而不明顯，小型器足底則沒有接口痕跡。

這些因工藝、裝燒所致的細小特徵，也是鑑定時不可忽視的。

胎體鑑賞看底足

由於不同窯口、不同時代對胎的原料選擇、配方、精製不盡相同，成型方法上也存在著差異，燒成的溫度和環境不完全一致，使產品的胎質各具特徵，在胎質品質成分和燒造方法上也或多或少有著比較明顯的差別，因此在鑑別一件瓷器時需要對胎質進行細緻觀察。

鑑賞胎質主要是觀察底足。大致說來，元代器皿底足多露胎而質粗，明、清瓷器有款者底多掛釉（但也有極少數底款有釉而周圍無釉的），清中期以後則露胎者漸少。但無論任何時代的器皿，在圈足的邊緣或口邊露胎和器身縮釉之處，都可以看出胎質火化的特色。

例如元瓷胎多粗澀而泛火石紅色，明、清瓷胎多較潔白細膩而且很少含有雜質，火石紅色也減少甚至不見。這些一方面標誌著胎土淘煉方法隨著時代的推移而不斷進步，同時也自

青花鳳紋盤，清乾隆。清代因工藝技術提高，器底接口少而不明顯，小型器足底則沒有接口痕跡。

然形成了燒製時期、產品真偽之間的一條分水嶺。

以明代永樂、宣德的砂底器皿而論，因為選料和淘煉技術較元代細，雖亦不免含有微量雜質，形成黑褐色的星點，但已少有凹凸不平的缺點，用手撫摸多有溫潤細膩之感。而明末清初的砂底器皿及後世仿品的胎質則比較粗糙。

成化的瓷質一向以純潔細潤著稱於世，迎光透視多呈牙白或粉白色，並且具有一種如脂如乳的瑩潤光澤。而雍正官窯仿成化的瓷器儘管在造型、紋飾和色調方面都有相當成就，同時其釉質、胎質在表面上看來也十分逼真，但若迎光透視則呈純白色或微閃青色。

這也關係到原料本身品質的改變。例如對於嘉靖瓷質不及前朝，一般多歸咎於麻倉土漸次告竭。然而也不宜過分執著於胎土的顏色和粗細之論，因為即使是景德鎮同一時代所產的瓷土，也絕不只採自一兩處產坑，從而有的細膩滑潤，有的細而不潤，有的甚至相當粗糙。何況胎土配合的成分也是決定胎質的關鍵，而且由於製作方法和火候不同，胎色又有純白、微黃、微灰或微青等若干區別。如果僅把胎體本身的品質作為斷代的標準，還是不夠全面的。

有些胎體過薄的器皿如脫胎瓷和永樂、成化瓷一類，因露胎處極為細小，所以較難辨別胎土的顏色。有些即使不是薄胎，但因裹足支燒而足不露胎，或受窯火影響而使露胎顏色發生變化。如「紫口鐵足」的器皿在宋、明、清瓷中均不乏其例。

這些似已成為鑑別上的重要條件，然若剖視其斷面，便可發現未直接受窯火煅燒的內部胎色並非如此。同時，一般傳世品經過多年的污染，也很難辨清胎體的本來顏色。

款識鑑賞看筆法

款識也叫年款，是在一件瓷器的器底中央、器心裏面、器身的中部或口緣等部位，書寫上某某皇帝的年號，如「大明成化年製」等字樣，以表示紀年。

這種年款，有一部分是專為宮廷燒製的，叫「官窯款」；有一部分是民間燒製的，叫「民窯款」。

明、清瓷器除一般的官窯款外，民窯瓷器中帶年款的也不在少數，到民國時期民窯更加盛行。但大都是景德鎮所製，其他地方窯寫款的較為罕見。

民窯款識主要有堂名款（如中和堂、慎德堂）、殿名款（如體和殿、儲秀宮）、軒名款（如宜古軒、塵定軒）、齋名款（如拙存齋、乾惕齋）、吉言款（如萬福攸同、德化常春）、讚頌款（如萬壽無疆、洪福齊天）、作者款（如吳為、崔國懋）、珍字款（如珍賞、珍玩、奇石寶鼎之珍）、用字款（如上用、公用）、花

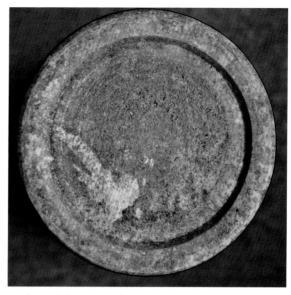

鑑賞胎質主要是觀察底足。

樣款（如白兔、雙魚、折枝花朵等）、干支款（如康熙辛亥中和堂製、辛丑年製）、供養款（如「信州路玉山縣順城鄉德教里荊塘村奉聖弟子張文進喜舍香爐、花瓶一付，祈保闔家清吉，子女平安。至正十一年四月良辰謹記。星源祖殿，胡淨一元帥打供」「皇清康熙甲子歲仲秋日吉旦供奉普陀禪院聖佛前」）等。

這些都稱為款識，是表示某個朝代、某窯口或某個人生產或使用的器物。

今日的傳世品和仿品以明、清兩代瓷器居多，而明、清官窯絕大部分都有年款，並且各有其特徵。

觀察底足有助於判斷瓷器年代。

對這些不同特徵的鑑賞，就是收藏的趣味。我們在鑑賞時，可以從中找出其規律性和特殊性。收藏界有所謂「永樂款少，宣德款多，成化款肥，弘治款秀，正德款恭，嘉靖款雜」一類的說法。

已知瓷器上最早的款識，應數新石器時代晚期的陶器。商、周青銅器上銘紋和徽號已經盛行，但在陶器上有官方款的，可以肯定是在陝西咸陽出土的一件秦代陶器上的「王」字。前些時候，廣州中山五路發掘一處秦漢遺址，曾發現有帶「官」字的陶片；在三元里一個西漢初年墓中，也發現有「居室」款。

早期瓷器的款記一般都以官方有關。五代至北宋初，北方白瓷中常有「官」「新官」的刻款。在宋代的瓷器中，也見有「大觀」「政和」等帶國號的款。在元代，景德鎮的瓷器中常有「樞府」「太禧」款識的。這些都是和官方用瓷有關的紀年款。

總體來看，明清的紀年款有一定的規律性。絕大部分的紀年款，都寫上國號和皇帝的年號。如「大明宣德年製」「大清康熙年製」等，僅有「隆慶」一朝寫「年造」而不寫「年製」。

明代最早寫款從永樂開始，但它的款識也僅寫「永樂年製」四字篆書。「大明永樂年製」「永樂年製」從未有楷書款，若有則是假款。

從明宣德至清康熙的年號款，都是六字楷書款。但雍正一朝楷、篆書款同時使用，有六字款、四字款（即「大清雍正年製」、「雍正年製」）。

乾隆時款識，篆書盛行，楷書漸少。嘉慶、道光兩朝以篆書款為主。但由咸豐至宣統，

民窯讚頌款。

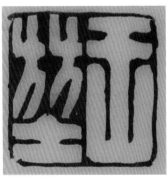

作者款。

吉言款。

同治款。

道光款。

紅色乾隆款。

藍色乾隆款。

雍正款。

又恢復了楷書寫款，篆書款已不使用了。這是明清款識的規律性。

　　鑑賞古瓷器除了注意它的各朝寫款的規律、風格和特徵外，還要注意各朝寫款的顏色。不同朝代使用的顏料不同，其呈色也就不一樣。

　　以青花料為例，明代至清代初期的青花款，在放大鏡下可見其色下沉，周圍有細小、均勻的小氣泡，清代後期的仿製品則沒有這種特徵。

　　鑑賞各代款識，首先要注意其筆法，如橫、豎、撇、捺、勾、挑、點、肩等八筆的特徵，都須認真加以領會和對比。

　　由於每個人的書法不同，寫官窯款的字體又必須經過選擇，具有一定的水準，因而寫仿款的人勢必謹慎地模仿，唯恐有不似之處。既然過於謹慎，就難免失於局促，筆法也不容易自然生動。

　　只靠這一方面的鑑賞研究是不夠的，尤其是元代以前瓷器並無正式官窯年款。雖然根據文獻記載，北宋曾有帶「景德年製」四字的瓷器，但未見實物。只見過耀州窯有印著「大觀」「政和」字樣的碎片，元代也只有帶「樞府」「太禧」以及干支的器皿，且為數甚少。

　　重視款識，但不能依賴款識。即使明清兩代有款識，但晚清及民國所仿字體也十分逼真，極難識別，必須同時詳細比較字體及位置。

　　永樂年款，以現有實物來說，只見到圓器上有四字篆款寫，文獻上還有六字款的記載，但無實物。在琢器上也未見過帶年款的器皿，不過仿器卻有四字或六字楷、篆字款寫在器裏或底足、口邊的。

　　又如宣德款有所謂「宣德年款遍身」的說法。普通多在底足中心或圓器裏心與口邊，或琢器的口、肩、腰、足一帶，甚至個別還有雙款（如合歡蓋盒、文具盒等在蓋裏和底足均有年款）。這類款識有豎款也有橫款，六字款多而四字款少。

雍正款。

齋名款。

嘉靖年款的排列方式較前複雜，除單行橫款、雙行直款外，尚有環形款、十字款（即上下左右寫）等。諸如此類，都需要進一步掌握其規律。

大致說來，首先在字體方面明代多用楷書款（只有永樂、宣德、弘治和其他等少數例外）；清代順治、康熙二朝亦為楷書盛行期（康熙篆書款尚不及百分之一），雍正則楷書款多於篆書款，由乾隆開始篆書款漸多於楷書款，嘉慶以後篆書款遂成為主流，直到清末才又恢復以楷書款為主的趨勢。而明、清兩朝的楷書款與篆書款書法上也各有其不同的風格，可以說是多種多樣了。

其次還應仔細觀察款色。例如明清瓷器款識多以青花為主，明代款的青花顏色若用放大鏡照視，多是深厚下沉，清初仿品也大致如此。道光以後的仿品青色則渙散，而且淺淡上浮。尤其是宣德款色往往在同一器物上呈現黑、藍、灰等幾種顏色，這一點雖不美觀，但是後世絕難仿效的特徵。自明正德至清代末期的款色增加甚多，有紅、綠、黑、藍、紫、金等色，並且也使用了刻、雕、印、堆等方法，然而仿製品在款色與刻、雕、印、堆的方法上並未減少。只有認真加以區分，方可看出因用料和技術不同而各有其書法特點，同時由此也可大體判斷其時代真偽和瓷質優劣。

由於明清御窯廠有專門的落款陶工，對字體、筆致、排列形式、落款位置以及寫款的彩料等都有嚴格的規範，後仿者很難完全相同。所以，鑑賞明清御窯產品時，看款式特徵是重要一環。

在用字和寫法乃至字數方面也有一定的規律可循。例如明代官窯有的題某某年製，有的題某某造，而清代官窯卻一概都用「製」，還未發現有用「造」字的。其他如宣德的「德」字心上不寫一橫，成化的「成」字有所謂「成字一點頭肩腰」的特徵，以及寫「康熙御製」四字款的瓷器90%以上為當時新製的精品等，這些都是鑑賞中值得注意的地方。

不同窯的款識，也有不同的規律。如景德鎮瓷器從明代永樂官窯瓷開始，就正式有帝王年號款，宣德十分普遍，從此款式的形式和內容也越來越豐富。常見的有帝王年號本款，帝王年號寄託款，偽款，干支年款，齋、堂、軒、居名款，人名款，讚頌語款，吉言款，題畫款，花押款，窗櫺款等。

總之，鑑賞款識既要注意其筆法、字體、位　黃地夔龍開光御製詩文轎瓶，清乾隆。

置、款色和字數、結構等各方面，也應當知道同一時代的款識筆法早、中、晚期仍有不一致的地方，只是在風格及色調上不失其時代特徵。因此務必互相比較鑑賞。

黃地夔龍開光御製詩文轎瓶款識。

文字鑑賞看內容

在用文字作為瓷器裝飾的特點上，明、清兩代製品有所不同。如明代瓷器有寫梵文、經語、百福、百壽字的，而用大篇詩、詞、歌、賦以及表、頌等作裝飾文字的則是康熙時期的創作。

例如「赤壁賦」「滕王閣序」「前後出師表」「聖主得賢臣頌」等，此種只有文字而無圖畫的器皿歷朝很少仿製。明確這一點，對判斷時代和辨別真偽的具體工作，也是很有參考價值的。

風格鑑賞看拙秀

瓷器和其他藝術品一樣，地方風格、個人風格融匯於時代風格之中，但其本身又是時代風格的構成因素。把握好中國各時代瓷器的總體藝術風格，對鑑賞、鑑定也是十分有利的。

仿製古陶瓷，往往得其形似而失其神采，能效其雋秀，未必能學其古拙。因為一件器物的創作，與當時人們的生活習慣、審美標準以及技術條件都有密切的關係。

如中國宋代瓷器造型挺秀精巧，紋樣精美典雅，具有輕盈俏麗、沉靜雅素的格調，景德鎮宋代的影青產品也融匯於這一時代風格之中，中國元代瓷器胎體厚重，造型雄偉端莊，裝飾豪放有力，景德鎮的元青花就充分體現了這種時代氣氛。

到清代藝術風格傾向繁瑣富麗，民國則絢麗多彩與淡泊清秀兼有。

墨綠地彩纏枝花卉紋碗，清乾隆。

第五章
瓷器的起源和發展

陶冶新平肇漢唐，宋明瓷奪寶珠光。
千年傳統垂如縷，正待人民好發揚。

——當代·田漢《瓷都》

繩紋陶器。

陶罐肩腹。

陶罐口沿殘片。

　　中國遠在新石器時代初期，就創造出了豐富多彩而獨具特點的陶器。據推測，陶器是受到塗泥的樹條筐和外絡繩網的葫蘆容器被火燒後餘下的硬泥殼的啟發而逐漸發明成功的。

　　這一推測是由早期陶器筐藍條紋和繩紋裝飾而來的，它在技術上用藍模塗泥法、泥條捲築法、雙手捏造法、轆轤拉環法製成器形，然後用火燒成。

　　早在新石器時代，人們就已認識到某些天然礦物如鐵礦石、赭石、瓷土等可以作為赭紅、黑、白等彩色，在陶器表面繪成各種圖案花紋，這就是著名的彩陶。早期陶器有彩陶、

黑陶、印紋陶，商代有白陶和釉陶。一直延續到今天，陶器被普遍使用。

　　夏商時代出現的「早期青瓷器」，最早見於山西夏縣東下馮遺址，接著出現的青釉完整器屬於鄭州二里岡時期。

彩陶和白陶是瓷器的源頭

　　過去專家認為，新石器白陶（灰陶）是瓷器的源頭。白陶出現於新石器時代中期，商代後期發展到頂峰，至西周逐漸衰落。在中國原始社會的新石器時代末期，我們的祖先就用瓷土為原料，燒製出胎質灰白、器表無釉、火候較低的器皿，即所謂白陶或稱灰陶。新石器時代至商代的白色陶器，是用高嶺土燒製，質地潔白細膩。固然它是與瓷器最接近的陶器，然而作為瓷器的源頭，似乎還可追溯到更遙遠的彩陶時代。

　　2001年，甘肅大地灣考古被學術界評為中國20世紀百項考古大發現之一。2003年，甘肅省文物考古研究所研究館員郎樹德發表《大地灣考古創六項中國之最》一文，認為大地灣彩

新石器時代中期陶罐。

新石器時代中期陶盆。

新石器時代大地灣遺址早期彩陶曲腹盆。

陶是中國最早彩陶:「中國農業、製陶、文字、建築、繪畫的歷史被改寫」。

大地灣彩陶出現於新石器時代早期,而白陶則在其之後出現,白陶到商代製作技術提高,原料的淘洗更加精細,燒製火候的掌握也恰到好處,使所燒器物愈加素淨美觀,白陶因此成為最接近瓷器的陶器。但從年代沿革上看,彩陶則是更早的源頭。

夏代出現原始素燒瓷

約在奴隸社會初期的夏代,隨著社會的發展和工藝水準的提高,人們又在瓷土中摻入一定數量的長石、石英等成分,燒製出了一種胎質呈白色,質地比較堅硬的器皿。就其燒結性能和堅硬程度而言,已不同於陶器而接近原始青瓷。但由於器表無釉,所以叫它為「原始素燒瓷」。

新石器時代大地灣遺址早期彩陶女子像。

夏商時器形主要有酒器、缽等食器,器表多刻饕餮紋、夔紋、雲雷紋和曲折紋等精美圖案。是仿同期青銅禮器的一種極珍貴的工藝品。

白陶和原始素燒瓷,為中國瓷器的發明奠定了基礎。

原始瓷器的特徵,胎體中存在很多裂紋,胎料中雜質多,釉色不穩定。這些特徵表現出它的原始性。這是由於當時的生產技術水準低,條件較差,原料的處理比較粗糙,沒有經過精細的過濾、陶洗、提煉等過程。以後,隨著社會主產力的發展,燒造技術水準不斷提高。因此,把商周青釉器拿到瓷器發展的全部過程來看,它是處在發生發展階段,故將這一時期稱為原始瓷器時期。

商代出現釉陶器

瓷器是由陶器過渡而來的。商代白陶和硬胎釉陶是陶向瓷過渡的重要一步。從新中國成立以來的考古發掘的資料來看,中國最早的瓷器在三千多年前的商代就已出現。如在河南鄭州出土的商代黃釉瓷尊,就是瓷器的雛型。

蒜頭形素燒瓷壺。

在燒窯過程中，由於柴灰落於器面，恰與器胎含有的某種化學成分結合，就自然形成了一種有釉陶器。以後經過人工改進，瓷器便產生了。

從中國各地出土的商、周青瓷器來看，已基本上具備了瓷器形成的條件，應屬於瓷器的範疇。它是由陶器向瓷器過渡階段的產物，也可以說還處於瓷器的低級階段，所以稱為原始瓷器。

原始瓷器和白陶器與印紋硬陶器相比，有美觀、堅硬耐用、器表有釉不易污染等優點。前者燒成溫度稍高和器表有釉，後者多數溫度較低而器表無釉。二者是有著明顯區別的。

而原始瓷器和以灰陶為主的其他各種泥質陶器與夾砂陶器相比，也有著本質的區別。即陶器是用熔黏土（陶土）燒製成功的，這種黏土含有大量的熔劑。

高嶺土是一種主要由高嶺石組成的黏土。石頭經過完全風化之後，生成高嶺土、石英和可溶性鹽類；再隨雨水、河川流轉於它處，經再次沉積，石英和可溶性鹽類分離，即可得高嶺土。

高嶺土在瓷坯中所占的分量極大，是生產瓷器的良好原料。由於原料不同，使得陶器的燒製溫度一般在900℃左右，高者也不過1000℃左右，如果超過就會變形或呈熔融狀態。而原始瓷器所用的原料則可燒到更高溫度，一般要1200℃以上。

釉是一種矽酸鹽，施釉在素地上，經過一定溫度的焙燒而熔融，溫度下降時，形成連續的玻璃質層，或形成一種玻璃體與晶體的混合層。

釉的發明和使用，是原始瓷器出現的必備條件。

商代原始瓷器的釉色呈黃綠色或青灰色。根據化學分析，證明當時的釉是石灰釉。

商代原始瓷器的成型工藝，多採用泥條盤築法。部分原始瓷的器表也拍印紋飾，有些紋飾與同時期的印紋硬陶器相同。原始瓷器有的外壁和內壁都塗釉，有的則是外壁和內壁上部塗釉，內壁下部沒有塗釉，釉的厚薄也不均勻，並有流釉現象。

根據目前公佈的材料，中國原始瓷器在黃河中下游地區的河南、河北、山西和長江中下游地區的湖北、湖南、江西、江蘇等商代中期遺址和墓葬中都有出土，其創製時間，遠在三千五百多年前的商代中期。

商代青釉大口尊（早期青瓷）。

商代原始瓷器常見的器形有敞口長頸折肩深腹圓鼓圓底尊、斂口深腹圓鼓圓底罍、敞口圓底缽、斂口深腹目底罐、斂口短頸長深腹圓底甕、雙耳簋等。

商代原始瓷器的胎質比較堅硬，顏色多呈灰白色和灰褐色，並有少量胎質為純白稍黃。器表釉色以青色最多，並有一些豆綠色、深綠色和黃綠色。裝飾以印紋為主要方法。器表的釉下除少數為素面外，多飾有方格紋、籃紋、葉脈紋、鋸齒紋、弦紋、席紋和S形紋，並有一些圓圈紋與繩紋。

商代後期的原始瓷器，基本上是承襲商代中期發展而來的。但在形制和品種上卻較商代中期有所增加，在燒製和使用範圍上有了擴大，品質也有了提高。

幾何紋白陶瓿。

商代後期常用的原始瓷器形制有敞口長頸折肩深腹圓鼓圓底尊、小口短頸圓肩或折肩深腹圓鼓圓底甕（有的稱罐）、斂口深腹圓底罐或雙耳罐、斂口淺腹圈足缽、口微捲淺盤喇叭座豆、敞口頂圓鼓圈足形握手器蓋等。

胎質顏色仍以灰白色為主，並有少量青黃色、淡黃色和灰色。器表釉色多為青色和豆綠色，也有少量醬色、淡黃色、絳紫色。器表釉下拍印的幾何形圖案紋飾有方格紋、鋸齒紋、水波紋、雲雷紋、葉脈紋、S形紋、網紋、翼形紋、圓點紋、弦紋和附加堆紋等。

西周原始瓷器

西周時期原始瓷器的燒製工藝，在商

雙系罐。

代後期的基礎上有了新的發展和提高，而且出產的地區也較前更為擴大了。

西周常見的器形有：敞口或斂口淺盤矮圈足豆、斂口低領折肩（有帶器鼻）、深腹圈足罍、斂口低領深圓腹平底甕、斂口帶耳腹圓鼓管狀流平底盉、敞口深腹（有帶雙耳）圈足簋、敞口平底碗、斂口深腹圓鼓（有帶雙耳）平底罐、敞口淺盤直圈足盤、斂口扁圓腹圈足盉、敞口頸內收深腹圓鼓圈足尊、斂口扁圓腹平底瓿和敞口淺腹缽等。

胎色仍以灰白色為多。釉色主要是青綠色和豆綠色，並有少量黃綠色與灰青色。

其表除素面外，釉下紋飾為幾何形圖案，有方格紋、籃紋、雲雷紋、席紋、葉脈紋、齒狀紋、弦紋、S形紋、乳釘紋、圓圈紋和曲折紋等。

春秋、戰國原始瓷器

春秋時期的原始瓷器和西周原始瓷器相比，品質又有提高。

特別是春秋晚期，江、浙一帶的原始瓷器成型工藝，從泥條盤築法改為輪製，因而器形規整，胎壁減薄，厚薄均勻。器形有斂口深腹圓鼓平底罐、斂口扁圓腹平底瓿、斂口淺腹圓鼓平底盉、大敞口平底碗和器蓋等。

胎質多呈灰白色，並有一些黃白色和紫褐色。

釉分青綠色、黃綠色和灰綠色。

器表的釉下紋飾主要是大方格紋和編織物紋。

斂口腹圓平底盉。

而在黃河中下游地區春秋時的原始瓷器則很少發現，所見的也只有釉下飾印方格紋的斂口深腹圓鼓平底罐。

從商代、西周和春秋各時期原始瓷器的發展，可以看出它們是一脈相承的。原始瓷器的主要生產區域在中國江南地區，這可能與這個地區盛產瓷土原料有著一定的聯繫。

戰國時期在浙江、江蘇、江西、福建、臺灣、廣東、廣西以及湖南南部的廣大地區，普遍使用原始瓷，特別是江、浙、贛一帶更為盛行。它們的生產規模和產量比西周和春秋時都有了很大的發展和提高。

江、浙、贛一帶的原始瓷，胎成灰白色。山西侯馬、浙江紹興富盛和蕭山茅灣里都有出土的原始瓷碎片。

原始瓷的胎質細膩緻密，瓷土經過粉碎和淘洗，燒成情況良好，同時用陶車拉坯成型，

雙系罐。

鼓腹雙系罐。

所以器形規整，器壁厚薄均勻，缽、碗、盤、盂的內底自底心開始有一圈圈細密的螺旋紋，外底有一道道切割的線痕。

與西周時期的原始青瓷相比，坯泥的處理精細了，燒成技術有了提高，成型由泥條盤築法改為輪製，使生產效率和產品品質都有很大的提高。坯件的外表都上一層薄薄的石灰釉。經燒成後，多數釉成青色或青中泛黃。釉層厚薄均勻，有的凝集成芝麻點狀。

廣東、廣西、湖南南部的原始瓷，瓷胎與當時的硬陶差不多，多為紫色、灰紅色；釉除黃褐色、黃綠色外，尚有墨綠色等，但都屬於以鐵為主要著色劑的青釉系統。由於這時期的原始瓷胎質細膩，外施青釉，利於口唇接觸和洗滌，所以都製成碗、盤一類的飲食器皿和模仿銅禮器形式的鼎、鐘等。

飲食器皿有碗、盤、缽、盂、盅、碟和鼎等，其中盤和鼎式樣豐富，缽、碗大小成套，飲食所需用具已經基本齊備。仿照銅禮器中的盉，有流和提梁，流作獸頭形，口部有淺孔，但與器腹不通，很可能是隨葬用的明器。

器物的造型具有自己獨特的風格。碗、缽和酒盅等大宗產品，都取直線條的圓筒體形式，高矮適中，口部細薄，給人以輕巧的感覺。瓿為直口鼓腹，在胖胖的器身上裝飾二圈櫛齒紋，顯得重心向下，穩重大方。

仿照銅器形式的鼎，式樣較多，有一種鼎直口淺腹，口沿的一端裝一個獸面，與此相對稱的一面飾獸尾，獸首高昂，頭尾相應，造型獨特。紋飾仍取吳越地區盛行的S紋。原始瓷的這些造型和裝飾風格，顯示了吳越文化的一個側面。

從戰國到西漢，是從原始青瓷到成熟青瓷的過渡時期。這個時期的青瓷，在燒結性能和器表施釉等各個方面，都比原始青瓷有了較大的進步，但與成熟的青瓷相比，仍有一定的差別。

秦漢原始瓷與戰國原始瓷的差別

秦漢時期的原始瓷與戰國早、中期的原始瓷存在著很大的差別。

首先是胎、釉原料不同。坯中氧化鋁含量的增加，使陶瓷坯有可能在較高的溫度中燒成，生成較多的莫來石晶體，從而提高陶瓷器的機械強度和燒成中減少製品的變形。莫來石又稱富鋁紅柱石，無色，晶體呈柱狀或針狀，熔融溫度約為1910℃，是陶瓷製品的主要組成部分。但在燒成時若窯內溫度達不到它所需要的高度時，不僅不能達到了增加氧化鋁的目的，反而會使坯體疏鬆，燒結情況變差。

彩繪雙系罐。

所以秦漢時期的原始瓷，除一部分燒成溫度比較高的產品，胎骨緻密，擊之有鏗鏘聲外，多數胎質粗鬆，存在著大量的氣孔，吸水率高，呈灰色或深灰色，不及戰國時期的細膩、緻密，嚴格地說只能稱「釉陶」。

秦漢時期原始瓷的釉層較戰國時的厚。但釉色普遍較深，呈青綠或黃褐等色，很可能釉料中氧化鐵的含量較戰國時的高。而且由戰國時的通體施釉變為口、肩和內底等處的局部上釉，上釉的方法由浸釉變成刷釉。說明兩種原始瓷從釉料到上釉工藝存在著明顯的不同。

其次是器物的成型也一改戰國時期拉坯成器、線割器底的作風，而普遍地採用器身分制，然後黏接成器的方法。

最後是品種和裝飾也有明顯的差別。秦漢時期的原始瓷，以仿銅禮器的鼎、盒、壺、鐘、瓿等為常見，很少發現戰國時盛行的碗、缽、盤、盅等一類的飲食器。

秦漢青綠釉罐。

裝飾的紋樣則以弦紋、水波紋、雲氣紋或堆貼鋪首等為主，絕少甚至完全不用戰國時經常採用的S形紋和櫛齒紋等。

這些明顯的差異，表明秦漢時期的原始瓷與戰國以前的原始瓷乃是兩個不同時期的歷史產物，兩者在工藝傳統上看不出有直接的繼承關係。原因則在於楚滅越的兼併戰爭中，浙江境內已發達的原始瓷遭到了嚴重的摧殘和破壞而中斷。

1977年，在陝西臨潼秦始皇陵內城與外城之間的秦代房基中，發現與灰陶扁平蓋同出的幾件原始青瓷蓋罐。應當是秦代的原始青瓷。

漢初的原始瓷器，所見產品有瓿、鼎、壺、盒、鐘和罐等。形制大都依照當時的青銅禮器，器形大方端莊，鼎、盒的蓋面和上腹施青綠或黃褐色釉，製作比較精細。

西漢原始瓷器的器形

到了西漢中期，原始瓷的面貌發生了某些變化。一些仿銅禮器的製品如鼎、盒的形狀

已大不如前，鼎腹很深，足很矮，有的足已縮短到鼎底貼地，變成似鼎非鼎，似盒非盒。同時，施釉的部位縮小，以至於完全不上釉，其製作已不如漢初的精緻、講究。

至西漢晚期，鼎、盒一類的製品歸於消失，壺、瓿、罐、鈁、奩、洗、盆、勺等日常生活用品急劇增加，生產更注重實用。同時出現了牛、馬、屋等明器。牛、馬線條比較粗獷，造型藝術不高。房屋多欄杆式建築，也有築圍牆的平房和構築堡壘的樓屋式的地主莊院，式樣豐富。

西漢時期原始瓷器的幾種主要器形有如下。

一是瓿

在西周時期多仿青銅瓿的造型，斂口、圓腹、圈足，肩有小圓餅，腹身飾弦紋，像後代的壇子。

西漢初期的瓿，平唇、短直口、斜肩、扁圓淺腹、平底、底下安有三個扁平的矮足，肩部有對稱的鋪首雙耳，耳面翹起並高出器口。上有扁圓形蓋，蓋面中心有提手，便於揭取。蓋沿與器身吻合緊密。到西漢中期，肩部漸鼓，耳的頂端則逐步降低，與器口接近平齊，底下三足消失。到西漢晚期，瓿的形體變得又高又大，斂口、寬平唇、圓球腹、肩部的雙耳已大大低於器口，形如大罐。

進入東漢以後，原始瓷瓿已不再生產，為印紋陶罍所代替。

二是鼎

漢初的原始瓷鼎由戰國時期的陶鼎演變而來，獸蹄形三足較高，附耳高翹，耳根突出。蓋似半圓球形而頂面稍平，上附三個高耳，仰放時可當三足用。

西漢中期，鼎的雙耳短直，獸蹄足顯著變矮，逐漸與底平齊以至完全消失，蓋耳也逐漸變小而成乳釘狀，像個罐形。西漢晚期以後，鼎與盒等仿銅禮器不再生產。

三是壺

自漢代以來，壺一直是各地窯口生產的大宗產品。漢初的原始瓷壺，口部微向外翻，頸部較長，器肩斜鼓，並裝有人字形紋的對稱雙耳，腹下圈足較矮，稱為圈足壺。

到西漢中期，口緣趨向喇叭狀，頸部縮短而器腹加深，圈足更趨低矮以至變為平底，肩部附耳作半環形，也有在雙耳上端貼鋪首或難塑龍頭的。

到了西漢晚期，壺口已明顯呈喇叭形，腹部球圓，極少發現圈足，雙耳常作鋪首銜環。

長沙五里牌漢墓出土的喇叭口壺，耳部配裝活動的鐵環，是非常罕見的。

壺耳也有作成魚形的，或者在豎耳的上端堆貼橫「S」形紋，除喇叭口壺外，還有長頸壺、蒜頭壺、匏壺等不同的造型。

它們的數量不多，但式樣新穎別致，如長頸壺，在扁圓形的壺腹上，配以修長而細圓的直頸，穩重端莊；蒜頭壺，長頸球腹，頸上為形似蒜頭的小口，造型別致。

西漢的這三種器形是按此順序依次演變的。

罐。

西漢原始瓷裝飾藝術

西漢時期原始瓷器的裝飾藝術，大致說來前期比較簡樸，一般器物上都只飾簡單的弦紋或水波紋，未見有繁複的裝飾紋樣。

到了西漢中期及其以後，裝飾手法發生了某些變化：有了簡單的刻畫花紋，如水波、捲草、雲氣和人字紋等，尤其喇叭口壺和長頸壺等器物，往往在器物的口緣、頸部、器肩及上腹等部位，於醒目的凸弦紋帶的區間內，分別畫以水波、捲草、雲氣和人字紋等。雲氣紋線條柔和流暢，使人如覺流雲浮動，在流雲之間往往還配以神獸、飛鳥，畫面十分生動優美，可與同時期的銅、漆器圖案相媲美。

在浙江義烏發現的一組西漢中期原始瓷器，其裝飾圖樣頗為特殊。如在壺的耳部堆塑鼓睛突目、兩角捲曲的龍頭；在瓿的腹部畫有對稱的兩個半身人像，其下為佩璧圖樣，佩帶穿璧作迎風飄舞狀；瓿的耳面則印出面目猙獰、一手舉劍、一手持盾，威武兇猛的武士形象；在蓋頂堆出軀體蜷曲、毒舌前伸的蟠蛇形鈕，刻畫精細。這種裝飾手法和題材內容，為同時期的陶瓷裝飾藝術中所罕見。

西漢時期原始瓷器的製作，隨著社會經濟形勢的發展而日趨繁盛，到西漢中晚期以後，這種既有藝術裝飾而又具實用價值的原始瓷製品，不僅在當時的產地浙江和江蘇一帶廣為流行，而且在江西、兩湖、陝西、河南、安徽等地的墓葬中也有發現。表明它已成為當時人們所樂用的製品，被作為一種暢銷的新穎商品而遠銷外地。

東漢原始瓷

進入東漢以後，原始瓷的品種和紋飾都有所變化。西漢時期曾一度廣泛流行的瓿和鈁等器類，此時已不再生產，而罐類等日常生活用器的燒造量則在急速增長。

盤口壺是東漢時期所盛行的一種原始瓷製品，它的口頸較高，口內的盤面很小，球腹，平底，顯然是由喇叭口壺演變而來。西漢時有的喇叭口壺已在口頸交接處做出一條棱線，到東漢前期棱線更加突出，口頸斜直，初具盤口的樣子，中期以後變成盤口壺。

罐多數作直口平唇，肩安雙系，上腹鼓出，下部斜收成平底。盤大都直口斜壁，淺腹大底，而且往往與耳杯相配，可能是一種託盤器具。

碗弧壁平底，腹部較深，容量較大。這些飲食器皿和容器的造型表明，當時原始瓷器的製作已轉向經濟實用。又如此時新出現的品種之一的提盆，束口、鼓腹、平底，盆體寬大而稍扁，口沿安有粗壯的彎曲提手，是一種提攜方便的盥洗器。

這一時期原始瓷的花紋裝飾也較簡單，此時最通行的是加工簡單的弦紋和水波紋。如在雙系罐和盤口壺的腹部，密佈規則的寬弦紋，因此人們習慣地稱之為「弦紋罐」和「弦紋壺」。此外，在燻爐的腹部鏤雕三角形的出煙孔，鐘、洗的肩、腹部貼以鋪首，五聯罐的頸腹部堆塑猴子和爬蟲，以及鬼灶上刻畫魚、肉圖案等。灶上飾魚、肉，既點明了它的用途，又祈求死者生活富裕，寓意深刻。

器形有五聯罐、盤口壺、雙系罐、碗、洗、盤、耳杯等。這類原始瓷器，胎呈暗紅、紫或紫褐色，多數通體施釉，釉層比較豐厚且富有光澤，質堅耐用，實用價值較高。而它是一種利用鐵分較高的劣質原料做成的，是東漢窯業手工業者的一個創新，為東漢晚期黑釉瓷器

杯。

的產生，打下了良好的基礎。

　　另外，在墓葬內也發現部分器物的胎骨較為疏鬆，容易破損，顯然是專門用於隨葬的明器。

漢代的釉

　　綜觀秦漢時期的原始瓷器，胎土中含鐵量比較高。化學分析的結果表明，浙江地區的瓷土含鐵量均高達1.5～3%左右。所以在還原焰中燒成時，胎即呈現淡灰或灰的色調，在氧化焰中燒成時，胎則呈現磚紅或土黃色。

　　當時所用的釉料仍然是以鐵作為著色劑的石灰釉，氧化鈣的含量普遍較高，所以釉的高溫黏度較低，流動性較大，有較好的透明度，也容易形成蠟淚痕和聚釉現象。

　　在東漢以前，施釉用刷釉法，並且只在器物的口、肩等局部地方施釉。

　　到了東漢中期開始採取浸釉法，器物大半部上釉，只是近底處無釉，釉層增厚，而且釉胎的結合也大有改進，少見脫釉現象。成型多採用快輪拉坯成器身，再黏結器底而成，器形比較規整，器壁往往留有輪旋的痕跡。而製作精細的鐘、壺類器物，則在成型以後又進行修坯、補水等工序，因此表面都十分平整光滑，不見「棕眼」等缺陷。有些製作精良的原始瓷器十分接近成熟瓷器的形態。

　　在東漢中晚期的窯址和墓葬中，發現有一類胎、釉呈色很深的器物，稱為「醬色釉陶」。從此期釉色觀察，可以發現，從西周到漢代遺址或墓葬中，多有灰綠色、醬色釉的瓷器出現，其已具有早期青瓷的特徵，這一時期是瓷陶並用且以陶器為主的時期。

　　漢代時人們發明了釉料，開始將釉料飾以陶器之表面。塗了釉的器物從外觀上看與陶器不同，故不曰陶，而曰瓷。這種所謂瓷器實際是帶釉的陶器，質地粗鬆。

醬色釉罐。

東漢出現青瓷器

燈盞。

　　經過原始青瓷和早期青瓷的漫長道路，到1800年前的東漢時期出現了青瓷器。在浙江上虞、寧波、慈溪、永嘉等地先後發現了漢代瓷窯遺址；在河南洛陽的中州路、河北安平逯家莊、安徽亳州、湖南益陽、湖北當陽劉家塚子等東漢晚期墓葬和江蘇高郵邵家溝漢代遺址中，都曾發現過瓷製品，而尤以江西、浙江發現的更多。

　　東漢是越窯青瓷的初創時期，青瓷的燒製成功是浙江地區原始瓷的工藝發展和技術積累的必然結果。這一時期的青瓷產品在成型、燒製工藝上與原始瓷一脈相承，器型、裝飾上多有仿銅器、漆器之作。雖然漢代的工匠盡種種努力美化青瓷，在許多產品上有動物形象和幾何紋樣裝飾，在1800年後的我們看來，卻是滿眼的古拙與樸實。

　　東漢延熹七年（164年）墓中所出土的麻布紋四系青瓷罐，熹平四年（175年）墓內出土的青瓷耳杯、五聯罐、水井、燻爐和鬼灶，熹平五年（176年）墓中發現的青瓷罐，還有與初平元年（190年）陶罐同墓出土的麻布紋四系青瓷罐等，這些有確鑿年代可考的青瓷器的發現，說明了中國瓷器的發明不會遲於漢末。

　　為何中國最早的瓷器出現在浙江呢？這是因為該地區有著十分豐富的瓷土礦藏，而且瓷土礦的埋藏一般距地表不深，易於開採。

　　瓷窯工在長期的製瓷實踐中，對原料的選擇、胚泥的淘洗、器物的成型、施釉直至燒成等技術，在東漢晚期都有了較大的改進和提高，為瓷器的出現創造了必要的技術條件。這時很有可能已用水碓粉碎瓷土，以提高坯土的細度和生產效率。

　　在上虞帳子山東漢窯址的發掘中，發現了陶車上的構件——瓷質軸頂碗。這種軸頂碗內作臼狀，壁面施以均勻的青釉，十分光滑；它的外壁成八角形，上小而下大，鑲嵌在輪盤的正中部位，加於軸頂上，一經外力推動，即可使輪盤作快速而持續的旋轉。這種相當進步的陶車設備與熟練的拉坯技術的緊密配合，使瓷器的器形規整而功效提高。

　　上虞縣小仙壇東漢晚期窯址出土的青瓷，質地細密，透光性好，吸水率低，係用1260～1310℃高溫燒成；器表通體施釉，胎釉結合得相當牢固；釉層透明，瑩潤光澤，清澈淡雅，秀麗美觀。

黑瓷也出於東漢

　　黑瓷也出於東漢。在上虞、寧波的東漢窯址中都發現有燒製黑釉瓷器。

　　黑瓷和青瓷的著色劑都是鐵元素，經高溫燒製後，呈青綠色或青黃色，所以稱為青瓷。在工藝技術上設法排除鐵的著色干擾，就是白瓷；相反，加重鐵釉著色，便成為漆黑閃亮的黑瓷了。

　　越窯瓷器素以青釉製品聞於世，但在上虞、寧波的東漢窯址中卻發現它還同時燒製黑釉瓷器，此外，在湖北、江蘇、安徽等地的墓葬中也曾出土過黑釉瓷器。這種黑釉瓷器的坯泥

黑瓷雞首壺。三國或東晉。

煉製不精，胳骨不及青釉瓷器細膩，器形也較為簡單，以壺、罐、瓿、罍等大件器物為多，也發現有碗、洗類器物。

它們的造型和紋飾與青釉器相同，唯湖北當陽劉家塚子東漢畫像石墓中出土的一件四系罐，肩部飾有一圈蓮瓣紋，是佛教藝術傳入中國以後在瓷器裝飾上的最先反映。黑釉瓷器表施釉一般不到底，器底和器壁近底處露出深紫的胎色。瓿、罍、罐的內壁還常常塗有一層薄薄的紅褐色塗料。釉層厚薄不均，常常有一條條的蠟淚痕以及在器表的低凹處聚集著很厚的釉層。

由此可見，黑釉瓷的燒製，在當時已達到相當高的水準，成為另一種別具一格的色釉瓷器。這種黑釉瓷胎質較粗，用料要求不嚴。由於在器表施以黑褐色的深色釉，粗糙而灰黑的胎體得到覆蓋，為瓷器生產擴大原料使用範圍開闢了一條新的途徑。

黑釉瓷源於醬色釉原始瓷，是對醬色釉原始瓷的提高和發展。所以這種黑釉瓷器的出現，同樣是漢代瓷業中的一項重要的成就。

東漢瓷器品種

瓷器比陶器堅固耐用、清潔美觀，又遠比銅、漆器的造價低廉，而且原料分佈極廣，蘊藏豐富。各地可以因地制宜，廣為燒造。這種新興的事物，一經出現即迅速地獲得人們的喜愛，成為十分普遍的日常生活用具。

但是剛從原始瓷演變而來的東漢晚期的瓷器，無論在造型技術和裝飾風格等方面，都不可避免地存在著許多與原始瓷相似之處。

東漢瓷器常見的器型有碗、盞、盤、缽、盆、洗、壺、鐘、罍、瓿等，此外還有少量的硯、唾壺及五聯罐等。

瓷碗是古代瓷業生產的大宗產品，漢代始見，魏晉流行，唐以後大量生產。東漢晚期平底碗的造型可分為兩種形式：一種口沿細薄，深腹平底，碗壁圓弧，就像被橫切開來的半球形；另一種口沿微微內斂，上腹稍微鼓起，下腹弧向內收，平底，器形較小；兩種形式的碗底都微向內凹。

盤多屬大件，器形與原始瓷盤十分相似，通常作耳杯的託盤用。

盆一般直口折唇，上腹較直，下腹向內斜收，腹中有較為明顯的折線。

罐的種類相當豐富，有直口球腹的雙系罐、泡菜壇和四系罐等，前兩類完全承襲了原始瓷罐的形式，而四系罐最為多見。它的形狀是直口圓唇，鼓腹平底，肩部凸起，肩腹之間裝有四個等距橫系（個別也有作六系的），系孔扁小，不便繫繩，故系下內壁往往有凹窩，系的兩端留有按捺的手指壓痕。肩部有弦紋或水波紋，腹部常見有麻布印紋，也有通體素面的。這種罐製作精細，造型優美。

壺也是一種發現較多的器物，它的造型仍類似原始瓷壺，但也有了某些變化。那種腹部遍飾粗弦紋的作風已經少見，盤口較淺。

碗。

鐘的口頸較大，腹部稍扁，下有高圈足，腹部貼有對稱的鋪首，顯然是仿照銅鐘的形式。

此時瓷器的裝飾花紋，仍舊為弦紋、水波紋和貼印鋪首等幾種，與原始青瓷的裝飾手法無甚差異。用泥條盤築法成型的瓿、罍等器物，外壁拍印麻布紋、窗櫺紋、網紋、杉葉紋、重線三角紋、方格紋和蝶形紋等，也與印紋硬陶的裝飾圖樣基本相似。這些也都說明東漢時代的瓷器，從造型藝術到裝飾手法，均存在著原始瓷和印紋硬陶的明顯烙印，尚未形成自己特有的風格。

早期瓷器鑑真辨偽要點

早期青瓷器鑑定真辨偽要點如下：

一是早期青瓷器釉層厚薄不勻，易剝落。此期選料尚不夠精，所以胎比較粗，工藝較簡陋，器形品類較少，釉層厚薄不勻且容易剝落，與成熟的瓷器尚有一段距離。

二是西周青瓷器已有「化妝土」的痕跡。西周時期，早期的青瓷器數量增加，器形、胎釉等方面與商代相比有了較大進步。在已發現的一些青瓷簋、豆標本上，可以見到最早應用「化妝土」的痕跡。

三是春秋時期和戰國早、中期青瓷器的胎質細膩釉質均勻。春秋時期和戰國早、中期，很多地方的大量早期青瓷器的胎質已經比較細膩，成型較好，釉質均勻，器類增加。

四是戰國晚期青瓷器的燒造中斷。因為楚文化的東進，戰國晚期青瓷器的燒造出現一次中斷。如有此期藏品一般都是假的。秦、西漢一些同類產品又逐漸出現。東漢是「早期青瓷」的終結期。

五是東漢時期釉色純正，透明而有光澤。東漢是成熟的青釉瓷器出現期，成熟的青瓷器胎質細緻，瓷胎也已燒結，胎釉結合緊密，釉色純正，透明而有光澤。此時，還出現了黑釉瓷，在一些東漢墓葬中見到少量白瓷器。

早期陶瓷。

碗。

第六章
三國至隋瓷器鑑賞與收藏

薪簞曙香冷，越瓶秋水澄。
心閑即無事，何異住山僧。

——唐・許渾《晨起詩》

青瓷豬形虎子。三國東吳。

西元220—589年是中國歷史上的三國、兩晉、南北朝時期。民族大遷徙、大融合，中原地區先進的生產力、生產關係也帶到邊遠和落後地區，地區之間的交流增多，促使這些地區生產力提高。一些割據勢力的有識之士，採取措施發展生產、鞏固政權，手工業勞動者人身依附關係得到改善。

三國、兩晉、南北朝到隋朝的三個多世紀裏，社會經濟曲折地向前發展，陶瓷手工業生產蓬勃發展。瓷器主要指江南瓷器和北方瓷器，此時期是江南瓷業迅速發展壯大的時期，同時北方瓷器也大量興起。

南北瓷系形成不同特點

　　三國至隋是瓷系與窯系初步形成的時期。瓷系與窯系是中國古代各地製瓷工匠互相學習、不斷創新的結果，也是製瓷工藝在傳播和發展過程中，受各地不同的自然條件、生活習俗的影響而產生的。

　　瓷器在東漢早期浙江出現後，很快地在長江下游一帶傳播開來，並逐漸波及長江上游、中游地區以及福建、廣東一帶。約在6世紀初葉的北朝時期，中原地區也出現了自己的燒造瓷器。從此中國的製瓷業便形成了南、北兩大瓷系。

　　南方瓷系產品的特點是：

　　一、造型比較秀氣，胎色瓦灰，胎質顆粒較細，有的略呈紅色或黃色；氣孔細，孔隙度小，胎中黑點少。

　　二、瓷器胎料的化學組成是：三氧化二鐵的含量一般在2%左右，高於北方；二氧化鈦和三氧化二鋁的含量都較低；而二氧化矽的含量則較北方為高。

　　三、釉層青綠發翠，有的略帶暗黃色。

白瓷雙魚紋壺。

四、瓷器燒成的溫度較低，一般為1200℃左右，甚至達不到這個溫度就出現過燒現象。

北方瓷系產品的特點是：

一、器物造型新穎，粗獷雄偉；胎體比較厚重，胎色淺灰，顆粒結構粗糙，胎內有黑點和氣孔，孔隙度大。

二、胎料的化學組成接近於品質差的黏土原料，三氧化二鋁含量較高，一般都在26%以上，最高的達32%；二氧化鈦含量超過1%，二氧化矽的含量普遍都低於南方，所以胎的呈色較南方偏深一些。

三、釉層較薄，玻璃質感強，顏色灰中泛黃。

四、瓷器燒成溫度較高。如河北省景縣封氏墓出土的青瓷，在1200℃的燒造溫度下還是生燒。

南方瓷系在隋以前的主要窯址有：上虞窯、宜興均山窯、蕭山上董窯、成都青羊宮窯、福建天山馬嶺窯等。

北方瓷系在隋以前的窯址發現得不多，有河南安陽窯、河北賈壁窯、山東淄博窯等。

三國至隋的主要窯系

三國至隋的窯系是中國最早的一批窯系，這批窯系很多在後來各朝都有續燒，有些甚至燒造至今。

三國至隋的主要窯系如下：

成都窯

在今四川成都通惠門外青羊宮，故名。20世紀50年代經過小規模試掘，初步判明始燒於南朝。其遺物有在淺黃釉下施加褐綠彩小斑點的瓷器，與邛窯有相似之處，只是釉層薄而不潤，釉色較淺，則又不同於邛窯。

安陽窯

在今河南安陽北郊安陽橋附近，故名。經過小規模試掘，初步判明是隋代青瓷窯址。

根據此窯，可確定安陽地區部分隋墓出土青瓷是此窯所產。20世紀50年代在善應、天僖二鎮也發現了宋元時期窯址，前者專燒鈞釉瓷器，後者燒白瓷。二鎮雖然距磁州窯較近，但未發現有磁州窯風格的瓷器。

鞏縣窯

在今河南鞏縣，故名。從已發現的窯址，可知始燒於隋代，燒青瓷，唐代有較大發展，以白瓷為主。

李吉甫《元和郡縣誌》有「開元中河南貢白瓷」記載。西安唐大明宮遺址出土有鞏縣窯白瓷，證實此窯產白瓷。唐代還燒三彩陶器，

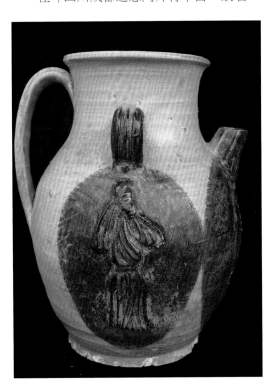

人物紋雙耳水注。

瓷器
鑑賞與收藏

洛陽地區唐墓出土三彩陶器及雕塑不少是該窯
所產；遺址出土素燒坯很多，可知三彩陶器是
兩次燒成。所製絞胎多模仿漆器紋理特徵，黑
釉、茶葉末釉也占一定比例，遺物有盤、碗、
瓶、壺等。

壽州窯

在壽州境內（今安徽淮南高塘湖濱湖一
帶，唐屬青州），故名。為唐代六大青瓷產地
之一。共發現隋唐窯址六處。

管家嘴最早，隋代開始燒青瓷，有貼花、
畫花裝飾。

余家溝遺址出土物以碗為多，此外有注子
和枕。器物多平底，注子有多角形短流，枕為
小長方形，都具有典型唐代風格。

釉多黃色，與唐代陸羽《茶經》所說的
「壽州瓷黃」特徵吻合。

湘陰窯

在今湖南湘陰，故名。共發現三處，以縣
城內遺址為最早，出土遺物都具隋代作風，器

人物紋雙耳水注另面。

身多有印紋裝飾，僅高足盤盤心紋飾即達三十種以上，為同時期其他瓷窯所少見。後為唐代
六大青瓷產地之一。

鐵罐嘴遺址標本有唇口及玉璧底碗，屬典型唐
代式樣，為唐代岳州窯的一部分。

烏龍嘴遺址多印花魚紋碗，碗心飾團菊一朵，

人物紋雙耳水注正面。

人物紋雙耳水注口沿。

有宋代特徵。

豐城窯

在今江西豐城寺前山一帶，故名。唐時豐城屬洪州，故此窯即唐代的洪州窯，一些瓷器學術專著也稱該窯為洪州窯。

豐域窯始燒於東晉，歷經南朝至唐代，早期所燒器物與江西地區東晉、南朝墓葬出土物近似。

隋代高足盤心印有多種花葉紋飾，其造型紋飾與各地青瓷大體相同。唐代釉有青、褐二色，與陸羽《茶經》記載「洪州窯瓷褐」基本一致。

此外還有越窯系和邛窯系，下面分別詳述。

越瓷類玉類冰

三國至隋時期以越窯發展最快，窯場分佈最廣，瓷器品質最高，最具有典型性。

越窯是中國古代最著名的青瓷窯系，東漢時，中國最早的瓷器在越窯的龍窯裏燒製成功，這是人類文明史上的一個里程碑。

越窯之名，最早見於唐代。唐代通常以所在州名命名瓷窯。越窯的主要窯場在越州的餘姚、上虞一帶。因此越窯是指越州轄區會稽、山陰、諸暨、餘姚、剡縣、蕭山、上虞七縣內的窯場。超出這個範圍的浙江其他地區的窯場，只能為越窯系窯場。

人物紋雙耳水注底足。

越窯自東漢開始生產，經三國、兩晉、南朝、唐，一直到宋，延續千餘年，經歷了創造、成熟、發展、繁榮和衰洛幾個大的段落。它是中國南方青瓷生產的重要產地，在國內外享有盛譽。自中唐至北宋早期的兩個世紀是越窯的鼎盛時期，其生產規模、工藝水準、產品品質在各大名窯中均居領先地位。

越窯在此期不同時期發展特點如下：

1.三國胎質細密、色淡灰

三國時期的越窯產品，胎質堅致細密，胎骨多為淡灰色，釉層均勻，釉汁潔淨。早期紋飾簡樸，紋樣有水波紋、弦紋、葉脈紋；晚期裝飾趨向繁複，出現斜方格紋，還出現了堆塑方法。器物可分為日用品和明器兩類。

2.西晉胎體厚重，燻爐多

西晉越窯瓷業劇增，瓷業漸趨繁榮，這時所製青瓷胎體較厚重，胎色較深而呈灰或深灰色，釉層厚潤均勻，釉色以青灰為主，裝飾精緻繁複，用刻畫、堆塑等裝飾手法，

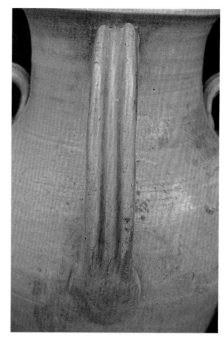

人物紋雙耳水注壺口。　　　　　　　　　　　　　人物紋雙耳水注壺耳。

後期出現褐色加彩的裝飾手法。器物仍以日用品和隨葬用品為主，燻爐是這一時期的重要產品。

3.東晉蓮瓣紋雞頭壺流行

　　東晉時越窯漸趨停滯，南朝時明顯低落，至隋代時已是奄奄一息了。在浙東地區幾乎難以找到隋代的越窯遺址。器物種類減少，雞頭壺較流行，堆塑罐和其他小明器不再生產，動物形象大大減少，且多消瘦呆板。

　　東晉時以褐色點彩和蓮瓣紋為最主要的裝飾。蓮瓣紋盛行於南朝，折射出當時佛教在中國的發展和影響。由於這一時期社會的動盪和經濟的惡化，越窯一直在走下坡路，

缽。　　　　　　　　　　　　罐。

越瓷類玉類冰。

但依然有一些賞心悅目的產品。

東晉中期以後，越窯青瓷多為日常用具，如燭臺、燈、盆、缽、盤、碗、壺、硯等，造型趨向簡樸，裝飾簡練，紋樣以弦紋為主。

在東晉晚期出現的蓮瓣紋，成為南朝時越窯青瓷的主要紋飾。器物上裝飾有小而密集的褐彩。器物以日用品為主，胎、釉分為兩種。一種胎質緻密，胎呈灰色，施青釉；另一種胎質粗鬆，呈土黃色，外施青黃釉或黃釉。

越窯青瓷不僅上貢朝廷，下供庶民，一直是備受青睞的日常生活用具和數度進貢皇室的珍品，而且還遠銷亞洲、非洲的近二十個國家和地區。越窯的生產工藝對中國南北方眾多窯場和朝鮮半島、日本的青瓷生產產生了廣泛深遠的影響。

越窯系的主要窯址如下：

德清窯

在今浙江德清，故名。是浙江地區發現的兩處黑瓷產地之一，燒瓷於東晉至南朝。

共發現窯址四處，同窯燒製青瓷和黑瓷，造型大體一致。窯址標本與浙江地區墓葬出土瓷器有的完全相同。

餘杭窯

在今浙江餘杭，故名。是繼德清窯之後發現的又一處早期黑瓷產地。窯址共發現兩處，所燒器皿與德清窯近似。

婺州窯

在婺州（今浙江金華地區），故名。始燒於東晉，五朱堂窯有青釉褐斑標本。

唐代遺址共發現四處，以生產茶碗出名，造型有各式碗、多角形短流壺及雙系罐，有黑褐釉及青釉褐斑裝飾。唐代陸羽《茶經》中有評語。為唐代六大青瓷產地之一。

蕭山窯

在今浙江蕭山，故名。共發現窯址三處，一處在進化區茅灣里，是浙江地區戰國時期原始瓷產地，碗裏有螺旋紋。江浙地區戰國墓葬出土的不少這類器物中，即有茅灣里的產品。其餘兩處在戴村區上董村、石蓋村，遺物有褐斑及蓮瓣紋裝飾，具有東晉、南朝時期特徵。

六系罐。

碗。

紹興窯

在今浙江紹興，故名。已發現窯址兩處，一處在富盛區長竹園一帶，時代屬春秋戰國，遺物有原始瓷碗、缽等器，器裏有螺旋紋，是浙江早期窯址之一；一處在下蒲西一帶，出土罐、壺等遺物多印有帶狀網紋及鋪首裝飾，具有吳、西晉時期典型特徵。

寧波窯

在今浙江寧波，故名。已發現郭堂嶴、雲湖及小洞嶴三處窯址，以郭堂嶴窯燒瓷歷史最早，東漢後期即燒青瓷、黑瓷，與上虞、小仙壇窯近似。

雲湖與郭堂嶴隔嶺相望，燒瓷始於東晉，終於南朝，以青瓷為主，有少量褐釉。小洞嶴窯標本具唐代特徵，以碗為主，光素無紋者多，少數印有雙魚紋。有於碗口裏外飾以半圓形褐色斑點者，與金華地區唐婺州窯有相同處。

鄞縣窯

在今浙江鄞縣，故名。已發現小白市、沙葉河及郭家峙三處，以小白市窯歷史為早，燒瓷在東晉、南朝時期。另兩處均為五代、北宋時期。

造型、紋飾及燒製方法與餘姚上林湖越窯極其近似，所燒瓷器多供吳越王錢氏進貢之用。

上虞窯

在今浙江上虞，故名。已發現窯址達三百處以上，是國內發現窯址最多的縣。

燒瓷自東漢迄於宋。東漢小仙壇窯址出上標本，已具備成熟瓷器的各種條件。

罐。

當時除燒青瓷外，還燒黑瓷。

三國、兩晉、南北朝窯址也發現很多，江蘇墓葬出土有上虞窯帶紀年銘文的瓷器。五代到宋代窯址最多，所燒瓷器與鄰近地區餘姚、寧波、勤縣等窯關係密切，造型、紋飾有共同點，同屬以餘姚上林湖越窯為主的越州窯系。吳越王錢氏用以供奉的瓷器，絕大部分都取自這些瓷窯。

宜興窯

在今江蘇宜興鼎蜀鎮，故名。燒瓷歷史悠久，早在漢晉時期已燒青瓷。澗眾村發現有唐代青瓷窯址。明代以紫砂器聞名於世，出現不少製壺名家，並仿燒宋代鈞窯器物，因有「宜鈞」之稱。

臨海窯

在今浙江臨海，故名。共發現窯址兩處，均燒青瓷。一在五孔嶴，燒瓷在南朝到初唐之間，所燒瓷器以碗為主；一在許市，燒瓷在五代到北宋之間，器物胎薄，釉色青綠，有雕鏤極精的香薰，屬越窯系。

麗水窯

在今浙江麗水，故名。已發現窯址二十餘處，早期遺址在呂步坑，始燒於南朝後期到唐代。元代窯址發現較多，均屬龍泉窯系。保定窯器裏面多印蒙古官書八思巴文，龍泉大窯、安仁口及武義等三處窯址也有這類文字的瓷器出土，多為陰文，印於花卉紋飾之中。

慈溪窯

在今浙江慈溪杜湖濱湖地帶，故名。與餘姚毗鄰，產品以壺類較多，壺有多種式樣，腹部多有刻花與畫花裝飾，肩部多帶雙系，系面也有多種紋飾，釉色多呈青灰，色調特殊，但瓷質鬆脆易破。

慈溪是越窯青瓷的中心產地，也是海上陶瓷之路的起點之一。上林湖及其周圍的古銀錠湖、杜湖、白洋湖地區規模巨大的青瓷窯場鑄造了越窯的輝煌，堪稱當時的中國瓷都，所燒造的秘色瓷備受推崇，代代相傳，在中國陶瓷史上具有極為崇高的地位。

邛窯是彩繪瓷的故鄉

邛窯是四川省邛崍市境內南河十方堂、固驛瓦窯山、白鶴大魚村、西河尖山子，及西河柴沖等古瓷窯的總稱，是中國名窯。為四川川西地區早期瓷窯之一。

邛窯是四川遺址面積最大、燒造時間最長、出土文物最豐富、器物流散最廣的古瓷窯，被中國古陶瓷專家稱作是高溫釉下三彩和彩繪瓷的故鄉。在中國陶瓷以「南青北白」而聞名的隋唐時期，邛窯就以釉色豐富、器形多樣、工

青釉褐斑壺。

藝高超而稱雄於世。

考古界泰斗耿寶昌認為：邛窯創燒於東晉，發展於南北朝，成熟於隋朝，興盛於初唐，至唐末五代長盛不衰，停燒於南宋中晚期，由盛到衰經歷了八百多年的輝煌歷史。

新中國成立後經多次調查發現，窯址以固驛窯燒瓷最早，遺物有南朝及隋代作風；什坊堂窯遺址面積較大，遺物具有典型唐代風格，有青釉、青釉褐綠斑、青釉褐綠彩繪等裝飾品種，與湖南唐長沙窯有不少共同點。

器物造型多樣，有瓶、壺、罐、洗、盤、碗等器，還有小件雕塑、各種動物禽鳥、雜技俑、胖娃等形象，姿態生動。

邛窯先進的工藝對北方唐三彩、湖南長沙窯、安徽壽州窯，乃至宋代各大名窯均有直接或間接的影響。然而，由於諸種原因，邛窯的輝煌漸漸被人們遺忘了。在沉睡了千年之後，邛窯和邛瓷終於「一醒驚天下」！

青釉褐綠彩繪刻花瓷器。

在邛窯窯址中，十方堂邛窯遺址是四川古瓷窯遺址中面積最大、窯包最多、造型紋飾最美、出土文物最豐富、燒造時間延續最長、器物流散最廣的中國民間瓷窯之一。北京故宮、南京博物館、上海博物館及英國、法國、日本、埃及等國的多家著名博物館均有邛窯藏品，並被視為珍寶。

據權威的《中國陶瓷史》記載：「南朝時，四川成都和邛崍等地先後建立瓷窯，燒青瓷。四川地區唐代瓷窯，以邛崍有代表性。窯址以十方堂比較集中。唐代是邛窯的極盛時期。」

關於邛窯，還有一些驚心動魄的故事呢。

由於邛窯器物具有高超的藝術水準，邛窯遺址過去曾吸引許多國內外專家學者和盜寶人，把這裏當成「聚寶盆」。

早在清末民初，便有一些「先知先覺」者懷著一夜暴富的想法來此「淘金」。隨著重見天日的邛窯器物愈來愈多，邛崍和成都相繼出現了專售邛窯古瓷器的「專肆」。一時間，邛窯器物被鑑賞者和收藏家視為至寶。消息不脛而走，「取寶」之風盛極一

青釉雙耳壺。

時，各地古董商雲集邛崍，使昔日無人問津的小小十方堂熱鬧非凡。

由於買家眾多，無論「完殘粗細器物皆爭相搶購」。時任華西大學博物館館長的美國人葛維漢在其著述中曾提到：「即使最珍貴的陶器，也被收集在籃子裏，稱斤論兩地出售。」那時在十方堂，邛窯遺物之多，可用「俯拾皆是」四字形容。

因為出土器物實在太多，人們不只是「稱斤論兩地出售」，還把它們用來築牆、修建牛槽、豬圈、廁所等。直到今天，仍有一段當年用邛窯碎片、匣缽等夯砌的土牆屹立在那裏，無聲地見證著那段瘋狂的歲月。

在這場對邛窯的瘋狂劫掠中，部分國民黨軍官也參與其中。在1935年，軍人陳某在十方堂窯址拉開了大規模非法盜掘的序幕。也許是軍隊嚴加保密或移防的緣故，陳氏的這次「大肆發掘」並未廣為人知。

1936年夏天，在十方堂窯址僥倖得手的陳氏軍隊又移師成都，大肆盜掘琉璃廠窯址。

此時，一位國民黨要員唐式遵也在此參與十方堂窯址盜掘。

當時，邛崍的駐軍正好是唐式遵率領的32師。本來駐軍是負責全縣（邛崍當時是縣）治安，保一方平安的，但唐式遵卻命令士兵們搶劫性地挖起古物來。據當時曾耳聞目睹其現狀的魏堯西先生描述：「1936年，唐式遵駐防邛崍，更作大規模之挖掘。軍民齊集三四百人，爭先恐後，日夜挖掘，所收甚多；且運到上海市博物館公開展覽，並設專肆售賣，至於殘碎瓷片，有購歸嵌飾廬宇，每斤售洋三角。有彩色及圖案者，倍其值……」

在軍官們的直接指揮下，數百壯漢夜以繼日地向古代文明瘋狂攫取。但見在鐵鍬、鋤頭的揮動中，一件件精美的邛窯瓷器從泥土裏露出它們的「廬山真面目」。

亂挖亂掘，使整個窯區幾乎被翻了個底朝天。在那場浩劫中，唐式遵是掠奪邛陶最多的一人。他迫不及待地把從十方堂窯址攫取的大量寶物運至成都、重慶、上海等地去牟取暴利。那些精美的瓷器，很快變成了唐式遵囊中白花花的銀元。當然，唐式遵不僅愛銀子，也愛邛窯瓷器。在他成都的豪華公館裏，有一條路的路面就是全用邛窯的多種色釉的瓷片鋪成的。

在邛窯遺址被盜掘的混亂高潮中，華西大學博物館館長葛維漢和鄭德坤教授及英國學者貝德福於1936年9月結伴前往十方堂窯址進行調查研究。這是最早的一批由中外專家組成的邛窯遺址調查組。從邛崍返回成都後，葛維漢立即向當時的國民黨機構寫了一份請求正式發掘的報告，但十分遺憾的是，請求未獲批准。迫不得已，華西大學開展了搶救性緊急收購行動。今天，我們有幸在四川大學歷史博物館中看到的邛窯精品，便是那個時代的劫後餘存。

隋代刻花瓷器。

隋代白瓷承前啟後

公元581年，隋朝建立，結束了長期的南北分裂局面，但它只統治到公元618年就被唐所取代。

隋以北朝為基礎統一全國，因此隋初的文化面貌也帶有較濃重的北朝色彩。隨著南北的政治統一，也促進了南北經濟、文化的合流和交融，開始了一個新的時期。這一新時期體現在製瓷工藝上有兩個方面：

第一，在隋以前，燒瓷的窯場都主要在長江以南和長江上游的今四川境內，北方沒有發現值得重視的窯場。但入隋以後，改變了這個面貌，瓷業在大河南北發展起來。全國已發現的隋代瓷窯有河北磁縣賈壁村窯、河南安窯、鞏縣窯、安徽淮南窯、湖南湘陰窯、四川邛崍窯等六處，其中，四處在大河南北。這是後來唐宋瓷業大發展的先導。

第二，青瓷雖說仍然是隋代瓷器生產的主流，但從河南、陝西、安徽出土的白瓷來看，與北朝相比，也有了較大的進步。胎質更白，釉面光潤，胎釉均無泛青、閃黃的現象。

隋代青釉蓋罐。

隋代歷史較短，在中國陶瓷發展史中，不過是暫短的，但在白瓷發展中，卻起到了承前啟後的作用。隋瓷特點是胎土細膩潔白，坯胎堅硬、釉面瑩潤，白色有時微微閃黃，帶一點乳白色，器形平底折邊，邊的外緣凸起一條邊沿，平底處無釉，腹部凸起弦紋。

隋代白瓷的燒製已具備一定水準，白瓷的燒造成功，在中國陶瓷史上有著重大價值，給後來的彩繪瓷器的發展創造了良好的基礎。

瓷器擔當中外交流角色

從古至今，中國與各國往來和貿易活動中，陸上和海上交通線開拓到哪裏，哪裏就會發現中國陶瓷。哪些國家和地區發現中國陶瓷，就證明聯繫路線已經到了那裏。

三國至隋時期，中國南北製瓷手工業分佈合理，南北藝術的交流不斷密切。

這個時期中國與外部世界聯繫增多，陸上絲綢之路與海上航道的開拓遠遠超過漢代。中國製造的船舶不但在內河航道上很活躍，在海上航道上，由沿海航行跨出國內，可以到較遠的地方，如東北亞可以到朝鮮、日本，從東南沿海可到東南亞，沿印度海岸可以到印度和斯里蘭卡，中國陶瓷向海外傳播進入一個新階段。

三國、兩晉、南北朝時期，陶瓷進入朝鮮半島。據韓國陶瓷考古學家們公佈的資料，公州武甯王陵出土了白瓷燈盞，據說是世界上最早、最古老的白瓷器，比安陽出土的白瓷還早。

在日本愛媛縣松山市古三津，山林土崩時出土一件東晉時期的青瓷四耳褐斑罐，據說日本九州還有東晉的盤口四系壺，也有可能是當時傳入的。

魂瓶。隋唐。

三國至隋瓷器鑑真辨偽要點

三國、兩晉、南北朝至隋時期，製瓷業有了很大發展，其瓷器鑑真辨偽要點如下：

一是明顯應用了化妝土

古代有些窯口的胎土較粗或胎色較深，在胎體上先敷一層細白瓷土，然後施釉燒製，這層白色漿土稱化妝土，也稱化妝釉和護胎釉。施用化妝土可以使粗糙的坯體表面變得光滑、整潔、坯體較深的顏色得以覆蓋，釉層外觀顯得美觀、光亮。

化妝土工藝具有明顯的時代特徵和地域（窯口）特徵，對其觀察和分析有助於古瓷的斷代和辨偽。

如兩晉時，金華婺州窯在粗質瓷胎上明顯地應用了化妝土。化妝土是以上好的瓷土加工調和成泥漿，施於質地較粗糙或顏色較深的瓷胎體表面，其顏色有灰色、淺灰色、白色等。

這是因為婺州窯位於浙江金華一帶，當地所產胎土含鐵量高，燒成後胎色深灰或深紫。西晉起，婺州窯採用純淨的瓷土塗抹胎表，化妝土呈奶白色，經上釉燒製後，不但釉面光潔，而且色澤滋潤。

東晉南朝時的德清窯以黑瓷著名，同時也兼燒青瓷。德清窯以紅色黏土做胎，燒成後胎呈灰色或紫色。為了改善釉色，也在胎外施一層奶白色化妝土，工藝方法和婺州窯相似。

二是南方瓷業中出現了最早的匣缽燒造，可由支架釘眼鑑定。

匣缽是瓷器陪燒時置放坯件，並對坯件起保護作用有匣狀窯具。由於它的封閉性好，提高了瓷器的品質；承重力強，提高了瓷器的產量，從而使瓷器的質、量大幅度提高。這一時期青瓷發展到極高水準，為「南青北白」局面的形成奠定了基礎。

使用匣缽燒造瓷器最有效的鑑定方法就是觀察底足上的支架釘眼，此期釘眼一圈可多達十多個，而後來的瓷器少至3個，甚至不用支架燒造而沒有釘眼。

其他鑑真辨偽方法，可從器形、釉、色彩、胎體等方面鑑定辨別，這些前面已有所述及，讀者可慢慢體會。

第七章
唐朝瓷器鑑賞與收藏

俱飛蛺蝶元相逐，
並蒂芙蓉本自雙。
茗飲蔗漿攜所有，
瓷甖無謝玉為缸。

　　　　——唐·杜甫《進艇》

邢窯白釉蓋罐，唐。估價10萬元。

　　只要提一提唐朝，我們都會熱血沸騰，激情澎湃。盛唐氣象，那是一個令人激動的時代。那麼，現在我們就要走進最能體現盛唐氣象的瓷器世界了。

　　唐代被分認為是中國瓷器藝術史上的一個偉大時期。瓷器工藝技術的巨大改進，精緻典雅的瓷器品種大量出現，即使用當今的技術標準和審美眼光來衡量，它們也算得上是真正的優質瓷器，是傳世之作。

「南青北白」（南方為越窯青瓷、北方為邢窯白瓷）是唐代瓷業的特點。北方燒造的白瓷，胎釉白淨，如銀似雪，標誌著白瓷的真正成熟。

　　為何北方能開瓷器新境？這是因為北方諸窯中，很多瓷窯燒瓷的歷史較短，沒有陳規陋習需要遵守，因此敢於作各種嘗試和探索。如釉色五彩繽紛，不論青、白、黃、黑、綠、花，皆可嘗試，製胎可以兩色重疊拉坯，形成紋理，不薄雅素，更喜富麗。

　　這種自由和創新，這種嘗試和探索，體現的是一種新的自信和朝氣蓬勃的進取，這正是盛唐氣象的時代精神，因此也形成了唐代瓷器的時代風格。

邢窯白瓷潔白如雪

　　唐代的國勢強盛，文化發達，是中國瓷業發展的重要階段，各地出現了一些比較成熟的瓷窯。這一時期青瓷在原有基礎上，得到了進一步發展，白瓷大量生產。

　　白瓷是唐代陶瓷中的一個重要品種，它初始於隋代，盛唐時期得到很好的發展。邢窯白瓷較之隋代白瓷又前進了一步，改變了以青瓷為主導的發展方向。

　　北方的河北邢窯與南方的浙江越窯的青瓷，同時著稱於世。因此，人們通常用「南青北白」來概括唐代瓷業的特點。代表青瓷發展成就的是南方的越窯青瓷，代表白瓷發展成就的是北方的邢窯白瓷。青瓷較早，白瓷是在青瓷的基礎上發展起來的。

　　邢窯白瓷與越窯青瓷分別代表了北方瓷業與南方瓷業的最高成就雖是事實。但實際上，北方諸窯也兼燒青瓷、黃瓷、黑瓷、花瓷，也有專燒黑瓷與花瓷的瓷窯。

　　唐代白瓷標誌著白瓷的真正成熟。唐代燒造白瓷的窯口眾多，已發現的有河北臨城邢窯、曲陽窯，河南鞏縣窯、鶴壁窯、登封窯、郟縣窯、滎陽窯、安陽窯，山西渾源窯、平定窯，陝西耀州窯，安徽蕭窯等。

　　其中邢窯白瓷成為風靡一時、「天下無貴賤通用之」的名瓷。邢窯白瓷有細粗之別，細瓷胎質堅硬，胎色潔白，直接在胎上施釉，粗瓷胎質粗鬆，胎色灰白，在胎釉之間施有一層

白釉灑藍罐，唐。估價10萬元。

白色化妝土，釉間施有化妝土的瓷器是北方窯口的特徵。

唐代白瓷以執壺為多。觀察這些執壺，只見壺身修長，造型規整，形體豐滿，結實大氣，胎體厚實，胎色灰白，質地粗鬆，白色化妝土和釉不及底。

邢窯的粗白瓷施釉不均勻，略有漏釉現象，釉色乳白，聚釉處呈閃乳黃色，釉層開片不均勻，光澤溫潤，有些粗白瓷腐蝕痕跡明顯，柄接連處胎骨有窯裂，邊沿處剝釉明顯，下部胎質嚴重脫落。另外，在柄身下垂處柄尾上往往添加一小塊類似紐扣（帽釘）的堆貼裝飾，這可能是古人從服裝上得到啟發。

在南方的唐墓中也發現了相當數量的白瓷，只是沒有發現白瓷窯址，這體現了一個白瓷向傾向於保守的青瓷進行衝擊的現象。

唐代著名瓷窯以燒造白瓷為主。民窯則燒製黑釉、黃釉、褐釉、醬釉等瓷器，都具有民間的鮮明符色。邢窯瓷器，質地堅硬，製作精緻，潔白如雪。在邢窯的白瓷影響下，北方又出現了另一個燒造白瓷的定窯。定窯發展到宋代時，以燒造白瓷而出名的定窯，被列入宋代的五大名窯之中。

唐代燒造白瓷的還有四川的青羊宮窯、邛窯，河南的鞏縣窯、魯山窯等，河北省燒造白瓷的窯口最多，除邢窯外，曲陽、平陽、平定、霍州等地都有。

唐代是中國工藝美術發展的一個重要轉折時期，脫離了前期的那種古樸的特色，出現了樣式新穎的格局。如壺的造型主要以輪制、堆塑、分段製作接連的方法製作，壺為盤口、廣口、短流、鼓腹，造型優美，形體飽滿，是唐代豐滿健實的藝術特色。

越窯青瓷如冰似玉

唐朝南青北白的瓷業格局中，慈溪上林湖地區是越窯中心產區，成為當時南方青瓷中心的傑出代表。

迄今發現唐宋窯址170多處。上林湖越窯遺址1964年公佈為省級文物保護單位，1988年公佈為全國重點文物保護單位。

唐代早期，瓷業生產還未走出低谷，不見規模可觀的窯址群落，仍處在恢復階段。進入中唐以後，製瓷技術進一步改進，大量使用匣缽裝燒，瓷器品質顯著提高，窯址數量劇增，以上林湖為中心的瓷業迅速拓展，在其周圍的白洋湖、里杜湖、古銀錠湖以及上虞、鎮海、鄞縣等地相繼設立窯場，規模宏大，窯場林立。這一時期產品種類增多，胎質細膩，釉層均勻、有光澤，有少量的刻畫花裝飾。

唐代晚期，以上林湖越窯為代表的瓷業生產已進入了鼎盛狀態，製瓷技術達到了爐火純青的階段。產品種類繁多，製作精緻，造型優美。器型有碗、盤、盞、杯、盆、缽、壺、罐、盒、水盂、碗、燈、香熏、瓶、鳥玩等，釉色純淨，光澤滋潤，「如冰似玉」，隱露精光；器表裝飾有刻畫花、印花、褐色彩繪和鏤雕等；花紋有荷花、荷葉、飛鳥、雲、龍、魚等；刻線條流暢粗放，刀法熟練；器物普遍採用匣缽裝燒，有一匣一件和一匣多件裝燒。

上林湖越窯青瓷不僅上貢朝廷，下供庶民，還遠銷海外。在韓國、日本、泰國、菲律賓、馬來西亞、印尼、印度、斯里蘭卡、伊朗、伊拉克、坦桑尼亞、沙烏地阿拉伯、敘利亞、土耳其、葉門、埃及、蘇丹、索馬里等二十個國家和地區出土了許多中唐至北宋的越窯青瓷。越窯青瓷外銷始於中唐晚期，大量外銷於晚唐、五代至北宋早期。

唐朝時，明州港是朝廷指定對外開放的重要港口之一。上林湖瓷器從這裏起航至廣州，由廣州至波斯灣，銷往北亞、東亞；向南銷往東南亞直至非洲等地區。這條陶瓷之路為陶瓷貿易和中西文化的交流寫下了光輝的篇章。

五代時期割據江浙一帶的吳越國偏安於一隅，較少受戰爭的踐躪，越窯的瓷業生產繼續發展，產品品質仍獨步天下。器物造型釉色、裝飾及裝燒工藝等方面繼承唐代風格，器形趨於繁多而變化，胎壁普遍減薄，造型變得輕巧優美，折射出以釉色和造型取勝的時代風尚。

唐人喜歡喝茶，因此唐代越窯出品了大量茶具，主要有碗、甌、執壺、杯、釜、罐、盞托、茶碾等。

碗作為唐時最流行的茶具，造型主要有花瓣型、直腹式、弧腹式等種類，多為侈口收頸或敞口腹內收。到了晚唐，製瓷工匠創造性地把自然界的花葉瓜果等物經過概括，保留其感動人、最形象的特徵，運用到製瓷業中，從而設計出葵花碗、荷葉碗等精美的茶具。

甌是中唐以後出現並迅即風靡一時的越窯茶具新品種，是一種體積較小的茶盞。這種撇口斜腹的茶具，深得詩人皮日休的喜愛，他的《茶甌》詩可說極盡了溢美之詞：「圓似月魂墮，輕如雲魄起。」

執壺又名注子，是中唐以後才出現的，由前期的雞頭壺發展而來的。這種壺多為侈口、高頸、橢圓腹、淺圈足、長流圓嘴，與流相對稱的一端還有泥條黏合的把手，壺身一般刻有花紋或花卉動物圖案，有的還留有銘文，標明主人或燒造日期。

茶杯、盞托、茶碾等物，在越窯中也常有發現，這類瓷器在釉色、溫度、形狀和彩飾上，均較好地體現了當時越窯的製作工藝和燒造水準。

藍釉鈞瓷值萬貫

「雖有家財萬貫，不及鈞瓷一片。」清末民初時一件宋鈞窯器可值數十萬銀元，現在你即便出得起這個價，也買不到了。手中有的更是不輕易出手。「宋鈞」和「元鈞」尚且如此，至於「唐鈞」就更難見到了。

《中國陶瓷》一書在「鈞瓷史」一節指出：「在已發現的一百餘處窯址之中，其燒瓷史上限可以追溯到唐代，下限則晚到元代……」

唐朝才開始有藍色釉，而宋代鈞窯則以天青、粉青、玫瑰紅和紫紅為主。另外唐朝以陶土為主，只有宋朝才正式有瓷泥。有收藏家看到兩件唐朝藍色釉鈞瓷器物，說它是陶，它比一般陶土細膩；說它是瓷，它的胎太灰暗，似是處在陶與瓷的過渡階段。而唐朝的瓷正處於原始時期。

唐朝藍色釉鈞瓷的釉色特點以藍色為主，藍中有白，白似蘭花；白裏有藍，藍得深沉。其色變有鈞窯的獨有風味。最後更重要的一點就是器皿上有蚯蚓走泥紋。鈞窯的重要特徵是必須有蚯蚓走泥紋。這兩種器物用高倍放大鏡看，可清晰地看到美麗動人的蚯蚓走泥紋。

鈞窯藍釉瓶，仿品。

唐代的著名窯口

除越窯、邢窯外，唐代還有一些著名窯口。

鈞窯

鈞窯在河南省禹縣，以鈞瓷著稱於世，屬北方青瓷系統。創始於唐，興盛於北宋，為宋五大名窯之一，以後歷代都有仿造。

岳州窯

窯址分佈在今湖南湘陰的窯頭山、白骨塔和窯滑里一帶，東晉時稱湘陰窯。產品釉色青黃，胎骨灰白。

文吏陶俑，唐。

文吏陶俑，唐。

文吏陶俑，唐。

鼎州窯

窯址在今陝西銅川市黃堡鎮，是宋代名窯耀州窯的前身，以生產青瓷為主，兼燒黑釉瓷器。

渾源窯

在今山西渾源，故名。明《大明一統志》記載渾源產瓷器。清乾隆《渾源州》又有「天贊初與王郁略地，燕趙破磁窯鎮」語，可知在五代後梁時渾源已有磁窯鎮地名。

經實地考察，渾源窯當建於唐代，燒白釉、黑褐釉、茶葉末釉等品種。元代窯廠擴大，品種增多，有黑釉剔花、白釉剔花與畫花，有盤、碗、盆、罐、枕等器。黑釉剔花為雁北地區之最精者，牙白釉剔花在山西其他地區也屬少見。

平定窯

在今山西平定柏井村，故名。始燒於唐，歷經五代到宋，以燒白瓷為主，還燒黑釉器物，有印花、剔花盤以及北方習見的五角、六角紋盤碗等器。

窯址與河北臨城邢窯、曲陽定窯相距較近，瓷器造型裝飾與兩窯有共同處。

交城窯

在今山西交城，故名。始燒於唐，以自釉產量最大，有盤、碗、壺等器物，還發現有較多的黑釉斑點拍鼓殘片。宋代有發展，仍以自瓷為主，也有當時北方各瓷窯所習見的動物小雕塑，還燒製白釉釉下儲彩彩繪裝飾，特徵與介休窯大體相同。儲彩有呈橘紅色者，其他地區極少見，珍珠地畫花裝飾品種有枕、洗等器，但產量較少。

婺州窯

窯址在今浙江金華、蘭溪、義烏、東陽、永康、武義、江山一帶。創燒於三國，初期產品胎釉結合技術較差，容易剝落，其產品和造型受越窯影響較大，只是胎色呈深灰或紫色，釉色青黃或泛紫，釉中有奶白色星點。

壽州窯

窯址在今安徽淮南市的上窯鎮、徐家圩和李嘴子一帶。主要產品有碗、盞、杯、注子等。器物胎體厚重，胎質粗鬆，釉色以黃為主，著名產品為「鱔魚黃」。

洪州窯

窯址在今江西豐城曲江、石灘、郭橋、同田鄉一帶。主要產品有碗、杯、盞托、碾輪等，尤以生產茶碾輪和盤心圈狀凸起的茶盞托著稱。釉色可分為青綠、黃褐和絳褐，其壓

文吏陶俑，唐。

印、刻剔、鏤孔和堆貼等燒造技法很高。產品曾作貢品。

淄博官窯

在今山東淄博磁村，故名。20世紀70年代後期被發現，經過小規模試掘，初步判明始燒子唐而終於元代。

該窯在唐代以燒黑瓷為主，宋代燒白瓷，有剔花、刻花裝飾，元代出現蒃畫、絞胎、白地黑花、白釉紅綠彩等新裝飾，碗心也多一圈刮釉，有北方地區瓷窯風格。

鶴壁窯

在今河南鶴壁，故名。始燒於唐而終於元代。

在唐代燒白、黃、黑釉器物，有花口鉢、短流壺等；宋金時期的白地黑花、褐黃釉刻花折沿盆最富代表性，白地黑花，色彩烏黑，褐黃釉刻花有蓮花、鵝與兔吃草等紋，盆口徑都

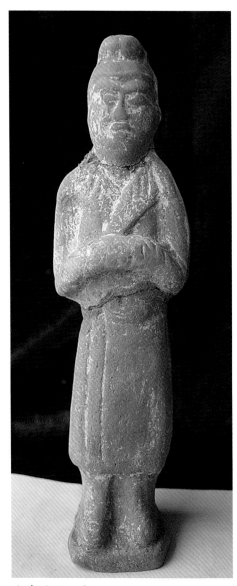

文吏陶俑，唐。

文吏陶俑，唐。

在40公分以上。白釉畫花大碗與磁州窯風格相同，碗心也有五個長條狀支燒痕。

　　密縣窯

　　在今河南密縣，故名。已發現西關及窯溝兩處遺址，西關窯始燒於唐而終於宋，窯溝窯燒瓷則在宋金時期。

　　西關燒白、黃、青、黑各色釉及珍珠地畫花等品種，珍珠地畫花裝飾在密縣窯中出現最早，宋代較流行，窯址出土的五代鵪鶉紋小枕，紋飾具有仿唐金銀器鏨花工藝特徵。窯溝以白釉為主，白地畫黑花標本的也遺留不少，瓶、壺等器物上多畫簡潔的花草紋，畫圈紋的較別致，是此窯獨特之作。

　　登封窯

　　在今河南登封曲河，故名。始燒於晚唐，下限到元代。燒瓷品種較多，以自釉為主，有

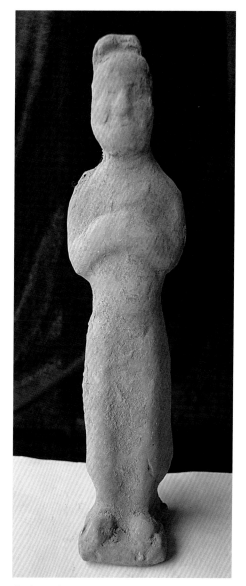

胡俑，唐。   胡俑，唐。

白釉綠彩、白釉刻花、白釉剔花、白釉珍珠地畫花及白地畫黑花等，還燒瓷塑玩具、黑釉及三彩陶器。珍珠地畫花品種受密縣窯影響，產量在同類瓷器中居首位。

　　遺物有瓶、枕、罐、洗、碗等，以瓶、枕較多，瓶高達40公分左右。遺址附近的殘廟內有清嘉慶碑記一座，碑文載：「嘗就里人偶拾遺物，質諸文，獻通考，而知當有宋時窯均環設，商賈雲集，號邑巨鎮。」描繪了宋時的繁盛情況。

　　魯山窯

　　在今河南魯山段後，故名。創燒於唐代而終於元代。

　　唐代南卓《羯鼓錄》中有「不是青州石末，即是魯山花瓷」語，經調查發現花瓷拍鼓瓷片標本，證實該書所述。宋代窯廠擴大，燒瓷品種豐富，裝飾方法也多種多樣，有白釉罐上以褐點組成的三角形，白釉瓶上以蓖畫複線直紋與曲線紋的相間排列，以及高足爐上的三彩

胡俑，唐。

蓮瓣等。

郟縣窯

在今河南郟縣，故名。在發現黃道、黑虎洞及石灣河三處遺址中，黃道及黑虎洞均有唐及元代標本，石灣河則屬元代遺址。

唐代遺物有黑釉斑點花瓷、黃釉及白釉綠彩品種；綠彩呈碧綠色，在河北、河南、山東、陝西四省九處瓷窯所燒同類品種中，色彩最美。元代遺物有磁州窯風格的白地黑花裝飾及鈞釉器物。

唐代還有一些其他窯口，如定窯曲陽漳磁村窯址發掘中取得的早期標本，有平底淺身碗，外施黃釉，裏施白釉。胎厚重，製造較粗糙，這種碗具有唐代早期的典型風格。比這種平底碗時代稍晚的是白釉碗，這類碗的碗身多做45度斜出，碗身較淺，寬圈足，胎較上述平底碗薄，裏外施釉，具有標準唐代後期形式。

因篇幅有限，餘窯這裏不再一一描述。由此可見，唐朝是創燒窯口較多的時代，為宋代瓷器的興旺打下了堅實的基礎。

文吏陶俑和胡俑，唐。

唐三彩缽。估價4萬元。

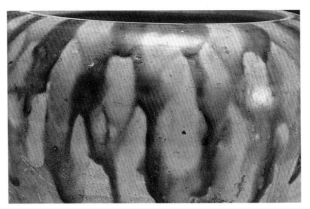

唐三彩缽特寫。

盛唐氣象唐三彩

　　唐二彩是一種盛行於唐代的陶器，以黃、褐、綠為基本釉色，後來人們習慣地把這類陶器稱為唐三彩。

　　唐三彩是陶不是瓷，然而它在中國陶瓷史上他的重要性不亞於任何一種瓷器，且對中國瓷器史產生了重要影響。因此，此章從陶瓷大的範疇，對其進行介紹。

　　唐代是中國封建社會的鼎盛時期，經濟上繁榮興盛，文化藝術上群芳爭豔。唐三彩就是這一時期產生的一種彩陶工藝品，它以造型生動逼真、色澤豔麗和富有生活氣息而著稱。唐三彩吸取了中國國畫、雕塑等工藝美術的特點，採用堆貼、刻畫等形式的裝飾圖案，線條粗獷有力。

　　唐三彩是漢代低溫釉陶的發展，雖然它只是一種低溫釉陶器，但在色釉中加入不同的金屬氧化物，經過焙燒，便形成淺黃、赭黃、淺綠、深綠、天藍、褐紅、茄紫等多種色彩。其中以黃、褐、綠三色為主。唐三彩的在色彩的相互輝映中，顯出堂皇富麗的藝術魅力。

　　三彩的形成主要是陶坯上塗上的彩釉，在烘製過程中發生化學變化、色釉濃淡變化、互

唐三彩三足罐。估價8萬元。

相浸潤、斑駁淋漓、色彩自然協調，花紋流暢，是一種具有中國獨特風格的傳統工藝品。

唐代墓葬中出土的三彩俑，不論是形象的刻畫，還是釉色點染，都體現出唐代陶塑藝術的高度水準。其人物形態逼真，姿勢優美。特別是馬和駱駝的造型，也都恰到好處。

唐三彩用於隨葬，作為明器，因為它的胎質鬆脆，防水性能差，實用性遠不如當時已經出現的青瓷和白瓷。

唐三彩的製作工藝十分複雜。首先要將開採來的礦土經過挑選、舂搗、淘洗、沉澱、晾乾後，用模具作成胎入窯燒製。唐三彩的燒製採用的是二次燒成法。

從原料上來看，它的胎體是用白色的黏土製成，在窯內經過1000～1100℃的素燒，將焙燒過的素胎經過冷卻，再施以配製好的各種釉料入窯釉燒，其燒成溫度為850～950℃。在釉色上，利用各種氧化金屬為著色劑，經煅燒後呈現出各種色彩。

釉燒出來以後，有的人物需要再開臉，所謂的開臉就是人物的頭部是不上釉的，它要經過畫眉、點唇、畫頭髮這些過程，然後這一件唐三彩的產品就算完成了。

唐三彩的特點首先體現在造型上。它的造型與一般的工藝品的造型不同，如馬與其他時代出土的馬不同。它的造型比較肥碩，馬的品種，據說是從當時西域那邊進貢過來的，馬的臀部比較肥，頸部比較寬。

唐馬的造型特點，是以靜為主，但是靜中帶動，由馬的眼部的刻畫表現靜中帶動。馬的眼部是刻成三角形的，眼睛是圓睜的，然後馬的耳朵是貼著的，它好像在靜聽或者聽到有什麼動靜一樣，由這樣的細部刻畫來顯示出唐馬的內在精神和外在的韻律。

唐三彩文吏俑。估價50萬元。

唐三彩的另外一個特點就是釉色。作為一件器物上同時使用紅、綠、白三種釉色，這在唐代是首創，但是匠人們又巧妙地運用施釉的方法，使紅、綠、白三色交錯地使用，然後在高溫下經過燒製以後，釉色又澆融形成獨特的流竄工藝。出窯以後，三彩就變成了很多的色彩，它有原色、有複色、有兼色，人們看到的就是斑駁淋漓的多種彩色，這是唐三彩釉色的特點。

唐三彩器物形體圓潤、飽滿，與唐代藝術的豐滿、健美、闊碩的特徵是一致的。唐三彩的造型豐富多彩，一般可以分為動物、生活用具和人物三大類，而其中尤以動物居多。

三彩人物和動物的比例適度，形態自然，線條流暢，生動活潑。在人物俑中，武士肌肉發達，怒目圓睜，劍拔弩張；女俑則高髻廣袖，亭亭立玉，悠然嫻雅，十分豐滿。動物以馬

唐三彩貼金武士俑。估價9萬元。

唐三彩天王俑。估價20萬元。

和駱駝為多。

　　唐三彩的產地西安、洛陽、揚州是陸上和海上絲綢古道的連接點。在古絲綢之路上，唐代的交通工具主要是駱駝。所以唐三彩中有很多駱駝，它們艱難跋涉，與人相依為命，高大的形態和堅毅負重的神情，似乎還帶著絲綢古道的萬里風塵。

　　唐三彩是唐代陶瓷的精華，在初唐、盛唐時達到高峰。安史之亂以後，隨著唐王朝的逐步衰弱，由於瓷器的迅速發展，三彩器製作逐步衰退。後來又產生了遼三彩、金三彩、但在數量、品質以及藝術性方面，都遠不及唐三彩。

　　唐三彩早在唐初就輸出國外，深受異國人民的喜愛。這種多色釉的陶器以它斑斕釉彩，鮮麗明亮的光澤，優美精湛的造型著稱於世，唐三彩是中國古代陶器中一顆璀璨的明珠。

　　詩評家說唐詩有所謂盛唐氣象。陶瓷藝術最能表現這種盛唐氣象的就是唐三彩釉陶。

花釉與唐三彩異曲同工

　　上世紀八十年代，陝西出土一件花釉腰鼓，係耀州窯產品。此後，仿唐花釉產品問世，開始出現於魯山地區，仿的是故宮藏花釉腰鼓。

　　故宮博物院藏的一件花釉腰鼓，器形碩大，釉色奔放，是國家一級文物。它與魯山窯出土

唐三彩騎馬女俑。估價8萬元。

瓷片質地釉色相同,可以確認為魯山窯產品。此仿品被文物販子購去,到廣州為海關查獲,並在電視臺曝光。一位專家在電視中看到錄影,還以為是真品,未來得及看到原物而將此事寫入的一本書中,後來看到實物方知其假。該專家以負責的精神專門為此撰文糾正錯誤,向讀者致歉;同時提醒讀者千萬別看錄影和照片鑑定文物,一定要仔細觀看實物後再下結論。

此後,又有一家博物館也收了一件花釉腰鼓,並從當地公安局開出證明信,證明此腰鼓為掘墓所出。專家說:「其實真正的文物就在故宮陶瓷館中展出,若將二者放到一起對比,真假昭然若揭。一個文物工作者,要相信自己的眼睛,不要去聽信天方夜譚式的故事。」

此後,有幾位收藏家都上了假腰鼓的當,而發財的是那個最早仿唐花釉的廠長。後來花釉仿製擴展到河南等其他地區,腰鼓因遺址出土資料證明有大、小多種尺寸,故新仿腰鼓的尺寸型號也多了。除腰鼓外,壺、罐仿品也不少。

唐代花釉為鈞窯前身,故也習稱為「唐鈞」「唐花鈞」。它是以黑釉或黃釉為底釉,上施藍斑、褐斑、月白斑的多層施釉裝飾的一種高溫陶瓷釉色,在裝飾效果上與唐三彩有異曲同工之妙。它以斑斕的色彩,反映出氣勢磅礴的盛唐文化藝術。河南魯山窯、黃道窯、禹縣

唐三彩女俑。估價18萬元。

窯、內鄉窯，陝西耀州窯及山西交城窯均有生產。

　　唐花釉瓷器的造型有壺、盤、罐、花澆、腰鼓等，尤以罐類最多，腰鼓最為出名。

　　唐代魯山花釉與禹縣花釉十分相似，黃道內鄉及耀州窯的差別也不大。若以腰鼓而論，前二者基本一樣，後三者胎體一樣，釉色略有差異，黑色底釉均呈灰黑或灰褐色，不如前二者黑色純正，唯山西交城窯黑色烏亮，但腰鼓胎體輕薄。

　　新仿花釉與唐花釉鑑定應觀察唐花釉有黑釉藍斑、褐釉藍斑和褐釉絳斑及茶葉末釉藍白斑等多種釉色，藍斑均是月白色中混雜藍色，其藍色當為鈦藍。新仿者則多為黑釉藍白斑，其他釉色少見，且白色過白，不是月白色，藍色則過於藍豔，當屬鈷藍。

　　新仿者的造型設計不精巧，僅得貌似，沒有一件造型準確達到九成的。故牢記唐代花釉各種造型曲線變化，直接便能斷其真偽。

新仿者修坯及修足時刻意模真，或過於精細，或失之呆板，均有破綻可查。呆板的蘸釉方法，拘謹的淋釉斑，仔細研看，可以發現與真物那種自然、瀟灑的風格有天壤之別。

新仿者多用酸咬舊，細心觀察酸咬痕跡，也可斷其真仿。但也有用覆燒法作舊的，即使用黃土中的石結核物碾成細粉，和泥罩於仿器外表，再入低溫窯覆燒，所得效果極類出土物，甚至連土浸都有，浮光也一掃而光。這種作舊法是近幾年新發明的。凡是用這種方法做舊的，土浸均有，而真正的出土物並不一定有土浸。

新仿者使用的釉料均是現代化工原料，現代顏色釉中均可找到範本，而古代所用釉料當為本地區所產礦料。據筆者所知，仿製者至今未能找到其礦料，故只能以現代顏色釉代替。現代顏色釉成分單純，古代礦料成分複雜，反映在釉面上，後者的色斑均是多種著色的結合體，前者則是純一的單色。

凡真物大塊月白或藍色斑彩釉上均有後期開片，且開片中均混有黑色雜物，新仿者則少有開片。

掌握上述辨別方法，不僅可明辨花釉腰鼓，也可鑑別其他仿造唐代的花釉器物。

由款識鑑定仿唐瓷器

掌握上述唐代各窯瓷器特色，鑑別仿唐瓷器就有了線索。本章選擇了一個角度，重點談談如何由款識鑑定仿唐瓷器。

唐代瓷器款識並無後來宋、元、明、清那麼多，宋代瓷器款識比唐代多得多，銘文內容有作坊標記、工匠姓名、製作年月、唐詩宋詞、吉祥語句、宮殿名稱和宮廷用瓷專用款銘等等。但款識文字比唐代簡明，也以刻畫款為主。

唐代瓷器款識雖不複雜，但也不單純。

唐瓷器款識以刻畫為主，但已有在釉下用彩書寫的款銘出現。字體絕大多數為草書，楷書少見。刻畫與寫的部位皆不固定。

從窯口來看，刻畫者多數為越窯，用彩書寫者以長沙窯為多。其內容不僅有紀年款、人

唐三彩馬。估價90萬元。

唐三彩馬側面。

名款、產地款，還有帶有商品廣告性質的款銘。

浙江嵊縣出土的一件越窯青瓷罍，腹部刻畫「元和拾肆年四月一日造此罍，價值壹千文」17字，詳細地標明了製作日期、器名、價值。

浙江寧波出土的一件印花碗，碗內底有「大中二年」四字，則為內容單純的紀年款。此外，還有刻畫文字的青瓷墓誌銘，內容有紀年、人名、事蹟等。

1978年浙江省臨安發現了吳越王錢鏐之父錢寬的墓葬，出土19件白瓷，多數底部有「官」或「新官」字樣的刻款，這批晚唐時期的白瓷精巧細潔，不是一般的民間用瓷，款識的含義也清楚地告訴了人們。

上海博物館收藏的一件越窯青瓷執壺，腹部刻有「會昌七年改為大中元年三月十四日清明故記之耳」的文字。這件器物的款識記錄了當時年號的改換。

唐代長沙窯的彩色款識，很多具有商品廣告性質，這是長沙窯的一大發明。如「鄭家小口天下第一」「卞家小口天下有名」「言滿天下無口過」等等。

唐代著名的邢窯白瓷中有刻「盈」「翰林」字款，或書寫「翰林」字款的產品，「盈」是宮廷內「大盈」庫的簡稱，表時它們是官府的用品。

五代越窯青瓷中也有刻「官」字款的器物發現，如浙江省臨安五代墓出土的一件越窯雙系瓶，腹部刻畫「官」字款。

唐代至北宋河南瓷窯生產一種瓷枕，枕底往往刻有某家作坊製作的款銘。如上海博物館

收藏的一件瓷枕，枕底刻「杜家花枕」四字。傳世品中還有刻「裴家花枕」四字的。

秋水秘色千峰翠

伴隨著唐三彩女俑亭亭立玉、悠然嫻雅的驚豔一幕的，是唐朝的秘色瓷。

可以說，白瓷、青瓷構成了唐朝的雄渾壯闊的無涯風景，而三彩和秘色就是唐朝瓷器的雙飛鳥，在壯闊的背景下飄然飛翔在雲天之上。

唐代最著名的越窯是上林湖，這裏不僅是青瓷中心產地，也是秘色瓷的中心產區。晚唐時上林湖窯場燒製出精美絕倫的秘色瓷，代表了當時瓷器製作的最高水準。受到了統治者的青睞。

越窯五瓣葵口龍紋盤，唐。估價13萬元。

唐代是越窯空前繁榮的時期，窯匠們以其神奇精妙的構思和爐火純青的技藝，燒製出無數造型別致、裝飾華麗、釉質青潤的秘色瓷器，備受朝野青睞。

考古者在陝西扶風法門寺塔地宮、浙江省臨安水邱氏墓等出土了許多秘色瓷，製作精緻，造型典雅，釉色晶瑩滋潤、如冰似玉，為越窯青瓷之精粹。

秘色瓷的高雅品質博得了許多文人雅士的讚賞，他們對秘色瓷的造型、胎質、釉色給予了盡情的讚美，稱讚它是溫潤的玉，是晶瑩的冰，是上林湖群山的青翠，是一泓澄澈的春水。如：

顧況《茶賦》：「舒鐵如金之鼎，越泥似玉之甌。」

孟郊《憑周況先輩於朝賢乞茶》：「蒙茗玉花盡，越甌荷葉空。」

施肩吾《蜀茗詞》：「越碗初盛蜀茗新，薄煙輕處攪來勻。」

鄭谷《送吏部曹郎中免官南歸》：「篋重藏吳畫，茶新換越甌。」

唐代中期以後，越窯大量使用匣缽，一直沿用至南宋。匣缽的發明與使用使裝燒技術發生了很大變化，龍窯加高、變長，結構進一步完善。大大提高了龍窯的裝燒量，產品的品質也產生了質的飛躍。上林湖荷花芯唐代窯爐為依山而建的龍窯，現存窯床、窯牆、窯門、火膛等部分，斜長42公尺，寬約2.8公尺。

吳越王室長期奉行保境安民政策，向中原王朝納貢稱臣，曾先後向後唐、後晉、後漢供奉大量方物，其中秘色瓷成了當時納貢的主要方物之一。在杭州臨安的錢氏家族和重臣墓中出土大量具有代表性的五代秘色瓷，器物有浮雕雙龍貼金四扳金罍、褐色雲紋罍、畫花瓜棱執壺、蓋罐、方形委角套盒、盞托、金扣碗、洗、碟等。這批器物胎質細膩，釉色溫潤如玉，製作精細，其中不乏氣魄宏大，造型生動、極富藝術表現力的傑作。

何為「秘色」成千古之謎

「秘色」一名最早出現於晚唐，遺憾的是陸龜蒙的詩只是用比喻的筆觸對「秘色」瓷器

進行描述，而未涉及「秘色」的本義。

　　唐人陸龜蒙在《秘色越器》詩中，最早提及秘色瓷，他在詩中寫道：「九秋風露越窯開，奪得千峰翠色來；好向中霄盛沆瀣，共嵇中散斗遺杯。」

　　從詩中可以感受到秘色很美，宛如遠山秋色，充滿綠意野趣。可惜，任憑眾人解讀千百回，提取的也僅「秘色」與「翠色」幾個字。到底何為「秘色」，陸龜蒙卻沒作具體交代。

　　第一個提到「秘色」的是陸龜蒙，其實，更早的還有一人提到該種瓷，只是沒有以「秘色」炫示。生卒年月先於陸龜蒙的茶聖陸羽在他所著的《茶經》中說：「碗：越州上，鼎州次，婺州次，岳州次，壽州、洪州又次，或以邢州處越州上，殊為不然。邢瓷類銀，越瓷類玉，邢不如越一也；邢瓷類雪，越瓷類冰，邢不如越二也；邢瓷白而茶色丹，越瓷青而茶色綠，邢不如越三也。」

　　這其中，「越瓷類玉」「越瓷類冰」說的正是秘色越器。

　　顯然，陸羽比陸龜蒙對瓷業更在行，一口氣點出7個窯口。在將鼎窯與越窯作了區別之後，又單單列舉出白瓷表率者的邢窯與青瓷領頭羊的越窯作強強比較，這和陶瓷史上南青北白之說不謀而合。

　　但陸羽更愛越瓷。愛在什麼地方？陸羽說：在釉質，在光澤，在呈色上，即「類玉」、「類冰」、「青而茶色綠」。它滋潤絢麗像塊美玉；又晶瑩可鑑賽過薄冰；間或還伴有透心涼爽的青綠。這等美瓷，視作通靈寶物，言為秘色瓷器，恐怕一點也不為過。

　　五代人徐夤的《貢餘秘色茶盞》詩，則用「明月染春水」「薄冰盛綠雲」、「古鏡破苔」、「嫩荷涵露」等華麗的辭藻來褒譽之。

青釉刻花罐，唐。

青釉刻花罐紋飾欣賞。

何謂秘色，史說紛紜：艾色；艾青色；色似煙嵐。當能工巧匠和文人雅士悄然退入歷史帷幕時，隨之帶走了「秘色」的真實含義，留給後人的只有爭論千年的「秘色」之謎。

宋代《侯鯖錄》中雖有「今人秘色瓷器，越州燒進，為貢奉之物，臣庶不得用」的記載，只比五代「秘色為吳越國錢氏王朝專用瓷」的史錄多了一點線索，但仍顯含糊籠統。

秘色始於何時的千古之爭

有關秘色瓷始燒年代，自古以來就有爭論，有多種說法。

一為五代之說

這一觀點依據的是宋人的著作《侯鯖錄》及《高齋漫錄》，長期以來被明清兩代專家、學者普遍認同並成為瓷學界主流。

至1982年，新編《中國陶瓷史》仍以該觀點為說，是因為五代的錢氏朝廷向後唐、後晉和遼、宋王朝進貢的越瓷均翔實地反映在《十國春秋》《吳越備史》《宋史》《宋兩朝供奉錄》等文獻內，這為史證。

《中國陶瓷史》還寫到：「近二十年來，這類越窯青瓷在考古發掘中也出土過不少，吳越國都城杭州和錢氏故鄉臨安先後發掘了錢氏家族和重臣的墓七座，其中有杭州市郊玉皇山麓錢元瓘墓、施家山錢元瓘次妃吳漢月墓、臨安縣功臣山錢元玩墓等，出土了一批具有代表性的秘色瓷器。」

「五代始燒秘色瓷」之說在法門寺發掘前，令瓷學界一些學者深信不疑。

其實，早在宋代就有不少文人對秘色始於吳越的說法提出異議。《侯鯖錄》在記錄民間

青釉刻花罐紋飾欣賞。

青釉刻花罐紋飾欣賞。

關於「秘色瓷」的傳說後，引用了陸龜蒙的詩，藉以說明「唐時已有秘色瓷，非自錢氏始」。

二為晚唐之說

由於此說歷來缺乏較明確的歷史背景和強有力的發掘實證，持這一觀點者主要以陸龜蒙和徐夤在篇名中有「秘色」一詞固守陣地。《高齋漫錄》《垣齋筆衡》《嘉泰會稽志》等書均持晚唐之說的看法。

一千多年來，對傳聞沸沸揚揚的秘色瓷，後世人紛紛尋找探討，終因不得要領，以致相見不相識。1987年，陝西扶風法門寺唐代塔基的地宮內出土了14件越窯青瓷，在同時出土的衣物帳冊上意外發現這批青瓷被注明為秘色瓷，才使天下大白。

這14件秘色瓷大多呈青綠色，部分是青灰色和青黃色。原來，神乎其神的艾色、艾青色就是越窯司空見慣的基本色調，而秘色瓷的外觀除多些花俏外，似乎並沒有詩人和文人們想像和描繪的那麼奇詭和新奇，更沒有讓人心顫的恢宏。

法門寺地宮藏物發現後，「秘色瓷始燒於晚唐」之說終在1995年初於上海舉行的「越窯‧秘色瓷國際學術討論會」上被眾專家學者基本贊同。

扶風法門寺唐代秘色瓷的出土，及唐代越窯墓誌罐上「貢窯」的銘文，為宋代的那場爭論畫上了句號。然而，到底何為秘色？這一實質性的問題並未解決。

三為中唐晚期之說

有專家認為，秘色瓷的創燒年代尚可再早些，應當追溯至陸羽中晚年所處的時代，即8世紀末的中唐晚期。理由是陸羽記入《茶經》的「類玉」「類冰」「瓷青而茶色綠」之越甌，實際上是一種地道的秘色瓷。

持此論的專家還認為，秘色瓷的秘，源於燒窯上的匣鉢單件裝燒工藝；秘色瓷的色，色彩紛呈□各顯其妙，屬天成之趣。

明清秘色辯論風潮再起

明清時，關於秘色含義的辯論風潮再起。明人徐應秋《玉芝堂談薈》中寫道：越窯「至吳越有國日愈精，臣庶不得用，謂之秘色，即所謂柴窯也。或云製器者姓，或云柴窯世宗時始進御云」。

清人朱琰《陶說》記載：「王蜀報朱梁信物，有金棱碗，至語云，金棱含寶碗之光，秘色抱青瓷之響。則秘色是當時瓷器之名。不然，吳越專以此燒進，而王蜀亦取以報梁耶。」

清人藍浦在《景德鎮陶錄》中談及秘色瓷時寫道：「其式似越窯器，而清亮過之」，後又記述道：「秘色特指當時瓷色而言耳，另是一窯，固不始於錢氏，而特貢或始於錢氏。以禁臣庶用，故唐氏又謂蜀王不當有不知秘字。亦不必因貢御而言，若以錢貢為秘，則徐夤秘盞詩亦標貢字，是唐亦嘗貢，何不指唐所進御云秘，豈以唐雖貢不禁臣庶用，而吳越有禁故稱秘耶？《肆考》又載，秘色至明始絕。可見以瓷色言為是。」

綜觀各種記載，關於秘色的解釋可歸納為三點：秘色為秘密之色，秘色為瓷器的名稱，秘色為越窯青瓷的顏色。

當代專家爭論的焦點

當代，又有陶瓷專家指出，上述關於秘色的解釋是與客觀情況相悖的。悖在以下幾點：

首先，現已查明燒造秘色瓷的窯場廣布於寧、紹等地，這些窯雖在官方監督下燒製部分貢瓷，但仍以生產商品瓷為主，其性質屬民窯，故無秘密可言。

其次，從古文獻的描述和出土實物看，秘色瓷就是越窯青瓷中的精品。五代人徐夤《貢餘秘色茶盞》詩句「陶盛行我得貢吾君」表明，瓷器出窯時，在挑選出進貢用的瓷器後，便可出售。

考古資料證實，除了錢氏貴族墓隨葬的燈、薰爐、罌等大件特製品外，其他類型的秘色瓷不僅行銷南北各地，而且還從海路運往亞、非各國。

當代專家爭論的另一焦點是秘色到底是不是香草之色。又有人認為秘色是指香草之色。此論持有者提出論據：「秘」為香草之說，本於明人楊慎的《轉注古音略》，該書云：「秘，蒲結切，香草也。」

對這種觀點，學術界人士也提出了商榷意見。認為從《集韻》的記載看，「秘」與「『黍』和『必』相連成一個字」有時可通用。而「『黍』和『必』相連成一個字」在宋代字書中解釋是「馨香」。此字又可寫作「『香』和『必』相連成一個字」。在古文獻中，「『香』和『必』相連成一個字」也是指一種香氣。顯然，將香氣附會成「香草」，只是明代有的臆測而已，不足為據。

倘若「秘」為香草，從生物學的角度來說，這種處於生長階段的植物的顏色應該是不變的，那麼，當時的人將香草的顏色比作「千峰翠色」「明月染春水」「薄冰盛綠雲」「古鏡破苔」「嫩荷涵露」以及「類玉」「類冰」等，就顯得不對了。

學術界人士的商榷意見還認為，出土的「秘色瓷」有青綠、青黃、青灰等不同的色階，這是香草單一的顏色所不能形容的。再說，香草並不是隨處可見的，即使可見，也無非是枯槁的薰香用料，人們絕不可能把青瑩如玉的瓷器跟它聯繫在一起。

關於秘色的爭論，早在北宋就已激烈地展開，北宋距秘色一名出現的唐代很近，「秘」字如果可以釋為「香草」，宋人不會不知。

查閱古人有關秘色的記載，「秘」多作「『衤』和『必』相連成一個字」。這個字早在漢朝以前就已出現，而「秘」字的出現則晚得多，當為此字的俗寫或誤寫。

既然此字以「衤」為形旁，「香草」之義便自然不存在了。因此有關專家認為，秘色為香草之色的觀點是錯誤的。

但研究者達成共識的是：秘色只能是指越瓷精品的顏色。究竟是何顏色，古人並沒有交代清楚。

秘色當為碧色的佐證

也有專家認為，單從字面上

青釉刻花罐底足。

看，秘色應理解為神奇之色。最初的秘色當為碧色。《山海經》記載：「高山，其上多銀，其下多青碧。」郭璞注：「碧亦玉類也。」可見，碧是一種青綠色的玉。

「碧」與「秘」古音相同，當越窯燒製出碧玉般的瓷器並銷往各地時，令人驚歎不已，以為神奇，因而訛寫為「秘色」，同時，越窯精品生產的歷史又總是與越瓷進貢的歷史交織在一起，故後人以「秘」為「秘密」之意，也就很自然了。於是秘色的本來面目就被世人的訛傳和附會掩蓋了。

持此論的專家引用有關證據論證說，古人亦不乏對此懷疑者，如北宋歐陽修等人在編寫《新唐書》時，回避了秘色一詞，而將越州所貢的稱為瓷器。

到了明、清時期，人們在談論青瓷的釉色時，每每無意地觸及秘色的真實含義。這對揭示秘色的本來面目大有裨益。

清人藍浦《景德鎮陶錄》在敘述秘色時說：「秘色窯，青色近縹碧，與越窯同。」「縹」字的古義為青綠而光亮的色澤，這就是說，越窯秘色瓷具有碧玉的質感。該書在談到其他窯口的青瓷時，也常用「碧」字作比喻，例如：「……官窯、內窯、哥窯、東窯、湖窯等雲青，其青則近淡碧色……」

碧是分佈較廣的一種青色玉石，有由淺到深的許多色階，用它製成的玉器晶瑩滋潤，典雅華貴，頗受世人喜愛。而歷代青瓷所追求的，正是這種碧色之美。

宋代那場關於秘色的爭論，雖未解開秘色之謎，卻使秘色所指之物在人們頭腦中更為清晰，因而使秘色的概念不斷擴大。

綠釉陶蓋罐，唐。估價5萬元。

北宋重和元年（1118年），平江（今蘇州）一座大墓被村民盜挖，「有一秘色香爐，其中灰炭尚存焉，諸卒爭取破之。」此墓殘碑中有「中平年」字樣，宋人考證為東漢晚期孫策之墓。

顯然，在宋人眼裏，「秘色」已無時空限制。因此，凡是具有碧玉質感的青瓷均被稱作秘色。宋人莊綽《雞肋編》記載，「處州龍泉縣，……又出青瓷器，謂之秘色……」這是龍泉窯青瓷被稱為秘色之明證。

耀州窯青瓷，在宋代被稱作越器，就是因為它具有與越窯秘色相同的釉色。北宋汝窯所創的石灰鹼釉青瓷，釉層豐潤，寶光內蘊，金人趙秉文《汝瓷酒尊》詩不僅稱之為秘色，而且用碧玉來形容它的色澤。

《景德鎮陶錄》將官窯、內窯、哥窯等青瓷的釉色稱為淡碧色，是早

有先例的。此外，廣東出產的青瓷，亦曾被稱作「南越秘色瓷」。

誕生於越窯的秘色，並沒有因越窯的倒閉而消亡，而是在各地窯匠的刻意追求中經久不衰。專家認為，在晚唐到北宋的近三個世紀中，秘色的概念從清晰到模糊，又從模糊到清晰。所謂模糊，就是對秘色本義的曲解，而後來的清晰，則是在對碧玉般青瓷的認識上，重新賦予了秘色以正確的含義——秘色事實上已成為碧色的同義詞。

唐五代為宋名窯準備了工藝條件

在製瓷工藝上，唐人作出了很大貢獻。如工藝中普遍使用了匣鉢裝燒。儘管匣鉢創製和使用要早於唐，但大量使用並作為工藝的常規，則是在中唐以後。唐人燒出了高品質的邢窯白瓷與越窯青瓷，為宋代名窯的出現準備了工藝條件。

燦爛的瓷器獲得了外國人的深深喜愛，唐代時中國的瓷器就大量輸出國外。當時越州窯的青瓷、邢窯和定窯的白瓷，以及長沙窯的瓷器，便已隨著交通和貿易的發展，運往亞洲、非洲各個區域。

唐代瓷器的輸出路線，除了「絲綢之路」外，還由廣州、泉州、揚州等港口由海路運往國外。只是唐瓷器的輸出，主要是作為禮品賞賜來使和饋贈外國王室的。透過貿易管道而出口始自晚唐，特別是五代時期。

五代時期，白瓷的生產仍以北方地區為主。唐代的窯址，大多仍在繼續燒造，其中規模最大的是曲陽窯、鶴壁窯、耀州窯系的黃堡鎮窯和玉華宮窯等。曲陽澗磁村窯址出土的五代白瓷器皿就有碗、盤、燈、碟、盒、罐、瓶、枕各種用具。每一器類的式樣繁多，如碗的式樣竟達八種，可見當時生產的發達。

唐末大亂，英雄群起，接踵而來的是一個朝代爭奪局面，即五代，這種局面一直持續到公元960年。連年戰亂中，卻出現了一個陶瓷新品種——柴窯瓷，質地之優被廣為傳頌，但傳世者極為罕見。

影青碗，南宋。估價3萬元。

第八章
宋代瓷器鑑賞與收藏

活水還須活火烹，
自臨釣石吸深清。
大瓢貯月歸春甕，
小勺分江入夜瓶。

——宋・蘇軾《汲江煎茶詩》

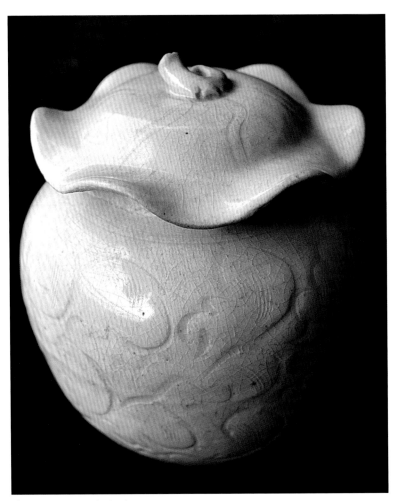

青釉刻花紋荷葉蓋罐，宋。

　　瓷業至宋代得到了蓬勃發展，產品色彩和品種日趨豐富。此期開始對歐洲及南洋諸國大量輸出中國瓷器。

　　宋代瓷器出現了以鈞、汝、官、哥、定為代表的眾多有各自特色的名窯，無數的窯口在全國各地興起。自1949年以來，陶瓷考古發現的古代瓷窯遺址分佈於中國19個省、市、自治

區的170個縣，其中宋窯的分佈有130個縣，占總數的75%，可以說遍佈各地。

宋代瓷業的繁榮，一方面是宋代政治的、經濟的、社會各種因素共同作用的結果，一方面又是宋代社會、經濟、文化繁榮的反映。

六大瓷窯體系創造宋瓷輝煌

宋代開始形成多種瓷窯體系。宋代瓷窯體系的區分，主要是根據各窯產品的工藝、釉色、造型與裝飾的同異，由此可以大致看出宋代形成的瓷窯有六大體系：

北方地區有定窯系、耀州窯系、鈞窯系、磁州窯系。

南方地區有龍泉青瓷系、景德鎮的青白瓷系。

定窯系

以定窯為代表。定窯始燒於唐，它的燒白瓷是受鄰近的邢窯影響。當時邢窯盛名滿天下，但後來定盛邢衰，至宋時人們已知有定而不知有邢了。

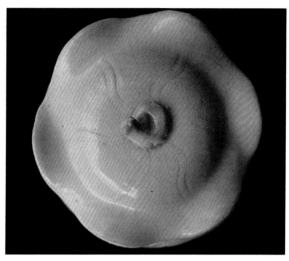

青釉刻花紋荷葉蓋罐蓋。

定窯系諸窯到北宋時，形成了自己的一套製瓷工藝與製瓷風格，並為各窯所仿效。

生產定窯系瓷器的窯場，分佈在漳河、汾河流域的廣大地區。代表性窯場除河北曲陽定窯外，尚有山西的平定窯、孟縣窯、陽城窯、介休窯和四川的彭縣窯。

磁州窯系

是北方最大的一個民窯體系。這個窯系的窯場分佈於今河南、河北、山西三省，而以河北省邯鄲市觀台鎮為典型代表。磁州窯系的歷史，可以追溯到唐代北方燒製白瓷的諸民窯。

磁州窯繼承了唐代南北民窯的特點，燒瓷品系繁多。觀台窯的產品品系、種類，可以說是集本窯系各窯之大成。這裏燒製的瓷器以白瓷、黑瓷為主。裝飾豐富多彩，白地黑花，對比鮮明。紋飾題材多取之於民間的生活內容。

河南修武縣的當陽峪窯的成就也很大，它的製瓷工藝的獨特性則在於釉下施一層極白的護胎釉，再在上面畫黑花，或用剔地的手法作出剔花。裝飾以黑白或赭白，對比十分強烈。花紋的製作手法既活潑又嚴謹。

磁州窯系的其他代表性窯址還有河南鶴壁集窯、禹縣扒村窯、登封曲河窯，山西介休窯和江西吉安吉州窯。

刻花四季花四方瓶之梅。

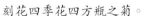
刻花四季花四方瓶之菊。

龍泉青釉刻花獸面紋雙耳瓶,南宋。估價23萬元。

耀州窯系

　　是北方一個巨大的燒造青瓷的窯系。耀州窯系以今陝西省銅川市黃堡鎮為代表,包括陳爐鎮、立地坡、上店及玉華宮等窯在內。

　　銅川舊稱同官,宋時屬耀州,因此稱耀州窯。黃堡鎮位於漆水西岸狹長小盆地上,東北距銅川市十五公里,南距耀縣十三公里。漆水從鎮內穿過,流經耀縣與沮河匯合。鎮東西均有大道,水陸交通便利,附近出產煤與坩子土,有良好的燒瓷條件。

　　耀州窯系的早期歷史可以追溯到唐代,到明嘉靖以前還在繼續生產。產品種類有青瓷、白瓷、黑瓷。北宋時期以燒造青瓷為主。

　　耀州窯青瓷顏色深沉,邊沿部分發褐黃,人們稱之為「薑黃色」。

　　耀州窯系最突出的成就是圖案裝飾。宋元的花紋有折枝牡丹、纏枝菊花、水波三魚、鴛鴦戲蓮、雙鴨戲水、水藻紋、忍冬紋、回紋、松林戲嬰、龍鳳花紋等。裝飾手法以印花、刻花為主;刻花剛勁有力,紋樣生動活潑,在宋代諸窯系中算是出類拔萃的。

　　耀州窯系範圍很大,東邊影響到河南的臨汝窯,西邊發展到陝西、甘肅交界的旬邑窯。代表性的窯址還有河南的宜陽窯、寶豐窯、新安城關窯、禹縣均台窯、內鄉大窯店窯和廣東的西村窯、廣西的永福窯。

龍泉青瓷刻魚折沿盆，宋。估價3萬元。

吉州窯貼花碗，宋。估價3萬元。

景德鎮青白瓷窯系

景德鎮青白瓷窯屬南方瓷系。青白瓷又稱影青，是宋代以江西景德鎮窯為代表燒製成的一種具有獨特風格的瓷器。其釉色介於青白二色之間，青中有白，白中顯青，因此稱青白瓷。

青白瓷釉色的硬度、薄度、透明度以及瓷裏莫來石結晶的發達程度，都達到了現代硬瓷的標準，代表了宋代瓷器的燒造水準。特別是採用覆燒方法之後，產量倍增，對東南沿海地區的影響極大。自宋迄元，青白瓷盛行不衰，形成了一個著名的青白瓷窯系。

景德鎮燒青白瓷的窯址已發現有湖田、湘湖、勝梅亭、南市街、黃泥頭、柳家灣等；江西南豐白舍窯、安徽繁昌柯家沖窯、福建閩清窯及湖北武昌金口窯等都燒造青白瓷。屬於這個窯系的還有江西吉安吉州窯、廣東湖安窯、福建德化窯、泉州碗窯鄉窯、同安窯、南安窯等。

鈞窯系

鈞窯系以河南禹縣的鈞窯為代表，始燒於北宋，元代繼續燒造。

其突出成就是在釉裏摻有銅的氧化物，用還原焰燒出絢麗多彩的窯變釉色。鈞釉主要特點是通體天青色與彩霞般的紫紅釉相互錯綜掩映，釉汁肥厚潤澤，極為美觀。此外還有月白色、天藍色、海棠紅等。

鈞窯系瓷器的燒造地點很廣，河南禹縣、郟縣、登封、新安、湯陰、安陽以及河北的磁縣等都有燒造。

龍泉青瓷窯屬南方青瓷系，在浙江省龍泉縣及周圍縣。南宋時為應付宮廷、官府的需要，開始生產一種以施黏稠的石灰鹼釉為特徵的瓷器。到南宋中期以後，終於形成了有自身特點風格的梅子青、粉青釉等龍泉青瓷。

龍泉青瓷窯系的迅速發展，除了龍泉地區自然條件的優越，還因為南宋水上交通發達，有利於商業、貿易的發展。南宋政府又以發展海外貿易為國策，宋寧宗嘉定十二年（1219年）為防金銀外流，「命有司止以絹布、錦綺，瓷器之屬博易」（《宋史·食貨志》）。這更刺激了瓷器的出口。

龍泉青瓷在東亞和東南亞及東非、阿拉伯諸國都是很受歡迎的商品，這種情況到了元代仍有盛無衰。在國內，龍泉青瓷也和景德鎮的青白瓷一樣，市場很大。近年發現陝南與四川的青白瓷與龍泉青瓷的窖藏就是很好的證據。

在宋代民窯諸窯系中，龍泉青瓷的興起是最晚的，但由於有海外市場的支持，終於迅速發展為一個窯場眾多的龐大窯系。到了南宋晚期，浙江省龍泉縣窯場星羅棋佈，還旁及鄰近的慶元、遂昌、雲和等縣。江西吉安的吉州窯、福建泉州碗窯鄉窯也有燒造。

入元以後，燒製龍泉窯風格的青瓷窯場範圍更為擴大，僅浙南的甌江兩岸就發現窯場遺址150多處。

南宋的龍泉窯以其瑩潤如玉的粉青和梅子青稱絕一時，深受海內外人士的喜愛。此後根據市場的需求和人們的喜好，後代窯口和商家紛紛對龍泉窯的產品進行仿燒。

除了上述六大瓷窯體系，還有一些窯系也出品了一些精品瓷器，如吉州窯等，共同創造了宋瓷的輝煌。

優雅純淨，清秀驚世

以上的瓷窯系之所以能形成，一方面是唐代「南青北白」的瓷業佈局與發展趨勢的合乎邏輯的發展；另一方面又是宋代歷史條件下瓷業市場競爭的結果。它們在歷史淵源和某些工藝特徵上都可溯源於唐代，但它們又大大不同於唐瓷。它們的進步與發展不僅超越了唐瓷，而且還使得一代名窯如邢窯與越窯從此漸漸湮沒無聞，成為歷史的陳跡。

正是因為競爭，一種瓷器在市場上受到歡迎，首先鄰近瓷窯的相繼仿製，繼之就是瓷窯的增加與窯場的擴大，形成瓷窯體系。同時，在這種瓷的銷售地也引起當地瓷窯仿燒，從而使該體系擴展到他處。銷售地和主產地可以相距很遠，廣州西村宋窯燒製陝西耀州窯風格的青瓷出口外銷，就是其例。

因為要保持傳統市場和爭奪新市

青白釉刻花罐，宋。

場，也促使宋代的製瓷工藝有很多的革新與創造。一方面是提高產量，另一方面是降低成本。

北宋中期由定窯創始的覆燒工藝，是用一種墊圈組合匣缽，可以一次裝燒多件碗類瓷器，能夠充分利用窯爐空間，擴大生產批量以降低成本。這種覆燒工藝後來也為其他瓷窯所採用。

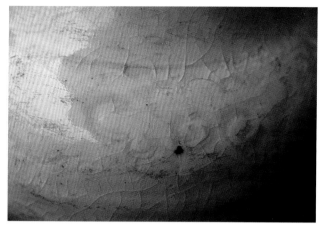

青白釉刻花罐肩部鑑賞。

各個瓷窯間都有競爭。不論是一個瓷窯系之內，還是一個瓷窯系之外，競爭的結果就是名瓷名窯的出現。宋代名窯中的官窯是專為宮廷生產的。它的產品不是用來交換的商品，似乎與瓷業市場競爭無關，但官窯的工匠卻是來自民窯。至於汝窯，可能最初本來就是民窯，後來才在官督下為宮廷燒瓷，產品為宮廷官府所專有。

定、鈞、官、哥、汝等名窯使宋代成為中國瓷器的鼎盛時代。宋瓷以器形優雅、釉色純淨、圖案清秀，在中國瓷器史上獨樹一幟。一些收藏家認為，無論從品質還是品種來說，宋瓷都屬於中國瓷器中的頂尖代表，同時它還是老窯口瓷器裏的經典之作。

老窯口瓷器一般指元朝以前各窯口燒製的瓷及陶，宋代的青瓷、白瓷、黑瓷以及釉下彩繪都當之無愧的個中極品。

宋瓷的藝術和美學成就

宋代製瓷工藝在中國陶瓷史上的最大貢獻是為陶瓷美學開闢了一個新的境界。鈞瓷的海棠紅、玫瑰紫，燦如晚霞，變化如行雲流水的窯變色釉；汝窯瓷瑩潤如堆脂的質感；景德鎮青白瓷的色質如玉；龍泉青瓷翠綠晶潤的梅子青，更是青瓷釉色之美的極致。還有哥窯滿布斷紋，那有意製作的缺陷美、瑕疵美；黑瓷似乎除黑而外無可為力，但宋人燒出了油滴、兔毫、鷓鴣斑、玳瑁那樣的結晶釉和乳濁釉。磁州窯的白釉釉下黑花器則又是另一種境界，釉下黑花器繼承了唐代長沙窯青釉釉下彩的傳統，直接為元代白瓷釉下青花器的出現提供了榜

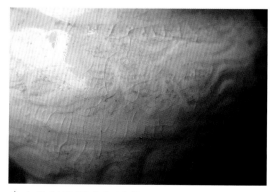

青白釉刻花罐腹部鑑賞。

青白釉刻花罐底足鑑賞。

青白釉刻花罐口鑑賞。

樣。

定瓷圖案工整嚴謹的印花，耀瓷犀利瀟灑的刻花都是只知有邢窯白瓷與越窯秘色瓷的唐和五代人所不及見、不及知和不可想像的新的儀態和風範。

宋瓷的美學風格，沉靜雅素，鈞瓷雖燦如晚霞，但也不屬唐三彩的熱烈華麗。宋瓷所創造的新的美學境界，主要在於宋瓷不僅重視釉色之美，而且更追求釉的質地之美。鈞瓷、哥瓷、龍泉、黑瓷的油滴、兔毫、玳瑁等都不是普通浮薄淺露、一覽無餘的透明玻璃釉，而是可以展露質感的美麗的乳濁釉和結晶釉。

北宋的汝瓷與南宋的官窯、龍泉窯青瓷都是玻璃釉，但它們的配方已不再是稀淡的石灰釉，而是黏稠的石灰鹼釉。汝瓷「釉汁瑩厚如堆脂」；官窯及龍泉青瓷經多次施釉，利用釉中微小氣泡所造成的折光散射，形成凝重深沉的質感，使人感覺有觀賞不盡的蘊蓄。

唐人稱讚越窯青瓷的「如冰似玉」，還只是修辭學上的比喻和理想，但是宋人燒造的龍泉青瓷和青白瓷卻是巧奪天工的實景。

宋瓷的這些作品就和宋詞一樣，是中國陶瓷歷史畫廊中的傑作與瑰寶，它們的儀態和風範也是後世陶瓷業長期追仿的榜樣。

宋鈞瓷鑑賞收藏要點

鈞窯為宋代五大名窯之一，與汝、官、哥、定窯齊名。因所在地禹縣古稱「鈞州」而得名。從 20 世紀 50 年代初開始的實地調查探明，禹縣境內的八卦洞、鈞台等地分佈著一百餘處窯址。

燒瓷時間從唐至元，約有600年的歷史。

鈞瓷的鑑賞和收藏要把握如下幾個要點。

1.器形多樣

早期鈞瓷有黑釉彩斑的壺、罐、拍鼓等。1974～1975年，在八卦洞及鈞台窯進行了局部發掘，清理出窯爐、作坊、灰坑等遺跡，出土大量窯具及瓷器標本。器形有花盆、盆托、洗、爐、爐鉢等；施以銅金屬為著色劑的乳濁釉，通稱鈞釉，顏色有天藍、月白、玫瑰紫、海棠紅等多種。

2.七十多道工序造就窯變無雙的奇妙

造就一件鈞瓷要經過七十多道工序，而且成品率較低，尤其是影響窯變色彩的因素錯綜複雜，有「十窯九不成」之說。歷代鈞瓷藝人經過長期實踐，在還原氣氛下燒製出「窯變」銅紅釉及深淺不同色調的藍色乳光釉，出現「進窯一色，出窯萬彩」、「窯變無雙」的奇妙現象。

仿古鈞瓷瓶。　　　　　　　　　　　　　仿古鈞瓷瓶。

3.釉色晶瑩嬌豔、五彩斑斕

鈞瓷釉色渾厚透亮、乳光晶瑩、嬌豔奪目，分為兩大類、十餘種，有天藍、天青、月白、米黃及茄皮紫、丁香紫、葡萄紫、海棠紅、朱砂紅、玫瑰紅、胭脂紅、雞血紅、火焰紅、鸚哥綠等窯變色彩。因此古人曾用「夕陽紫翠忽成嵐」來形容鈞瓷釉色靈活、微妙變化之美。

4.窯變流紋生動美妙

鈞瓷釉色不但絢麗多變，周身還佈滿珍珠點、兔絲紋、魚子紋、蟹爪痕和迂迴曲折的蚯蚓走泥紋等生動美妙的窯變流紋。加之深淺不同藍色乳光釉，晶瑩玉潤，達到了類翠、似玉、勝瑪瑙的美麗，形成了鈞釉的獨特風格。

5.窯變圖畫如傳統寫意

更為奇異的是，經過窯變自然形成一幅幅神奇的圖畫，堪為世間一絕——雨過天晴、高峽飛瀑、翠竹生煙、仙山瓊閣、星辰滿天、焰火怒放、寒鴉歸林、層林盡染、漫天飛雪、海上仙山、火鳳凰、神女峰之春、高峽出平湖——這些自然而成的美麗景觀與中國傳統的寫意有著驚人的相似之處。

中國寫意畫是用奔放的畫法、簡練的筆墨寫出形神兼備的物象，表達作者的創作意念。畫家們在筆情墨趣之中，以酣暢淋漓的寫意畫法，「試圖把寫實、寫意和幻覺的東西有機地結合在一起」，達到「似與不似」的境界，境與情合，情與境生。鈞瓷的窯變藝術也是如

仿古鈞瓷瓶。

此,正如古詩「出窯一幅無人畫」,是一幅幅沒有作者的自然天成的彩墨寫意畫。每有驚世駭俗之作,讓觀者觸景生情,產生無盡的聯想。

例如,東方欲曉玉淨瓶,通體紫紅相潤,下部較暗,猶如海上仙山呈現於眼前。藍色的大海波濤洶湧,遠處有座座仙山,縷縷陽光穿梭其間,使人聯想起白居易的詩:「忽聞海上有仙山,山在虛無縹緲間。樓閣玲瓏五雲起,其中綽約多仙子。」

還有一個花觚,窯變出一幅「神女峰之春」,只見峽谷曲折幽深,水霧繚繞,兩側奇峰峭壁,披滿春裝。其中一峰,漫山遍野紫紅如花,峰頂兀立人形石柱,宛若少女,使人想起巫山十二峰中充滿傳奇色彩的神女峰。置身於這詩情畫意的窯變藝術中,如飲醇醪,妙不可言,甚至還會產生「畫家嫌筆拙丹青難繪,詩人怨詞窮詩句難描」的感慨。

6.收藏投資價值高

鈞瓷的收藏投資價值與目前市場價格相對而言,特別是與一些明清瓷器的拍賣成交價格相比,價格尚低,說明人們還沒有完全發掘出其真正的收藏投資價值。如一個宋玫瑰紫釉菱花式花盆托,市場價僅10萬元左右。

宋定瓷鑑賞收藏要點

定窯是宋代名窯之一,古人筆記屢有稱述。定窯燒瓷地點在今河北省曲陽縣內。曲聯縣宋屬定州,定州唐未、五代以來是義武節度使的駐地,是這一地區的政治中心,也是曲陽瓷器的集散地。

1.窯口遍及河北、山西、四川

可列入定窯系的諸窯除河北曲陽的瓷窯外,多在今山西境內,如平定窯、陽城定窯、介休窯等。此外還有四川的彭縣窯也燒定窯風格的白瓷器。

2.印花定窯器是珍品

定窯系諸窯也確實形成了自己的一套製瓷工藝與製瓷風格，工整雅素的印花定窯器確是陶瓷藝術中的珍品。

3.以白瓷為主常有淚痕

宋代定窯以燒白瓷為主，兼燒黑釉、醬釉、綠釉及白釉剔花器。釉汁比較瑩潤，釉色白中發黃，常有淚痕。

4.裝飾有刻花、畫花與印花三種

定窯白瓷裝飾有刻花、畫花與印花三種。

早期的產品以畫花、刻花為主，畫花裝飾南北方瓷窯大都採用，是宋代早期瓷器的主要裝飾方法。

定瓷早期刻花，除單一的蓮瓣紋外，還有蓮瓣紋與纏枝菊紋在一件器物上同時出現的現象，佈局很不諧調。這可看做是一種新裝飾工藝還處在初期階段的表現。

北宋晚期以印花為主。花紋佈局嚴謹，題材豐富多彩，以各種花卉最多見，其中又以牡丹、蓮花為多，菊花次之。其餘動物、禽鳥、水波游魚紋也有一定的數量，嬰戲紋則比較少見。

5.出現刻花與篦畫紋結合的裝飾

刻花裝飾興起之後，又盛行刻花與篦畫紋結合的裝飾。在折沿盤的盤心部位刻出折枝或纏枝花卉輪廓線條，然後在花葉輪廓線內以篦狀工具畫刻復紋紋；裝飾紋樣以雙朵花為常見，或左右對稱，或上下呼應；有兩花並放，有一花盛開，一花含苞待放；也有蓮花、荷葉兩枝交錯並出，佈局富有變化。耀州窯青瓷也有這種佈局，是那時的瓷器裝飾共同的特徵。

6.刻花富有立體感

定窯刻花器常常在花果、蓮鴨、雲龍等紋飾，輪廓線的一側畫以細線相襯，以增強紋飾的立體感，也使主題更加突出。

蓮瓣紋樣在五代時期的越窯瓷器上曾大量使用，北宋早期定窯和耀州窯首先吸取了

青釉刻花斗笠碗，宋。

青釉刻花斗笠碗特寫。

青釉刻花斗笠碗底足。

青瓷碗，宋。估價7萬元。

越窯的浮雕技術。

7.印花裝飾始於北宋中期

定窯印花裝飾始於北宋中期，成熟於後期，紋飾多在盤碗的裏部。佈局嚴謹，層次分明、線條清晰，密而不亂，這些都是它的特點。從大量標本觀察，定窯印花紋飾似取材定州緙絲，的緙絲紋樣局部地移植於瓷器。因此，定窯印花裝飾一開始就顯得比較成熟，有很高的藝術水準。

此外，定窯裝飾也受金銀器紋飾的影響。因此，定窯印花瓷器在宋代印花白瓷中最有代表性，對南北瓷窯均有較大的影響。

定窯印花題材以各種花卉最多見，動物、禽鳥、水波游魚紋等也有一定數量，嬰戲紋則比較少見。

花卉紋又以牡丹、蓮花多見，菊花次之。佈局亦採用纏枝、轉枝、折枝等方法，講求對稱。在敞品小底碗內印三朵或四朵花卉，碗心為一朵團花，有四瓣海棠花、五瓣梅花和六瓣葵花，不同於北方青瓷只一種團菊。

禽鳥紋有孔雀、鳳凰、鷺鷥、鴛鴦、雁、鴨，多與花卉組合，如孔雀多與牡丹組合，在大盤的裏部為四隻飛翔的孔雀，孔雀之間間以一枝牡丹，盤心配以鴛鴦、牡丹。整個紋飾儼如一幅佈局嚴謹的織錦圖案。鷺鷥、鴛鴦則多與蓮花組合。印花龍紋標本在窯址散佈較多，印龍紋的都是盤，盤裏滿印雲紋，盤心為一矯健生動的蟠龍，龍身盤曲，首尾相接。

1948年法興寺遺址曾出土過這種印花雲龍紋盤十件，六件已流散到國外，其餘四件現收藏於故宮博物院及上海博物館。流散到國外的有一件底部刻畫「尚食局」三字銘文，可知這類器物是北宋宮廷裏的專用品。

北宋晚期絲織品盛行嬰戲紋，定窯印花器中也有嬰戲紋。窯址出土標本和傳世品中有嬰戲牡丹、嬰戲蓮花、嬰戲三果和嬰戲蓮塘趕鴨紋等。其中嬰戲三果紋比較少見，三嬰三果間隔排列，纏枝佈局。三果為桃、石榴與枇杷；三嬰姿態不同，雙手均拽樹枝，一騎於枝上，一坐於枝上，一立於枝上，赤身露體，肌肉豐滿可愛。此種紋飾佈局其他瓷窯未見。

8.黑定釉色光可鑑人

定窯除以白瓷馳名之外，還燒黑釉、醬釉和綠釉器。

明人曹昭《格古要論》說：「……有紫定色紫，有黑定色黑如漆，土俱白，其價高於白定。」黑定釉色光可鑑人，確有灑脫的質感，但所謂紫定的釉色實際與今天芝麻醬色很接近，醬釉、黑釉著色齊都為氧化鐵，宋代各地瓷窯都生產醬釉器，有人認為是黑釉燒過火了，就燒成醬色釉。這雖有工藝上的根據，但醬色釉的普遍出現應當還有其他原因，似與當時社會風尚有關，是有意仿醬色漆器燒製的，從定窯、耀州窯、吉州窯、修武等窯燒成的醬色釉看，它們都很勻淨，應當說是有意識燒成的。

9.綠釉少見

定窯綠釉器歷來不見記載，1957年故宮博物院調查澗磁村窯址時曾發現兩片標本，其中

一只刻雲龍紋，與白釉刻花雲龍紋基本相同，可以確定是定窯產品。調查時曾就此訪問過當地居民，據說過去澗磁村出土過綠釉瓶，由此得知定窯綠釉有瓶、盤等器物，而且有刻花裝飾，這是過去所不知道的。

10.題款多帶「官」字

定窯瓷器帶題款的有15種，大都與宮廷有關。15種題款中數量最多的是帶「官」字的，據不完全統計，出土及傳世的近80件。這種帶「官」字銘文的絕大多數是碗，也有少量的瓶、壺和罐。這些器物大多出於五代末到北宋前期墓葬之中。

出土地點有遼寧省赤峰、建平、法庫、北京，河北及長沙地區。河北定縣出土較多，僅定縣兩座塔基就出土了「官」字款瓷器達17件之多，而多數又出於5號塔基之中。

上述近80件「官」字款瓷器，一般認為是定窯的產品，也有人認為是遼官窯的產品，但定縣塔基出土大批定瓷之後，使人確信「官」字題款絕大多數白瓷是定窯產品。是年出土流散到國外的定窯白瓷有盤底刻「會稽」二字的，可以肯定是吳越錢氏定燒之器，吳越錢氏統治地區屬會稽郡，定燒瓷器底刻「會稽」字樣。

傳世定窯瓷器碗底刻「易定」二字的有兩件。碗形相同，大小相等，胎體薄厚也一樣。早年出土於同一墓中，刻字也出於一人之手，字體遒勁有力，時代也屬五代後期。出土及傳世定窯題款中還有刻「尚食局」「尚藥局」的。刻「尚食局」的稍多，刻「尚藥局」的僅一件直口平底碗，碗外由右向左橫刻「尚藥局」三字。

上述題銘都是在燒窯前刻在坯足上的。

11.有些銘文為宮廷玉工刻

定窯瓷器傳世品中有些銘文是宮廷玉工刻的。這類銘文都與宮殿建築有關，如「奉華」「鳳華」「慈福」「聚秀」「禁苑」「德壽」等等。「德壽」「慈福」為德壽宮、慈福宮簡稱。清人朱彭《南宋古跡考》中多次提到了它。其他也似是宋代宮殿名稱。

12.或有紅色瓷

宋人邵伯溫《聞見錄》中「定州紅瓷」條云：「仁宗一日幸會張貴妃閣，見定州紅瓷，帝堅問曰安得此物，妃以王拱宸所獻為對。帝怒曰，嘗戒汝勿通臣僚饋送，不聽，何也？因以所持柱斧碎之。妃愧謝，久之乃已。」

關於定州紅瓷，蘇東坡也有「定州花瓷琢紅玉」詩句。唯定窯窯址裏未見銅紅釉標本，兩人所記定州紅瓷，是否銅紅釉現尚難定。故宮博物院1950年第一次調查澗磁村窯址時，採集到的醬釉標本中有的呈現紅色。

13.有金彩描花器

定窯有金彩描花器，見於著錄的僅有兩件黑釉描金花卉紋碗。兩碗多年前流散到日本，現在分別收藏於箱根美術館及大和文華館中。

用金彩描瓷並不限於定窯，福建建窯所產黑釉碗上也有金彩裝飾，傳世有三件。

五代越窯青瓷、宋定窯白瓷和景德鎮青白瓷器都有鑲金口、銀口或銅口的做法，這類做法有兩種用意：一種是為了表明使用者身份尊貴或顯示豪華，在器物上沿鑲金口或銀口，這一類多見之於五代宋初權貴階層使用的瓷器。一種是為了彌補缺欠，如定窯和景德鎮青白瓷因係覆燒，器物口若懸河部無釉，用鑲口辦法把漏釉部位鑲起來。

《吳越備史》《宋兩朝貢奉錄》以及《宋會要輯稿》諸書中，在貢瓷名目裏有金口、銀

口和金裝定器等名稱。

14.胎料細白裝飾工整素雅

胎料加工很細，胎質堅硬，胎色潔白。器物造型穩定，裝飾工整素雅。

15.北宋中期出現覆燒工藝

北宋中期則出現了覆燒工藝，即把盤碗之類器皿反過來燒。這種裝燒方法的優點在於用同樣的窯爐，耗用同樣的燃料，燒一次窯比用普通匣缽產量為高；缺點是有芒，即口部無釉。

定窯的市場價高於鈞窯。一件直徑21公分金定窯白釉葵口折沿錦雞花瓜果紋印花菊瓣盤，口沿有小磕，市場價都要5～8萬元；一件直徑11.8公分宋定窯暗刻花卉圓盒市場價6～8萬元。

景德鎮青白瓷收藏要點

1.青白瓷即影青瓷

青白瓷，就是我們常說的影青瓷，因釉色介於青白二色之間，青中有白，白中顯青而得名，青白瓷釉質滋潤，釉色如玉（青白玉），胎質緊致膩白，是宋代景德鎮窯的創新品種。

2.青白瓷為何出自景德鎮

這時候，南北瓷窯遍佈各地，名貴瓷品層出不窮，景德鎮窯處在一個求變創新的大環境裏，必然考慮尋求自己的出路。同時，經濟發達，商業繁榮，金石研究熱潮帶動了收藏家的增多。

唐、五代時期，江西地區戰事較少，為景德鎮窯瓷業的發展打下了較好基礎。入宋以後，割據局面結束，社會經濟文化迅速發展，製瓷業突破了唐代非青（越窯系青瓷）即白（邢窯系白瓷）的單調格局，開始了超越以往任何一個時代的突飛猛進的大發展，研製出了青白瓷。

景德鎮青白釉執壺，宋。估價3萬元。

因為深受人們喜愛，青白瓷很快脫穎而出，景德鎮窯興盛勃發，影響周邊地區，形成了龐大的「青白瓷窯系」。青白瓷風行各地，遠銷海外，持續了宋元兩代。

青白瓷在宋代的出現可以說是景德鎮瓷器發展史上的一個里程碑，為後來元、明、清瓷器的大發展打下了堅實的基礎。景德鎮也在宋代以後逐步發展成為中國的製瓷中心。

3.青白瓷源於好玉風尚

宋朝時，玉器成為高級商品逐漸流通於市場，收藏玉器、賞玩玉器、婚嫁生子等等場合饋贈玉器成為時尚；又因為宋人推崇理學，追求一種恬靜清白、淡泊雋永的格調，使得更多的人對溫潤雅致的玉充滿嚮往，一時間，好玉成為宋代社會風尚。

景德鎮窯注意到了人們對玉的喜愛追求，加上得天獨厚的地理位置、優越的自然條件，特別是

技藝高超的製瓷工匠，仿玉而作的青白瓷便應運而生了。

青白瓷是陶瓷工匠刻意模仿青白玉的色調和質感燒成的，故有「假玉」之稱。

4.青白瓷出土遍及中外

幾十年來的考古調查證明，中國十九個省、自治區和東南亞、巴基斯坦、埃及等國都有宋、元青白瓷出土。

5.釉色明淨悅目、晶瑩如玉

青白瓷釉色明淨悅目，釉質晶瑩如玉，造型秀美活潑。

6.形制款式繁多

青白瓷的形制款式繁多，碗、盞、瓶、壺、杯、盒、燈、爐、注子、盞托、燭臺、香薰、觀音等，無不玲瓏剔透，貼近人們生活。

每種器形又有多種形式，像盒子，就有柿形、瓜稜形、八角形、圓形等。青白瓷在刻畫裝飾上吸收了南北名窯的種種優點，刻花、畫花、印花是常用手法，另外還有堆塑、淺浮雕等裝飾，圖案紋樣豐富多彩，常見有嬰戲圖、鳳紋、鴻雁紋、魚紋、牡丹紋、蓮紋等。

景德鎮青白釉執壺，宋。估價6萬元。

7.不同時期有不同特點

宋代的青白瓷不同時期有不同特點，大致可以分三個階段。

第一階段為北宋初期，青白瓷開始崛起。

造型繼承晚唐、五代風格，器形低矮，器壁厚實，器足淺矮寬大；形制仿金銀器，多作瓜稜葵口式；器物以碗、盞、缽、盒為多，均為素面；瓷胎白淨，釉色白而不膩，略現淡青色；用單件仰燒法，以支釘墊燒。

第二階段為北宋中期至南宋中期，是青白瓷的成熟與持續階段。

北宋中晚期，國內穩定，經濟繁榮，文化藝術發達，這些因素直接影響到手工業生產。青白瓷發展進入黃金時期，其精巧秀麗、清新典雅的風格已經形成。器型多為廣口小足，器足升高；胎體輕薄透光，釉質晶瑩，釉色有水青、粉青、大青多種；裝飾手法仍富有金銀器風韻，刻花、畫花都很精緻，並有鏤花器，堆塑作品也大量出現。

這個階段的後期，也就是北宋末至南宋中期，由於金兵入侵，宋廷南遷，經濟衰退，製瓷業也面臨不景氣局面。高足器因多占窯位、多花成本而向低足發展。為發揮有限窯位的功能，芒口覆燒工藝出現了。印花裝飾廣泛運用，這還是出於節省成本的考慮，因為印花工藝即使一般工也能很快掌握，提高了裝飾功效。另外，這時候精美細瓷仍然有相當數量。

第三階段為南宋中晚期，青白瓷走向衰落。

南宋末年的戰亂，使民族經濟受到嚴重破壞。元代建立以後，經濟逐步復蘇，手工業亦有恢復，但時代特色明顯的青白瓷，經過了它的成熟階段，開始走向衰退。這時精品很少。覆燒法盛行，後期出現澀圈疊燒法；胎土成色不一，胎質很粗；釉面發灰、發黃的很多，釉

景德鎮青白釉雙耳瓶，宋。估價4萬元。

色趨向乳濁，缺乏晶瑩感；紋飾簡單粗疏。

8.典型器見於常州博物館

常州博物館收藏有一件景德鎮青白釉觀音坐像，是南宋景德鎮窯的精品，國家一級文物。觀音頭戴化佛冠，胸前佩瓔珞，內穿僧祇支，外披通肩大衣，在山岩善跏趺坐。她面相豐腴，神情安詳，外衣和坐處青白釉，其餘部分露胎製作，構思精巧，凸現了安靜優雅的氣質及青白釉的淡雅悅目，如玉般晶瑩。

這尊觀音像精工細作，美輪美奐，充分展示了青白瓷的魅力。

常州博物館收藏有數十件宋元時期的青白瓷，其間不乏佳作。除國家一級文物南宋觀音坐像外，還有幾件精美的青白瓷藏品。

青白釉荷葉形托盞，產於北宋。托盞是古代考究的茶具。這只托盞器形舒展秀美，托呈向外翻捲的荷葉狀，盞居中與托鑲邊成一體，口微斂，宛若一朵正在綻放的荷花；晶瑩的釉面白中閃青，托、盞交界處和足根弦紋處積釉稍厚，呈現水綠色。

青白釉案托，產於北宋。託盤折沿，勾心為一凸起小托，高圈足外撇，托心中空；釉色較白，略現淡青，造型頗為工整沉穩。

青白釉暗花纏枝牡丹紋渣斗，產於北宋。口沿外翻，束頸，扁圓腹，喇叭狀圈足；胎體堅致，釉質光潤；腹部裝飾暗花纏枝牡丹紋，畫紋纖細。青白瓷的裝飾，牡丹紋極為多見，體現「榮華富貴」之氣，很受人們的青睞。

青白釉褐彩圓盒，產於北宋。盒子是唐宋時流行的化妝用具，多為粉盒，也有香盒和油盒。圓盒蓋面略呈圓弧形，頂部印兩道凸弦紋，中間裝飾一點褐彩，外圍六點褐彩，盒身有三道凸弦紋，硬折腰，褐色點彩與青白色釉面色調對比明顯，互相映襯，使圓盒在穩重中透出活潑。

青白釉蓮花形罐，產於北宋。蓋及器身刻蓮瓣紋，蓋頂部有一圓系，釉質晶瑩，胎體透光，製作精巧，給人以簡潔明快的美感。應為供放藥材或香料之用。

青白釉印花粉盒，產於南宋。盒呈花瓣形，蓋面印有細緻的花卉紋，釉色淡青，玻璃質感很強。

青白釉高足夾腹燈，產於元代。燈盞造型小巧精緻。腹為雙層，盞心立一燈芯管，有相對穿孔供通氣，外壁和高足底部細密的蓮瓣紋，釉色湖綠。

青白釉羊型香插，產於元代。羊作蹲臥狀，口中銜一棵青草，顯得安然悠閒。背部有孔，孔旁有一裝飾如意圖案的小圓柱，可用來插香。釉色青白中稍泛灰色，胎色灰白。這件羊型香插觀賞性與實用性完美結合，是不可多得的景德鎮青白瓷塑佳作。

一種釉色長時間受人喜愛乃至現代文人的青睞，與它釉質所顯示出的冰清玉潔的品性有

關，這些文化內涵的實質正是青白瓷的精魂所在。

青白瓷在風行了數百年後，開始退出大宗生產的行列，但以其素淨典雅，早已成為中國陶瓷史上的一個名品，直到今天，青白瓷依然煥發著迷人的光彩。

宋青花鑑賞收藏要點

元青花瓷器在收藏市場已難得一見，據說全世界存世量僅僅300件，拍賣市場的價格自然到了天價。

宋在元之前，宋青花比元青花更為古老，而存世量更是鳳毛麟角，少到甚至有專家說宋代根本就沒有青花。可見宋青花的收藏投資價值。

青花是一種釉下鈷藍彩，是在瓷胎上以鈷料著色，然後施透明釉，在高溫中一次性燒成的釉下彩繪瓷，因為鈷料在高溫中燒成後呈現出藍色，所以稱為「青花」。

成熟的青花瓷器出現於元代，但它的源頭可以追溯到唐代。唐青花的存在，已被目前的考古發掘所證實，在墓葬、城址以及海底沉船中均發現有唐青花，此外一些民間收藏家也收集有唐青花的標本或完整器。更為重要的是，在河南鞏縣窯的窯址中找到了燒製唐青花的窯爐。

1.是否有宋代青花存在爭議

宋代青花雖在考古發掘中也有發現，但是目前卻存在較多的爭議。因為實物材料太少，許多著作和論文對宋青花的表述都比較簡略，也有的學者對宋青花的存在持否定意見。

比如有學者認為，浙江金沙塔和紹興環翠塔宋代塔基內出土的青花瓷片的年代被提早了，「不能簡單地說，有唐青花，必然有宋青花」，「因為歷史發展有很大的偶然性，由於各種因素的影響，作為一種技藝，完全可能中斷失傳，完全可能在沉寂幾個世紀之後，重新被發明」。

很多民間收藏者也對宋青花的存在持否定態度，一提宋青花，多數人即條件反射式地稱其為「臆造品」。那麼，宋代是否存在青花呢？

2.考古發掘確有年代可靠的宋青花

研究宋青花必須以可靠的實物材料為依據。雖然目前有許多民間收藏者都聲稱自己發現了宋青花，但這些所謂的「宋青花」大多數並不可靠。

但世上確有宋青花。新中國成立以來考古發掘出土的宋青花材料，以及目前發現的年代可靠的宋青花，主要有以下一些：

1957年2月在浙江龍泉縣城南金沙塔基下層夯土中出土13塊青花的殘片，經拼湊，屬於3件碗的口、腹部殘片。青花繪於器物內、外兩壁，題材有盛開的菊花和複線圓圈紋等，青花呈藍黑色或灰藍色。在拆塔時，發現部分塔磚上模印有「太平興國二年」（977年）的文字。青花瓷碗的碎片出在夯土層中，說明它們的製作年代不會晚於北宋初的太平興國二年。

1970年秋，在浙江紹興翠環塔基下1公尺深處的夯土中出土一塊青花翻口碗的腹部殘片，青花呈淡淡的藍青色，裏外施影青釉，胎質細膩潔白，塔基中所出塔碑證明此塔建於南宋咸淳元年（1265年）。

1973年，北京市文物局趙光林在日本東京達仁堂古玩店見到一件南宋青花瓶，高33公分，長頸、鼓腹、砂底，有火石紅斑，兩側塑有魚形耳，正面腹部直書「隆興」二字，背面

青花安居樂業圖雙耳披肩瓶，清。
估價11萬元。

豆青釉青花鳳紋雙耳瓶，清。估價2萬元。

畫一小樹，下飾花草紋，釉色泛青，表明是一件含鈷量低而含鐵量高的青花器。

2003年9～11月，武漢市文物考古研究所對重慶市巫山縣胡家包墓地進行了搶救性發掘。在一座北宋墓中出土1件青花瓷碗，同時出土的還有穀倉罐、骨簪及銅錢等遺物十餘件。最晚的銅錢年號均不晚於北宋。青花瓷碗內壁繪3圈青花圓圈，內底有一字符，外壁飾花草，用筆隨意，青花藍中略泛灰黑。從隨葬品判斷，該墓是一座北宋晚期墓葬。

2004年6月，在浙江餘杭區倉前鎮八字墳宋代墓葬群的4號墓腰坑發掘出土1件帶蓋青花小罐，出土時裏面藏著兩枚北宋「嘉祐元寶」小平錢。同時出土的還有兩只青瓷碗、一個硬陶罐。這件青花罐發色純正，釉面光潔，已經屬於成熟的青花瓷器。

據《中國青花瓷》一書介紹：近年在江西景德鎮郊區發現大批宋代的瓷器碎片，其中有一些瓷碗的底部帶有草書海字形的圖案，碗外邊緣有波浪紋。紋飾呈色晦暗，為帶一點青味的灰黑色。在距景德鎮十五公里的南市、寧村一帶，這類青花瓷片更多。

考古發掘和傳世文物都證明宋青花確實是存在的。

3.宋青花的特點

根據這些宋青花實物材料，可以發現宋青花具有以下一些特點：

宋青花的胎質一般較粗，多數為灰白色胎，也有少數胎色潔白，胎質細膩。底釉有影青、白色泛黃、淡青色釉等，真正純正的白釉很少。器物燒成品質普遍不高，除杭州宋墓出土的宋青花罐較精美外，其餘均較粗糙。

青花呈色多數都為藍黑色或藍灰色，有的甚至帶一些黑色，不夠鮮豔。浙江宋代塔基出土的宋青花，經化學元素分析，使用的青花色料為含氧化錳很

豆青開光山水人物粥罐，清。估價2萬元。

高的國產鈷料。其他地方發現的宋青花，從它們的呈色特點來看，應該也是包含較多雜質的國產鈷料。宋青花既有釉下彩，也有釉上彩，釉上青花大多有暈散現象。

宋青花的紋飾主要有菊花、牡丹、花草紋、樹木、圓圈紋、波浪紋和文字等，紋飾簡單，僅在少數器物上有比較複雜的紋飾。紋飾題材內容單一，遠不及元、明、清時期的青花豐富，尚未發現有人物、動物、山水等題材的宋青花。

宋青花基本都是實用器物，目前發現的造型有瓶、罐、碗、盤、枕等，其中既有碗、罐類小型器物，也有高達30多公分的瓶等大件器物。

4.宋青花產地主要為浙江和江西

宋青花主要發現於南方，產地主要為浙江和江西。

5.宋青花與唐青花、元青花的關係

從瓷器品質而言，宋青花中雖然有部分品質較高、紋飾複雜的器物，但其多數的燒製品質較差、紋飾簡單，在工藝上並不比唐青花進步。宋青花與元青花之間在胎釉、青料和紋飾等方面，差別明顯，看不出繼承與發展的關係，它們之間沒有實質性的淵源關係。

宋青花保存了唐青花燒製鈷藍彩的技術火種，並在兩宋三百年間加以發展和創新。元代成熟的青花瓷的出現，就是在宋青花的基礎上進行技術革命和創新而發明的。宋青花雖然與唐青花、元青花之間雖然沒有窯系關係上的淵源關係，但它們在技術上卻有繼承與發展的聯繫。

6.瞭解宋青花對收藏的意義

瞭解宋青花對收藏的意義重大。一是瞭解學術界對宋青花的爭議，避免輕信宋青花贗品。二是瞭解到宋青花存世稀少，可知道宋青花的收藏價值。

宋玉壺春瓶鑑賞收藏要點

瓷器的鑑賞和收藏知識博大精深，需要對各種瓷器的歷史源流、時代特徵作透徹的研究，宋瓷器物內容繁多，這裏僅舉歷史上的一種典型的造型玉壺春瓷器為例詳細介紹，以使讀者窺一斑以知全豹。

玉壺春瓶又叫玉壺春壺，是一種撇口、細頸、垂腹、圈足，以變化柔和的弧線為輪廓線的瓶類。

1.「玉壺春瓶」之名因酒而來

關於「玉壺春瓶」名字的來源，一般的書籍都說是因宋人的詩句「玉壺先春」而得名，也有說是因「玉壺買春」而得名。唐代司空圖的《詩品·典雅》中有「玉壺買春，賞雨茅屋」的句子。「玉壺買春」四字在這裏的意思是用玉壺去買「春」（「春」指酒），玉壺指玉製的壺或是指如玉一般的青瓷壺。至於這種壺的形狀是否就是現在所見的「玉壺春瓶」，二者是否能夠直接聯繫起來，均難考實。也有某種可能是後人用「玉壺買春」（或「玉壺先春」）來附會現在的玉壺春瓶，也未可知。

「玉壺」二字的出現要早於宋。或實指玉製的壺，或指如玉一般的青瓷壺，或以玉壺比喻高潔，或比喻月亮，意義隨時代的不同而有所不同。具有實際意義的玉壺用途也有所不同，或是一種陳設品，或裝水用作報時的滴漏，或盛酒用作酒瓶，或作為照明燈具。那麼，「玉壺」與「春」聯在一起為什麼就指這種撇口、細頸、垂腹、圈足的瓶類呢？

青花竹石芭蕉圖玉壺春瓶，清乾隆。估價6萬元。

玉壺春三字連在一起使用最遲在元代就出現了。《水滸傳》第三十七回（有的版本為第三十八回）「及時雨會神行太保，黑旋風鬥浪裏白條」裏講：「酒保取過兩樽玉壺春酒，此是江州有名的上色好酒」，可見，玉壺春是一種酒的名字。因為這種酒長期盛行不衰，酒瓶的形狀也為人們所熟悉，久而久之，人們便把這種造型的瓶子因酒而叫做「玉壺春瓶」。

2.宋代以前是玉壺春瓶形成的準備階段

一般都把玉壺春瓶的創燒年代定於宋代，但實際是玉壺春瓶定型於宋代。大約從宋代開始出現了玉壺春瓶的名稱，在此之前它也經歷了一個演變過程，因此，這種撇口、細頸、垂腹、圈足的形狀是逐步發展、演變而定型的，從出土實物可以看到這一點。

江西、福建、湖北地區早在南北朝時期就出現了類似的瓷瓶的造型，而這些瓶又與漢、晉時期某些瓷壺的形狀很相似，其間或許有某

種聯繫。此種瓶類的造型經隋、唐不斷發展、演變而逐步定型。隋代類似的瓶類頸、腹、足都與玉壺春瓶接近，只是口仍為南北朝以來的盤口，但已頗有後世玉壺春瓶的模樣了。

3.宋代是玉壺春瓶的定型階段

玉壺春瓶在宋代定型並大量出現，定窯、鈞窯、耀州窯、磁州窯、龍泉窯、景德鎮窯等均有燒製。

與宋基本同時的遼、金為北方少數民族政權，與宋朝有著較為密切的聯繫，陶瓷燒造學習漢地風範，玉壺春瓶也有燒製。

4.釉彩品種豐富

宋、遼、金時期玉壺春瓶的釉彩品種包括了白釉、青釉、黑釉、白地黑花、三彩等不同種類，裝飾以素面為主，並有暗花、彩繪等手法。

5.造型獨特：頸細、腹圓、足外撇

其造型上的獨特之處是：頸較細，頸部中央微微收束，頸部向下逐漸加寬過渡為杏圓狀下垂腹，曲線變化圓緩；圈足相對較大，或內劍或外撇。這種瓶的造型定型於宋代，歷經宋、元、明、清、民國直至現代，成為中國瓷器造型中的一種典型器物。

6.器型大致可分為五種

宋、遼、金時期玉壺春瓶器型大致可分為五種：

第一種是口微撇、頸細長、杏圓腹，頸與腹轉折處明顯，頸與腹的比例約為1：1，圈足外撇，這種造型特色較為鮮明，在數量上也較其他器型為少，是玉壺春瓶的初期型式之一。

第二種是頸部與腹部銜接弧度緩和，頸較粗，腹較圓渾。

第三種頸較瘦，與腹部銜接處起伏明顯，腹呈橢圓形。

第四種口外撇加大、頸很細、腹鼓圓、圈足較高，從上到下起伏明顯。

第五種已經與後世的玉壺春瓶極為接近了。這一時期的玉壺春瓶絕大部分是用作酒器，另有少量用作陳設器。

宋建盞鑑賞收藏要點

宋代的陶瓷工藝進入到鼎盛時期，宋瓷除白、青兩大類外，黑釉瓷器在當時的福建建甌、建陽等地創燒成功，主要品種有黑釉茶盞。

1.黑釉盞多為福建建窯兔毫盞

黑釉茶盞胎呈淺紫黑色，厚重堅致，所施黑釉光亮漆黑，腹下部釉垂流凝聚，近足處及足底無釉，口沿裏外均布有黃褐色花紋，俗稱「兔毫盞」。這種細毛狀紋，因發色不同，建陽民間又分別稱為「金兔毫」「銀兔毫」「黃兔毫」等。

建窯黑釉盞多為福建建窯兔毫盞，器形通常為束口、直壁、深腹、小底，口沿下有一道凸邊，釉色晶黑光亮，但口沿一周釉色呈茶色，外壁近底處聚釉一周，伴有流淌現象，內外壁均覆有細密工整的兔毫紋，胎土色黑，底足陰刻「進盞」二字。

2.底足部陰刻有「御用」「進盞」字樣

宋徽宗趙佶因定瓷有芒口而棄定用汝，又在民間徵集宮廷用瓷，黑釉茶盞有幸被選中。作為進貢御瓷，工匠們要在製成的坯胎底足部陰刻「御用」「進盞」字樣，以示區別，不准混淆。

醬釉兔毫茶盞，北宋。估價5萬元。

醬釉兔毫茶盞側面。

3.兔毫玳瑁結晶的原理

受建窯兔毫盞影響，吉州窯的玳瑁斑、鷓鴣斑，河南的油滴斑、醬斑及山西臨汾窯的鐵銹花等黑瓷均為宋代當時的流行瓷器。黑釉瓷以氧化鐵為著色劑，因在燒製時不能充分溶化，於冷卻出窯時便呈現出這類似兔毫、似玳瑁的結晶現象。

4.宋代大興黑瓷源於鬥茶

為什麼宋代大興黑瓷？為什麼黑釉兔毫盞會成為御用瓷器？這與宋人喜「鬥茶」是分不開的。宋人的飲用茶須將茶葉碾碎，加入相當的調料（鹽、澱粉、香料等）。用滾水沖攪，這樣茶盞面上呈現大量白色泡沫，泡沫持久者為勝，泡沫先退者為負。

茶盞黑色，黑白分明，觀察清晰。宋代上至皇帝達官，下至庶民百姓均嗜茶、鬥茶成風，長盛不衰。黑瓷茶盞因此擁有了廣闊市場，從而促進了宋代黑釉瓷的發展。

宋官窯鑑賞收藏要點

北宋官窯也稱汴京官窯，汴京即今河南開封。相傳北宋大觀、政和年間，在汴京附近設立窯場，由官府直接經營，專燒宮廷用瓷器，即北宋官窯。

南宋葉寘在其《垣齋筆衡》中對北宋官窯記載稱：「政和京師自置窯燒造，名曰『官窯』」。

明代著作《事物紺珠》中也記載了宋官窯。當時的京師即汴京，因宋代汴京遺址已沉入地底，至今尚未發掘出北宋官窯遺址。對於北宋官窯遺址缺乏考古發掘資料和充足的文獻資料的支撐，因此，時至今日，關於北宋官窯遺址在何處，仍有不同說法。一般有三種說法：一說北宋官窯即為汝窯；二說北宋官窯根本不存在；三說北宋官窯即汴京官窯，它與南宋時的修內司官窯先後存在。支持第三種說法的人較多。

北宋官窯傳世品很少，形制與工藝與汝窯有共同處。器多仿古，主要有碗、瓶、洗等。胎體顯厚，胎骨深灰、紫色或黑色，釉色有淡青、粉青、月白等，尤以釉面開大裂紋片著稱，不同於南宋官窯和汝窯及龍泉窯瓷器。底有文釘燒痕，有「紫口鐵足」的特徵。

南宋時在今杭州市鳳凰山南麓烏龜山郊壇另設新窯，稱郊壇下官窯，又稱南宋官窯。此官窯瓷器胎為黑、深灰、淺灰、米黃色等，有厚薄之分，胎質細膩。釉面乳濁，多開片，稱為蟹爪紋，釉色有粉青、淡青、灰青、月白、米黃等。

宋官窯是後世仿造較多的瓷器，特別是清雍正仿宋官窯較多，鑑賞收藏和辨偽要點如下：

1.根據釉質辨別

宋代官窯器釉質肥厚，酥光寶暈，有玉質感。釉下氣泡顆粒大而明亮，累疊密集，如史料「聚沫攢珠」之述。釉色以粉青、天青、炒米黃等色為多。

雍正仿宋官窯器釉層較薄，釉下氣泡小而疏，釉表多數均透明光亮而欠潤澤。釉色以豆青、灰藍、月白為多，有的甚至接近亮白。

2.根據紋片辨別

宋代官窯器的紋片有大、小開片兩種。大開片紋痕長而粗壯，有的紋痕在瓷器上自上而下呈經線走向一直到底，如牛毛一樣，因此有「牛毛紋」之稱。即使是小開片的瓷器，也不乏幾條較長、較粗的紋痕。紋痕的顏色以鱔血、魚子黃、墨色、油灰居多，鱔血者為上品。

雍正仿宋官窯器以小開片居多，紋痕粗細大體相差不大，迄今未見有「牛毛紋」者。紋痕顏色比較單調，基本為黑色或淺黑色。

3.根據胎色辨別

宋代官窯器的胎色呈灰黑色或深灰色（紫灰），均色深，故稱「黑胎」，其著名的「紫口鐵足」特徵的形成，完全是由於胎色所致。

雍正的仿宋官窯器，胎色為白色、灰白色和淺灰色，這樣的胎色在器口釉薄處和足根露胎處不可能形成紫口鐵足。

4.根據底足辨別

宋代官窯器有滿釉裹足支燒和足根露胎墊燒兩種，前者器底有支釘痕，後者足根露胎為

清光緒仿宋官窯哥釉八卦紋琮式瓶。估價12萬元。

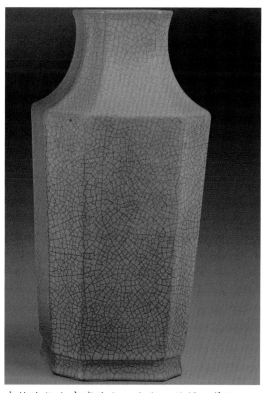

清乾隆仿宋官窯汝釉八方瓶。估價11萬元。

清光緒仿宋官窯窯變貫耳瓶。估價8萬元。

鐵足,足部修胎比較粗糙,底部無款識。

雍正仿宋官窯器除了足根施以醬釉以外,其足部修胎十分精細規整。

5.根據「紫口鐵足」辨別

因器口中施釉稀薄,微露紫色,足上卻偏赤鐵色,故有「紫口鐵足」之稱。

6.根據器形辨別

值得注意的是,宋代官窯器本身也有仿造前代器物的,但不是仿瓷器,而是仿造商周青銅器的器形。器形除碗、盤、碟、洗等日用器皿外,還有仿商周青銅器的尊、鼎、爐、觚等陳設瓷和祭祀用禮器。

遼、西夏瓷器鑑賞與收藏

與宋代相伴的是遼和西夏,也在本章中一併介紹。

遼是10世紀初中國契丹族在北方建立的地方政權。

隨著契丹人由畜牧、漁獵生產為主轉向以農業、畜牧業生產為主,由遊牧生活轉向定居生活,手工業也隨之發展起來。在手工業中,製瓷業則是一個重要的組成部分。

唐、五代至宋,在中國北方的邢、磁、定三州內,製瓷業發達。定州在最北方,與遼接近。遼代的手工業各部門主要是由戰爭中俘獲來的漢族人發展起來的,遼代的製瓷業當然也

青釉刻花紋盞托,宋。

青釉刻花紋盞托,宋。

不例外。

據《遼史》記載，從太祖至世宗這一期間，遼對定州曾進行多次的掠奪。而定州所屬的曲陽縣境，是定窯窯址所在地。所以遼代製瓷的工匠，大多是來源於中原的磁窯鎮和定州的定窯。

遼代瓷器可分兩大類，即中原類和契丹類。

1.遼中原類瓷器釉潤似玉

中原類的瓷器有從北方流入契丹的，也有北宋工匠流落到遼地後在當地燒造的。這一類瓷器的主要器形有注壺、溫碗、蓋罐、小罐、盞托、長頸壺、花口碗、唾盂、香爐、盤、碟、杯等。

瓷器胎白、緊致，釉潤似玉，顏色白中閃黃，外壁多刻蓮瓣紋。有的底足陰刻「官」或「新官」「尚食局」等款。一般白瓷胎稍厚，釉質略粗，呈牙白色，多光素無紋。

2.契丹類瓷器以雞冠壺為特色

契丹類型的瓷器具有本民族的風格，主要器形有雞冠壺、長頸瓶、鳳首壺、穿帶壺、雞腿瓶、海棠式盤等。時代越晚，契丹式瓷器越少。

雞冠壺是遼瓷中最有特色的造型，它的原型是契丹族遊牧時用以盛水或奶的皮囊壺。最早的雞冠壺完全模仿皮囊壺，皮革縫製的痕跡很逼真，甚至還堆出皮繩、皮扣；時代越晚，皮囊壺的特徵就越少，有些僅成為裝飾。其次，契丹類瓷中雞腿瓶的造型受到收藏者的珍愛。

3.遼代瓷窯集中在今遼寧和河北、山西的北部

遼代瓷窯集中在今遼寧和河北、山西的北部。已知的遼代瓷窯共七處，其分佈情況是：上京地區有林東遼上京窯（今內蒙古巴林左旗東鎮）、林東南山窯、林東白音戈勒窯；中京地區有赤峰缸瓦窯；東京地區有遼陽江官屯窯；南京地區有北京龍泉務窯；西京地區大同市西郊青瓷窯村也發現了窯址，所燒器物為

青釉刻花紋盞托刻花鑑賞。

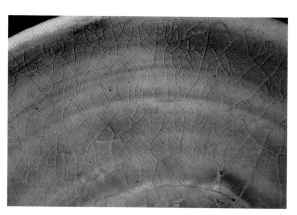

青釉刻花紋盞托釉瓷鑑賞。

青釉刻花紋盞托。

黑釉雞腿壇等。

遼瓷主要產品是白瓷、黑瓷和三彩陶器。

4.遼代瓷胎較粗，多呈淺黃褐色

遼代瓷器的生產受宋、金定窯和磁州窯的影響較大。品種主要有白瓷、黑瓷、青瓷、黑釉剔花瓷等。

它們的特點是瓷胎較粗，多數呈淺黃褐色。白瓷釉面有冰裂紋，釉面不甚光潔，胎釉之間常施有化妝土。

常見的器形有碗、盤、頸瓶、杯、小釜、扁壺等，有些造型與宋、金瓷器相似，也有些具有當地特色。例如長頸瓶，造型與宋梅瓶相仿，但它的特點是小口、折肩、暗圈足，與梅瓶圓肩的做法顯然不同。再如扁壺，壺身為圓形，上有小口，除底圈足外，正反兩面正中還各有一圈足，壺的兩側有兩耳或四耳供繫繩用。另外，遼代一些盤、碗類器物還有「挖足過肩」（即圈足內側高於外側）的做法，也比較有特色。

5.早期遼白瓷全仿自定瓷

遼代早期從中原地區擄掉了一批製瓷工匠，建立了自己的製瓷業。這些工匠主要來自定州，因而早期的遼白瓷全仿自著名的定瓷，遼還仿照定州窯建立了官窯。一些瓷器胎質細膩而色白如粉，瓷化程度甚高，內外施全釉，澄明光潔，口鑲金邊，底刻官字則說明是高級的、供御用的官窯產品。

通體白釉的遼壺前端往往有一少女頭像，眉清目秀，頭有髮髻，頸、臂間有彩帶、花朵作貼飾，兩手捧一螭首短注。壺身通常呈魚形，尾鰭上翹，身刻細鱗片，兩側各有展翅的飛翼，背部有花冠樣的注口，頸部和尾鰭之間有一橋形提梁。

有的水注將人及魚（龍）、鳥、螭等動物混合為一休，構思絕妙，造型奇特。

6.遼單色釉器較多

遼代陶瓷除白瓷和三彩瓷外，有大量的單色釉器。大多胎質疏鬆，屬於陶胎或接近陶胎，釉質含鉛，釉層較厚，色彩豔麗，並以黃、綠色為多。雖即此二色，卻由淺到深，各有

青釉刻花紋盞托一對，宋。

幾個層次。另有絳紅、深茶諸色，而以醬黑色為少見。

綠釉鳳首瓶器形淵源於唐。通體施以綠釉，杯口下面飾鳳首，口、目、耳、頸皆具，張喙銜珠，十分生動。肩部又有頸羽披拂，極見巧思。

7.金瓷造型樸拙，工藝粗糙

金朝是中國女真族於12世紀初在東北、華北地區建立的一個地方政權。金代陶瓷器在中國陶瓷史上一個不可缺少的組成部分。長期以來，由於歷史文獻有關金代陶瓷的記載很少，實物資料又所見不多，所以對金代的陶瓷，過去沒有人作過系統的研究。上世紀50年代以前出版的一些陶瓷史著作，也沒有金瓷之說。所以人們即使見到了金代的陶瓷，也往往把它視為宋、元之物。

隨著中國文物考古工作的開展，金代陶瓷資料不斷發現，才使我們知道了金代陶瓷器的生產，大致可分為前後兩個時期，即海陵王完顏亮遷都燕京以前為前期，遷都以後為後期。

從遼寧省撫順大官屯窯和遼陽江官屯窯這兩個代表來看，金代瓷器釉色很是單調、造型樸拙、缺少裝飾。瓷器原料加工粗糙，胎骨厚而色雜，釉面不均缺乏潤澤感。成型工藝粗糙，器形不規整，無定式。

裝飾簡單，僅見有白底繪黑花的，其他如刻、畫、雕、加彩等技法極其少見。這些情況都說明，金代早期的陶瓷器，其生產水準較關內地區為低。

1153年的金海陵王遷都後，金朝經濟的恢復和發展，必須會刺激陶瓷業生產。目前發現的帶有紀年的金代瓷器和墓葬出土瓷器，有大定二年（1162年）磁州窯系白釉黑花鳥紋虎形枕、大安二年（1210年）白釉黑字罐、大安二年耀州窯青瓷片標本、金明昌三年（1192年）白釉砂圈瓷碗、大定十七年（1177年）和大定廿四年（1184年）金墓出土的許多定窯瓷器。很少發現金大定以前的產品。

金人南下，滅遼侵宋，一方面繼承了遼與宋的瓷業根基，另一方面則造成了北方熟練窯工逃亡、南遷。致使北方瓷業的衰落。北方幾大窯區不久雖又恢復燒造，但產品粗劣，金瓷並未有出色創造。

靖康之變以後，宋代北方的幾大名窯伴隨北宋朝廷的傾覆而日漸衰竭。

宋出口瓷器鑑賞與收藏

瓷器一度為中國獨有的商品，海外有廣大市場。中國瓷器的外銷，大致有如下幾種情況：一是由對外國使者、元首的賞賜和饋贈輸出的，二是由貿易形式由陸路、海路運出的；三是由外商來中國收購、訂購、訂造等直接經營方式而銷往國外。

從隋唐開始，中國的瓷器就已輸出國外。到了宋代，中國瓷器已是大量地運銷到外國。出口的通道主要是海路。廣州、泉州、明州、杭州、密州等貿易港十分繁榮。宋朝於開寶四年（971年）就開始在這些地方設置市舶司，專門管理進出口事務，而瓷器便是大宗外銷商品。

朱彧在《萍州可談》中描述說：「舶船深闊，各數十丈。商人分占貯貨，人得數尺許；下以貯物，夜臥其上。貨多陶器，大小相套，無少隙地。」

中國瓷器就從這些港口運銷南洋，並轉運到波斯、印度西岸和非洲的一些國家。

宋朝廷在靖康以後，統治區域日益縮小，稅源日益減少，因此大力開展對外貿易，以增

青瓷壺，宋。

青瓷壺肩口，宋。

青瓷壺耳，宋。

稅收而助國用。據《宋會要輯稿》記載，高宗趙構多次下達「上諭」，說「市舶之利最厚，若措置合宜，所得動以百萬」，「市舶之利頗助國用，宜循舊法，以招徠遠人阜貨賄」等。並且採取授予在外貿上有成績的商人以官職的辦法，進行鼓勵。

據南宋趙汝適《諸蕃志》記載，南宋嘉定十六年（1224年），僅與泉州有通商貿易關係的，就達五十六個國家和地區。瓷器的出口，也隨著外貿的擴大而增長。

宋代出口的瓷器，主要是江西景德鎮窯、吉州窯和浙江龍泉窯以及福建沿海地區德化、同安諸窯的產品；也有廣東湖安、廣西西村、陝西耀州、河南臨汝等地燒造的瓷器。

由於景德鎮的青白瓷與龍泉窯等地的青瓷大量輸出國外，再加上窯工的南遷又帶來了北方形成的新工藝，於是南方的青瓷白瓷的工藝水準在原有的基礎上有所前進和發展，而形成了後來元朝瓷業中心南移的新局面。

宋代瓷器大量出口，從「南海一號」出水情況也可以看到。

「南海一號」出水升溫宋瓷收藏

　　儘管「南海一號」出水的瓷器屬國家文物而不會在市場上流通，但宋瓷由於當年大量外銷，國內存留的數量有限，而刺激了宋瓷在收藏市場上的價格使之具有較大的升值空間。

　　宋代古沉船「南海一號」的整體打撈出水成為瓷器收藏界的熱點。其中，船上數量最龐大的數千件匯集了德化窯、磁窯、景德鎮、龍泉窯等宋代著名窯口的瓷器精品更讓瓷器界興奮不已。它不僅向世人展現了宋瓷的精美，還引起了人們對於宋瓷收藏的關注。

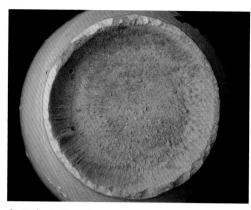

青瓷壺底足，宋。

　　因宋代瓷器大量出口，國內存留的瓷器數量有限。同時，在宋代並不流行將瓷器作為隨葬品，現今出土文物中，宋瓷並不多見。所以宋瓷存世量較少。

青白釉皈依瓶，宋，湖田窯。　　　　青白釉皈依瓶特寫。

青白釉皈依瓶特寫。

　　從年代上畫分，元以前老窯口瓷器在整個瓷器藏界中所占的比例不超過10%，而在品種上，宋瓷在老窯瓷中的份額不到20%，因此藏家認為，宋瓷的地位與數量使它成為收藏時可遇不可求的珍品。

　　從收藏角度講，存世宋瓷精品雖然遠遠少於明清瓷器，但價格與價值相比偏低。一個清代的官窯青花瓷瓶在五六年前的價格大約是人民幣50萬元到60萬元，現在價格已經升到了數百萬元，而目前一只宋代磁州的大盤價格不過幾十萬元。

　　雖然近些年宋瓷在價格上相對「暴漲」，平均每年翻一番，但有關專家認為它還有很大的升值空間可挖掘。如一把宋代耀州官窯的瓷壺，5年前它的市場價格不到人民幣20萬元，

但是2007年在倫敦蘇富比拍賣會上卻以680多萬元的高價成交。

　　七八年前，宋瓷在江浙一帶進行個人交換時，一般的價格都在幾萬元左右，但是現在一只瓷碗也要十幾萬了。宋瓷的價格相比明清瓷器動輒幾百萬的數額，還是有明顯的升值潛力的。從歐美成熟的拍賣市場看，宋瓷不斷創下新高。

　　收藏的入門規律使得「玩」宋代瓷器需要一個過程，許多人玩瓷器的入門往往是從容易看的青花瓷開始，到色彩斑斕顏色亮麗的彩瓷，再到比較耐看的明清單色釉，最後才是玩頗具內涵的宋代老瓷，這一過程大約需要五六年的時間。但在今日的收藏熱潮中，這一過程已經縮短。

　　因此，行家認為，下一波宋瓷的市場熱潮應該在2010年形成。

青白釉皈依瓶帶蓋。

青白釉皈依瓶雞首蓋。

第九章
元代瓷器鑑賞與收藏

汝窯土脈偏滋媚，高麗新窯皆相類。
高廟在日煞值錢，今時押眼看價例。

———宋·佚名《汝窯土脈偏滋媚》

元青花鬼谷下山圖罐（圖一：齊國大使蘇代）。

義大利人馬可波羅在《遊記》中說「元朝瓷器運銷到全世界」，可見元朝瓷器影響之廣。元代是中國古代瓷器發展的重要時期，起著承前啟後的重要作用，源自宋代名窯並繼續發展。

元朝建立後，樞府窯出現，景德鎮開始成為中國陶瓷產業中心，其名聲遠揚世界各地。

景德鎮窯開創使用瓷石加高嶺土的「二元配方法」，燒成溫度由此相應提高，燒出了頗具氣勢的大型器。景德鎮窯生產的白瓷與釉下藍色紋飾形成鮮明對比，青花瓷自此興起，在以後的各個歷史時期一直深受人們的喜愛。所以，此章重點是當今大熱門的元青花。元青花也是當今贗品蜂擁而來、爭議較大的古瓷器品種。

元代燒製成功的卵白色「樞府」釉，青花、釉裏紅瓷器普遍出現，將彩瓷工藝迅速推向高潮。

元青花創造瓷器成交價之最

隨著 2005 年 7 月 12 日倫敦佳士得拍賣會上一聲槌響，價值約2.3億人民幣（按當地當時匯率牌價折算）的元青花鬼谷子下山圖罐被美國華爾街企業家奪得。

元代瓷器市場以大件青花瓷器最為名貴，因歷代瓷器多以小件為精，只有元代青花瓷例外，有越大越精之趨向。在市場上，元代青花瓷器的價格多以造型、紋飾的呈色以及畫工品相等作為決定價格的主要因素。

目前，大件的元青花瓷器在國際拍賣會上以千萬以上價格成交的記錄不在少數，早在2004年4月香港佳士得的元青花纏枝牡丹紋雙魚耳大罐，就以2190多萬的港幣成交，當時驚為天價。沒想到，2年多後，這一天價就翻了10番。

近幾年來古瓷收藏界的元青花熱持續升溫，國內市場上和收藏家手中的元青花大量的出現，真假爭論攪得許多古瓷愛好者一頭霧水。

此前有人稱「中國民間收藏的元青花數量超過國外博物館館藏之和」，似乎不妥，而國內外某些擁有幾十、幾百件元青花的大收藏家，在此一拍之下，金錢夢或許破滅。

物以稀為貴，國際行情所反映出的元青花的稀有與國內民間「驚人藏量」的巨大反差，說明了元青花的實際存世量。

元青花熱持續升溫導致贗品流行。早在2000年，明嘉靖五彩魚藻紋大罐在香港以4400萬港幣拍賣後，內地大量出現其仿品。

元青花鬼谷子下山圖罐剛剛成交，其現代仿品已經在景德鎮由專家製作成功，並打上了

元青花鬼谷下山圖罐（圖二：兩名步兵軍士扛長矛跑在前面開道）。

仿製款識公開銷售。說明了元青花的魅力，也說明了元青花收藏辨偽的難度，收藏風險極大。因此，剛介入元青花收藏的一定要積累這方面的豐富知識。

元代瓷器生產的背景

元代在中國歷史上只存在了九十多年。由於當時蒙古族落後的生產方式，給中國的社會、經濟、文化的發展一度帶來了逆轉。

1.統一國內市場，有利瓷器生產

元朝的建立，結束了三分對峙的分裂局面，國內市場的統一，有利於商品經濟的繁榮，這就刺激了手工業的進一步發展。

2.重視農業，導致加工者興起

元初就提倡農業，詔修《農桑輯要》，主張推廣種棉，育蠶繅絲業也相當發達。農業原料的大量生產，必然會產生一批獨立於原料生產的加工者。

3.工匠地位空前提高，為瓷業提供了保障

元政府對於具有一定技能的工匠是比較重視的，可以免稅，其地位可以世襲，這在客觀上對手工業的發展提供了有利條件。

4.海外貿易的發達鋪平了瓷器發展道路

元政府特別重視對外貿易，元在未建立前，早就與阿拉伯國家等地區有貿易往來。統一全國後，即設立泉州等處市舶司。

官營和民營的海外貿易的發達，外貿商品需要量的增加，必然會促使各類手工業生產的進一步發展。據元代汪大淵所著《島夷志略》一書中記載，中國瓷器外銷地，包括印度、印尼、馬來西亞、巴基斯坦、菲律賓群島和阿拉伯半島的麥加等50多個國家和地區。元代的瓷

元青花鬼谷子下山圖罐（圖三：虎豹軺車拉著鬼谷子在山林間急奔）。

元青花鬼谷子下山圖罐（圖四：擎旗軍士高舉書有「鬼谷」的旌旗亮明身份）。

器生產就是在這樣的背景下發展起來的。

元瓷器鑑賞特點

1.造型古樸圓柔

器物造型的線條古樸、自然、構圖圓弧中帶柔，以大件器物為主。

2.胎質粗鬆胎體厚重

胎較粗鬆，帶生燒味，含沙粒直至明代早期，胎體厚重，在圈足上能見枇杷紅（即窯

元青花鬼谷子下山圖罐底足。

元青花鬼谷子下山圖罐齊國大使蘇代圖特寫。

南京博物院藏元青花追韓信圖特寫。
兩個騎馬的文官像可作比較。

元青花鬼谷子下山圖罐纏枝牡丹圖特寫。

伊朗國家博物館藏元青花大罐纏枝牡丹
圖特寫。由兩牡丹圖比較研究可發現元
青畫的特點。

元青花鬼谷子下圖罐蓮瓣八大碼圖特寫。

紅)。

3.底釉透明度較好

底釉為影青(透明度較好)卵白,也有呈樞府(較渾濁)。

4.紋飾自然瀟灑生活味濃

運筆粗獷,自然瀟灑。以大筆寫意的花卉、人物為主,生活氣息較濃。

5.原料有國內和國外兩種

青料有國產土青,也有進口青料。

6.燒製工藝砂底有窯紅和鐵銹斑塊

砂底幾乎都有窯紅、鐵銹斑塊、黏砂。琢器多有接口,二節或多節。

7.民窯幾乎沒有款識

元瓷器的民窯中,款識至今少見。據筆者所知,僅英國大維德基金會所藏一對象耳瓶有「至正十一年」銘款,還沒有發現更多被公認為有銘文款識者。

但元「樞府」瓷器卻是有款識的,「樞府瓷」為元官窯瓷,「樞府」二字,一般刻印在器壁內的口沿下方,兩字分別對應。除「樞府」二字外,還有少數銘款如「福祿」「福壽」「壽」「福」等。

製瓷工藝有了新突破

過去相當長的一段時期裏,元代瓷器是被忽視的。自20世紀50年代以來,由於地下、地上的元瓷不斷被發現,才逐漸引起了人們的注意。其實元代製瓷工藝在中國陶瓷史上佔有極為重要的地位。

元代的鈞窯、磁州窯、霍窯、龍泉窯、德化窯等主要窯場,仍然繼續燒造傳統品種。而且因為外銷瓷的增加,生產規模普遍擴大,大型器物增多,燒造技術也更加成熟。景德鎮窯在製瓷工藝上有了新的突破。

首先是製瓷原料的進步,景德鎮窯採用瓷石加高嶺土的「二元配方法」,提高了燒成溫度,減少了器物的變形,因而能燒成頗有氣勢的大型器。

其次是青花、釉裏紅的燒成，使中國繪畫技巧與製瓷工藝的結合更趨成熟，具有強烈中國氣派與風格的釉下彩瓷器發展到一個新的階段。

元玉壺春鑑賞收藏要點

元代的玉壺春瓶燒造數量較大，以青花、釉裏紅、影青、青釉（龍泉窯）等釉彩品種為多見，以景德鎮燒造為主。

1.造型豐富品種最多

從出土實物與傳世器物來看，元代玉壺春瓶的造型最為豐富，品種最多。可以分為兩大類型：一類為輪廓線生硬挺直的，一類為輪廓線柔和順暢的。

元代的玉壺春瓶豐富的造型對後世玉壺春瓶的製作影響很大，以後明清各期玉壺春瓶幾乎都能在元代造型中找到原型。

2.從實用酒器向陳設器轉變

這一時期的玉壺春瓶在用途上是一個過渡時期，即從宋代的實用酒器逐漸向明清時期的陳設器轉變，這一點，僅從它本身的器身裝飾上就可體察一二。

3.早期器製作粗糙

早期器身的裝飾較為樸素，或白釉，或白地黑花，或影青釉，基本為光素無紋，偶有圖案或文字。器物本身製作也較粗糙，不甚講究，線條未見優美，接胎痕跡明顯，顯見不是專為用來欣賞品評的，更多的是出於實用的目的。

4.器身裝飾繁複、細膩、層次分明

元代的玉壺春瓶裝飾逐漸增多，釉色品種豐富起來，青花、釉裏紅等新的釉彩品種使這一器物在裝飾上更加多姿多彩。器身裝飾繁複、細膩，層次分明，體現出元代器物裝飾的整體特點，而且圖案更具有欣賞意味。主題紋飾或為行龍，或為蓮池水禽，或為寓意吉祥的文字，讓人們陳設、賞鑑的內容豐富了起來。

伊朗國家博物館藏元青花大罐蓮瓣八大碼圖特寫。由兩蓮瓣八大碼圖可以比較研究元製瓷工藝的新突破。

元青花鬼谷子下山圖罐擎旗武士特寫。

湖南省博物館藏元青花玉壺春瓶蒙恬將軍圖擎旗特寫。兩件元青花類似構圖可作比較。

元青花纏枝牡丹紋大玉壺春瓶。估價600萬元。　　　　青花人物玉壺春瓶，元器形。

5.玉器、金銀器常借用其器形

玉壺春瓶是中國古代瓶類中特有的一種器形，自成體系。除了瓷器一類，此外尚有玉器、金銀器，也有銅胎琺瑯器等不同的質地。

6.派生出很多新器物

玉壺春瓶在自身發展的同時，也被其他器物所借鑒使用，如許多瓶類，壺類都用玉壺春瓶的造型作為主體，加上其他附飾（如耳、鋪首、柄、流、蓋等）而冠以新的名稱。像明清時期的許多執壺就是這樣，只是比玉壺春瓶多了流、柄與蓋，因而也被稱作玉壺春執壺。這些從玉壺春瓶派生出來的新器物，雖然名稱各異，但仍屬於玉壺春瓶範圍內的系列類型。

釉裏紅存世極少

所謂釉裏紅是指以銅紅料在胎上繪畫紋飾後，罩以透明釉，在高溫還原焰氣氛中燒成，使釉下呈現紅色花紋的瓷器。

釉裏紅和青花同為釉下彩，唯呈色紅、藍各異。它們同樣是用筆在胎上繪花，但用料銅、鈷有別。它們都需在高溫下燒成，但對氣氛要求不同。

釉裏紅對窯室中氣氛要求嚴格，銅非得在還原焰環境中才呈現紅色，而青花對窯室中氣氛要求稍寬，窯室氣氛的變化對鈷呈藍色的影響不大。因此青花的燒成比較容易，至今尚有較多的元青花器出土和傳世品種的保存。釉裏紅由於燒成難度大，產量低，傳世與出土的元

青白釉盤口罐，元代，景德鎮。估價8萬元。　　釉裏紅梅花紋壺。

代釉裏紅器數量不多。特別是具有科學研究價值的出土物更是屈指可數。國外僅見菲律賓出土了一批元代釉裏紅瓷器，國內則有北京豐台出土的釉裏紅玉春壺、保定窖藏的一對青花釉裏紅蓋罐以及元大都和景德鎮湖田窯址的少量殘片。

此外，江蘇省吳縣收藏有一件釉裏紅龍紋蓋罐，罐身刻畫紋飾三組，腹部釉裏紅為地，襯出白龍，紅色豔麗，極為難得。

江西省「至元戊寅」款青花釉裏紅器，不僅出於元代中期紀年墓，並且也是元代釉裏紅器中唯一帶紀年款的瓷器。它證明在至元戊寅（1338年）已經有了釉裏紅瓷器的生產。

從傳世與出土的元代釉裏紅瓷器來看，在器形、胎、釉和燒造工藝上與同時期的青花瓷一樣，不同的有以下幾個方面：

紋飾比較簡單，不像青花瓷紋飾那樣繁密細緻。

紋飾題材相應減少，不及青花瓷題材那樣豐富多樣。

元代釉裏紅瓷器無淡彩，只有一個比較濃的色階，並且紋飾線條常見暈散。

銅彩料在燒成過程中十分敏感，窯室氣氛稍有變異，便不能達到預期效果，所以元代釉裏紅瓷器呈純正紅色的很少。

最後是顏色釉的成功。高溫燒成的卵白釉、紅釉和藍彩，是景德鎮的燒瓷工人熟練掌握各種著色劑的標誌，從而結束了元代以前瓷器的釉色主要是仿玉類銀的局面。

元代景德鎮窯取得的各種成就，為明、清兩朝製瓷的高度發展奠定了基礎，景德鎮並因此在日後成為全國的製瓷中心，贏得了瓷都的桂冠。

元琉璃器鑑賞收藏要點

琉璃泛指鉛釉陶器，包括主要用於建築構件的琉璃及琺花、三彩等。習慣上將三彩作為單獨的品種，不當作琉璃看待。另外，古文獻中的琉璃還有指玻璃而言的，與這裏說的琉璃不同，它的出現可以上溯到戰國時期，當時已有琉璃珠被用作裝飾品。

1.北魏就已大量使用琉璃

北魏時期在平城（今山西大同）修建的宮殿，已使用琉璃瓦件。隋唐至明清皆繼續燒造。傳世的琉璃器，多為宮殿、寺廟中的建築構件，如照壁、佛像、供器、爐、瓶、香火盆、魚缸、寶塔、樓閣、牌坊等。裝飾工藝及內容，多為刻畫或鏤雕的龍、鳳、瑞獸及牡丹、荷蓮等花卉紋。

2.夾砂陶土或紅色陶土為胎

主要用於建築構件的「琉璃」，是以夾砂陶土或紅色陶土為胎，以含鐵、銅、鈷、錳的物質作為著色劑，鉛、硝為助熔劑，加以石英製成的釉藥，先燒素胎，然後施琉璃釉，再以800℃窯火焙燒而成。

3.元琉璃窯廠在北京海王村

元朝琉璃窯廠設在北京海王村，即現在的北京新文化街「琉璃廠」，以後遷至門頭溝流渠村。

4.元代琉璃紀年器

元代琉璃器紀年可考的有故宮博物院收藏的鏤雕龍蓮紋爐。全器採用鏤雕工藝裝飾，造型雄偉壯麗，口沿為一周雲紋，束腰荷蓮，腹部凸雕三枝盛開的牡丹，兩條行龍於正反兩面，一前一後穿行於雕花之中，爐底下承三獸足，口部聳立雙耳朝天，刻有銘文，雙耳的背面雕刻忍冬紋飾。

5.山西省是琉璃器的發源地

山西省是琉璃器的發源地，燒造歷史最久，以黃、綠、紫色為主，色分深淺，與三彩、

龍泉窯青釉印花龍紋盤，元代，龍泉窯。估價200萬元。

天藍釉雙耳瓶，元代，鈞窯。估價12萬元。

珐花器大同小異，遺存較多。

平遙縣東泉鎮百福寺有元代延祐三年（1316年）款的寶鼎，形制以立牌為中心，內塑合掌童子，四邊以浮雕蓮花為飾，背面有刻記3行，粗缸胎，施彩為黃、綠、黑與白色。

五台縣豆村佛光寺文殊殿頂有元至正十一年（1351年）立牌獅子，仍以紅泥為胎，施黃、綠、藍色釉。芮城元永樂宮四個殿頂所安置的彩釉琉璃，完整成組，是極其高超的藝術傑作。

天藍釉大罐，元代，鈞窯。估價60萬元。

6.元大都曾出土琉璃器

此外，元大都亦曾出土一批琉璃器，有通高36公分的鏤雕鳳穿牡丹花爐，附龍紋山巒器蓋，分飾黃色與孔雀綠彩釉，鏤雕工藝精緻。同時出土的還有鼓墩、獸頭、筒瓦、滴水、瓦當、龍鳳構件及道士塑像等琉璃器。

7.琉璃派生品——珐花

珐花是從琉璃派生出來的一種獨具風格的工藝美術品。它吸收了中亞珐瑯器的工藝及佛教壁畫彩繪中的堆花瀝粉方法，配以色彩，在陶胎或砂性胎質上，用一種帶有漬管的泥漿袋，順紋路勾勒堆起紋飾的輪廓，然後填以各種色彩構成圖案，再鋪以色地，入窯焙燒而成。其模製、堆

碗，元代，鈞窯。估價18萬元。

塑、鏤空、捏塑等技法皆有獨到之處，顯示出特殊的工藝裝飾效果。

8.珐花工藝發祥於山西

珐花工藝發祥於山西潞安（今長治）、澤州（今晉城）、蒲州（今永濟）一帶。文字記載或世代相傳中稱之為珐花，又稱「法華」。

9.三彩珐花與三彩琉璃的區別

三彩珐花與三彩琉璃常易混淆，其實多有差別：琉璃的胎質為黏土夾有沙粒，釉質較薄，色澤淡；珐花的胎較細，或為細砂胎質，釉的配方與琉璃大致相同。

但琉璃以鉛作助熔劑，珐花則採用牙硝，其釉較濃，色澤較深。

琉璃以黃、綠兩色居多，珐花以孔雀藍或孔雀綠為主色，時有黃色也分濃淡，或有白釉相襯，色彩明豔，紫色則如茄皮之紫。

10.景德鎮珐花與山西珐花的區別

景德鎮珐花與山西珐花器的主要區別在於：景德鎮採用潔白細膩的高嶺土白瓷胎，而不用陶胎或砂性胎。

11.珐花的裝飾

珐花的裝飾凸起，以蓮瓣、雲紋、瓔珞、牡丹、蓮花、花鳥、八寶、八仙、人物、獸面紋飾為主。

12.琺花對明清瓷器生產產生極大影響

琺花自元代開始燒造，對明、清陶瓷生產有著極大影響。明代江西景德鎮窯也仿燒琺花。早於成化以前的琺花作品常有瓶、罐、坐獅等，所飾人物、花鳥生動活潑，以濃豔的色彩作襯托，藝術效果突出、壯觀。

元青花確立優勢地位

青花瓷至元代已經發展到一個較為成熟的時期。所謂的青花是指應用鈷料在瓷胎上繪畫，然後上透明釉，在高溫下一次燒成，呈現藍色花紋的釉下彩瓷器。

青花瓷在元代除景德鎮燒造外，雲南省玉溪等地也用當地瓷土和青料燒造。現在古瓷界講的元青花和對元青花的鑑定，一般都指景德鎮元代青花瓷。而景德鎮元代青花瓷又可分為用進口蘇麻離青料繪製紋飾的「至正型」精品瓷和用國產請了繪製紋飾的普通瓷，這是收藏者應注意的。

景德鎮元代青花瓷存世量的珍貴稀少，越來越引起人們的重視。這是因為元青花瓷有如下優點：

一是青花的著色力強，發色鮮豔，窯內氣氛對它影響較小，燒成範圍較廣，呈色穩定。

二是青花為釉下彩，紋飾永不退色。

三是青花的原料是含鈷的天然礦物，中國雲南、浙江、江西都有出產，也可從波斯進口，有充裕的原料可供使用。

四是青花瓷的白地藍花，有明淨、素雅之感，具有中國傳統水墨畫的效果。

五是具有實用美觀的特點，深受國內外人士的喜愛。青花瓷的這些優點，是其他瓷窯各類品種的瓷器無法與之匹敵的。

六是元青花的紋飾具有濃郁的時代特徵。例如料無水分，一筆點畫；佈局繁滿，層次較多；竹葉向上，焦葉實心；龍身如蛇，龍爪如鐮；回紋單畫，樹梢出刺；仰覆蓮瓣互不相連，三道如意開光等等。

這些特徵在有關元青花的名著如葉佩蘭的《元代瓷器》、朱裕平的《元代青花瓷》中均有敘述。

青花瓷一經出現，便以旺盛的生命力迅速發展起來，使景德鎮出現了空前的繁榮。青花瓷器成為景德鎮瓷器生產的主流，產品運銷國內外。

元青花鑑賞收藏要點

景德鎮窯宋代和元早期皆用單一的瓷石來製坯泥，稱為一元配方。這類坯泥屬高矽低鋁性質，燒成溫度通常在1200C以下，窯溫稍高即易造成器物變形。

元代中期，發展成瓷石加高鋁含量高

青花人物圖罐，元器形。

嶺土的二元配方，耐火度可達1300C以上，在保證器物不發生變形的條件下，胎質的瓷化程度和釉質的玻璃化程度都得到提高。

一直以來，元青花在國際拍賣市場上很受藏家的關注，但近10多年來，由於國內造假技術的日益升級，令國內外許多藏家對元青花望而卻步。所以，鑑賞和收藏投資一件元青花瓷，要掌握好以下要點：

1.釉色白中微閃青，瑩潤透亮

元青花所罩的透明面釉是承襲宋代景德鎮影青釉而加改進的高溫石灰鹼釉。由於含鐵量較高，釉色白中泛青，釉面不如明代永宣青花那樣肥潤，積釉處呈湖藍色。

青花魚藻蓮花紋罐。估價700萬元。

元青花瓷的釉色白中微閃青，瑩潤透亮，一般為青白色，但也有青花瓷偏白或偏青。其胎骨厚重，青花呈色不穩定，青花深入胎骨呈暈散渾濁之色。由於有進口料與國產料兩種用料的不同，有的青花濃豔，有的色澤閃灰。

2.中早期施青白釉撫摸有糯米感

元代中早期的瓶、罐之類青花瓷施透明的青白釉，撫摸釉面似糯米感，有時釉色顯出啞光，近看含青顯淡藍灰色，遠看顯黃褐色，細看青花釉面上有白色小點，少數器身釉面上能看出細密的皮殼層，斜光透看胎釉略顯出無規則狀的釉絲線條紋。

3.後期帶透明的玻璃質感

從至正年間開始燒製的白釉、樞府釉及卵白釉的青花瓷，胎色多為偏白，微閃青，為含青的白釉，呈現帶透明的玻璃質感。

4.胎質堅硬、白而不細

對瓶、罐之類的器形要細看它的口沿、頸、肩、腹、足底，看是否有元代器形的特徵，同時也要鑑別器形的胎體重量，對器形全面進行分析。元代瓶、罐之類的器形一般胎體較厚重、胎質堅硬。

元青花的瓷質由於二元配方的運用雖然得到了優化，但仍受到當時原料加工水準的限制，胎質、胎色表現出以下的特徵：

一是白而不細，製瓷原料優良但用水碓加工，手段比較落後；二是粗而不鬆，胎土顆粒較粗但燒結緊密；三是膩潤不乾，胎泥經過陳腐工序，不但提高了可塑性，而且燒成後胎質滋潤；四是胎內多有微小洞隙。

5.發色不穩定色澤暈散

元青花瓷發色不穩定，青花色澤暈散。青花料分為兩種：一種呈色濃重鮮麗、青翠濃豔，濃厚處有黑色鏽斑，俗稱「黑疵」，濃處用手撫摸時青花釉面上呈凹凸不平之感，這就是使用進口蘇麻離青料所特有的呈色效果。另一種為國產料，國產料青花發色呈藍中泛灰，有的色澤呈青藍偏灰或青花發色藍中閃灰。延祐期青花發色的牡丹紋深入胎骨呈雲層塊狀，

像潛伏在胎骨上，有立體感，似有閃動。青花上浮與釉面緊貼，暈散青花呈炸開狀，上浮青花釉面有濃黑絲及小點，青花紋飾緊貼釉面，微呈凹狀，這也是鑑別景德鎮元青花瓷的基本要點。

6.紋飾可分兩類觀察

元代青花瓷器的紋飾可分兩類。

一類是以進口料繪畫紋飾，具有構圖滿密、層次豐富、繪畫工整的特點。如大盤紋樣多由三至五層滿密的圖案組成，瓶、罐的紋樣多由三至八層圖案紋飾組成，紋樣有主賓協調、繁而不亂的特點，圖案題材豐富多樣，以人物故事、纏枝花卉、魚藻、蓮池、雙鳳花卉、開光折枝等紋樣組成，花卉紋有大花和大葉的特點，其中纏枝蓮花的葉瓣多繪成葫蘆形，牡丹紋飾邊緣繪成白色聯珠狀，輔助的變體蓮瓣紋多有間距，邊框內飾有青花等特徵。

另一類青花以國產料繪畫，其紋樣具有流暢奔放的特徵，紋樣構圖較簡單，繪畫較粗放，以各種花卉紋飾為多見。

7.瓶罐內壁多不施釉為砂胎

元青花瓷瓶、罐內壁多不施釉，內壁為砂胎，器身一般採用分段製作黏結而成，故器腹與器底往往留有明顯的胎接痕。

8.梅瓶內多不修胎，有毛糙感

梅瓶內與肩部連接處多不修胎，故有毛糙感。內壁胎接痕多為凸起約1～2毫米不等的胎接痕，粗細大小不規則，手摸有圓潤、細膩的質感。瓶內壁砂胎略帶淡黃色，胎內壁砂眼及內壁稀朗小顆料石明顯可見，腹上部一般無修胎處理，腹下部至底多有修胎旋痕紋，瓶內壁稀朗砂眼明顯可見。

9.強光斜看內壁有陰陽光點

強光斜看內壁稀朗砂眼內閃出星光點，發出亮光，也稱陰陽光點。

10.瓶罐底足呈內凹圈足狀足底，寬厚

元代青花瓷瓶、罐類器的底部多呈內凹圈足狀，足底寬厚，少量足底呈外側斜削狀，挖足有淺有深，多為挖淺足。

青花蓮花紋蓋罐。

瓶、罐之類有的足底砂胎顯有紮緊感，也有的胎質略呈疏鬆感，細小砂眼及黑糊麻點清晰可見，有的足底微凸起呈雞心狀。瓶、罐足底多有旋痕紋，呈火石紅及赭紅色，有的圈底及足底稀朗小顆料石明顯可見，黏有稀朗大小塊不一的黑釉斑痕，並有自然炸開狀。

11.碗盤類器圈足多呈外側斜削狀

碗盤類器圈足多呈外側斜削狀，但無論是琢器還是圓器，圈足均有較規則及不規則之感。

12.有銘文年款者可先以假判斷之

「至正型」元代青花瓷中，幾乎沒有在製作過程中書寫銘文於釉下者，僅僅英國大維德基金會所藏一對「至正十一年」銘文象耳瓶有，還沒有發現

更多被公認為有銘文者。

隨著元青花仿品的大量湧現，帶有紀念銘文的元青花多得讓人目不暇接。什麼「大元國廷佑✕年」「樞府公用」「太禧公用」等不一而足。

已發現的元青花真器上寫有年款、銘文者非常稀少，凡見到有銘文、年款者，可以先以贋品判斷之。

13.中早期瓶罐顯色明顯

元青花的顯色也很重要，瓶、罐的外足圈一般聚釉較厚顯出水綠色，也有顯出鴨蛋青色，器身釉面往往會顯出青白色、淺淡藍色，或偏黃褐等色。

元代中早期的青花瓷瓶、罐之類顯色明顯，顯色是隨空氣中的乾度、濕度、溫度、季節的變化來顯出釉面不同的顏色。

元青花仿品的鑑定辨偽技巧

正因為元青花價值連城，導致仿品蜂擁而來，現代元青花仿品幾乎達到亂真程度，這就需要收藏投資者認真做辨偽分析。

中國的古瓷鑑藏有豐富的實戰辨偽方法，例如使用痕跡鑑識法、土鏽水銹識別法、拉胎畫痕檢測法等，都是行之有效的寶貴經驗。

但在元青花的鑑定實際中，也要與時俱進。如傳統經驗鑑定方法最重視的是器物的造型和紋飾，其次是工藝和款識，最後才是胎釉和彩料。現代條件下使用目鑑方法時要顛倒過來，最要緊的是看胎釉和彩料。因為人為因素越多的越容易仿製，而屬自然界物質性的東西就不是製贋造假者隨心所欲而能為之的。

學習元青花辨偽技巧應從如下要點入手。

1.仿品與真品不可能完全相同

古代瓷器是在當時的社會大文化背景下，多種自然科學和社會科學綜合而成的產品。現在仿古瓷沒有條件從胎土原料、釉料配方、採料加工、燒製工藝等所有方面完全再現600多年前的元代中晚期狀況。特別是器型製作的美學和實用要求、紋飾佈局和繪畫風格的時代欣賞標準等，受特殊歷史文化背景和社會生活環境強烈制約因素的影響，在現代是無法重複的。

所以說元青花的仿品與真品在所有特徵上都毫無差別是不可能的。當然，現代人由高水

青花瓶口沿。辨偽需要觀察口沿。

準文化素養加上現代科技手段製作出的優秀仿品，在單個特徵甚至相當多的特徵上使「目鑑」一時難辨真假，倒是極有可能的事。

2.現代儀器檢測胎質可辨偽

用現代儀器檢測對比真偽兩者的胎質成分，現代仿品也會原形畢露的。

因為用以製作元青花的麻倉官土（優質高嶺土）早在明代中後期就已枯竭，而現代仿古瓷作坊已無可能再配製出同元代化學成分完全相同的坯料。

3.造型不對一定是假貨

專家馮先銘說過：造型與紋飾「是鑑定瓷器的關鍵問題，抓住這兩方面，鑑定的可靠係數即可達85%」。

現代仿古瓷高手利用科技手段進行精密測試和反覆實驗，已能完全掌握各種配方的胎泥的燒製收縮率，從而使高仿品的造型上幾乎可以難辨真假的程度，所以，單憑觀察和對比器形以不能完全保證鑑定無誤了。所以造型上對的可能是真器，也可能是贗品，但造型不對的一定是假貨。

4.仿品手感沉重，胎質過細無砂隙

現代仿元青花器已無法獲取與元代麻倉土成分相同的高嶺土，多用工業化機械加工的胎泥製坯。這種胎泥由於用球磨機碎料，真空練泥，沒有陳腐過程，因此燒成後的仿品胎質過於細密，胎內沒有空隙，胎體相對密度大，手感沉重，露胎面細白無砂隙。

5.缺少陳腐工序的泥料露胎處顯乾澀

近幾年來為了在製泥工藝上仿古，景德鎮周圍許多瓷石、瓷土產地的江邊河畔又出現了一些用水輪作動力的水碓製泥作坊，專門向仿古瓷作坊提供泥料。這類泥料比機制泥料有性，好用的多。

但無論如何，缺少長時間陳腐工序的泥料燒製出來的仿元青花瓷在露胎處仍顯乾澀，沒有元青花真器露胎處那種粗而不乾、潤膩不澀的質感。

仿製品在胎色的外觀可以接近真品，但永遠不會與真品的質地一致。

青花罐口沿。

青花罐底足。辨偽需要觀察底足。

6.假釉斑往往過多有人為痕跡

　　從釉質、釉色上辨別元青花的真贋，主要觀察釉汁的色澤。元代對器物施釉用的是蘸釉和刷釉的方法，大器如梅瓶、大罐等外部上釉用刷釉法。由於元代製瓷工藝中普遍對器底處理比較粗糙，施釉後器底往往黏釉，因此瓶、罐底部燒成後往往留下少量釉斑。現代仿品大都採用噴釉法，底部無釉。為了製造假象，就人為塗抹假釉斑。

　　真假釉斑的區別在於：真釉斑為器身刷釉後的底部黏留物，有的器物有，有的器物沒有。假釉斑往往很多，且大片存在，這就弄巧成拙，露出了馬腳。真釉斑是在施釉工作臺面上隨機沾上的，多為小片；假釉斑是刷塗的或點塗的，可明顯看出人為痕跡。

7.現代仿元青花透明釉釉色泛綠

　　「至正型」元青花上所用的透明釉在配方成分、加工工藝上沒有留下準確資料，現代仿元青花器的透明釉只能從色感、質感上照貓畫虎地配製。

青花罐器形。辨偽需要觀察器形。

因此絕大多數現代仿元青花透明釉釉色泛綠，在積釉處呈湖綠色而不是淺湖藍色。有極少數仿品的積釉處呈湖藍色。但有藍的太過，與真元青花透明釉兩相比較，便顯得極不自然。

8.真品青料藍中微泛紫、青中蘊淡綠

觀察20年來元青花的仿品，在青花料的發色和色料在紋飾畫面上的表現，最容易露出破綻。

元青花所用的蘇麻離青屬天然礦物料，主要特點是高鐵低錳，並且含有砷等微量元素。國產青料都是高錳低鐵型，不含砷等微量元素，因此無法用國產青料進行蘇麻離青料呈色的仿製。然而近年來確實有不少贗品在青料的發色上同進口蘇麻離青料已十分相近。

現在有的元青花高仿品在青料色澤上確實已近逼真，非但顏色接近，而且也有大量下凹並顯鐵銹斑。其實，元青花所用的進口鈷料在呈色上有的色澤較深，有的較淺，有的暈散嚴重，有的較少暈散；欠火者青中帶灰，過火者深藍帶黑；燒成溫度適宜、窯位上佳者呈色極鮮豔，沉穩青翠。

對比真贗，最難仿的有兩點：一個是蘇麻離青料的特殊呈色——藍中微泛紫，青中蘊淡綠；另一個是紋飾筆道中的色料聚縮現象。

這兩個特點應當是進口蘇麻離青料中天然礦物的複雜成分在特定窯溫和環境下燒製的特殊化學反應和合成效果，製假者在破譯之前無法亂真。

9.仿品接胎痕凸出過分，內部顯得規矩

接胎痕是元青花製瓷工藝的一大特點，觀察接胎痕為鑑別真偽元青花的重要方法之一。現代製瓷一般中小型拼接器已看不到接胎痕。元青花仿品中，有的器裏器外都沒有接胎痕，有的雖有接胎痕，但絕大多數為人工製作，橫接胎痕極不自然，有的凸出部分顯得過分，超越古代泥料凸出限度；有的內部顯得規矩，不像是在高溫燒製時器物上部重力自然所為。

現代高仿品中，有的在泥料的配製、接胎成型以至柴窯燒製已與古代工藝暗合，因而在鑑定上，只要發現有一點是確定無疑的贗品特徵，應一票否決。千萬不要正向思維，而是要用逆反思維，專門尋找疑點，挑剔破綻。

10.看鐵銹斑分佈得是否合理

如果從色澤上難分真假，怎樣來鑑別真假蘇麻離青料呢？

首先看鐵銹斑分佈得是否合理。仿品的鐵銹斑在分佈上，有的太過，鐵銹斑的密度和濃度大大超過了蘇麻離青料成分中鐵的含量；有的是在紋飾繪製後再用人工配製的含鐵量極高的料水二次複筆點染，細心觀察，就能夠發現認為的製作痕跡，甚至在淺淡的青花紋飾上出現了原本不該出現的鐵銹斑。

不要把錳鏽斑當成鐵銹斑。明清時期低檔民窯青花瓷青花紋飾的濃重處的「鐵銹斑」，其實是國產青料加工粗糙或者下等青料燒製時產生的錳鏽斑。

11.看青花紋飾筆道串珠狀縮聚現象

其次看青花紋飾筆道中有沒有色料的串珠狀縮聚現象。這種色料的串珠狀縮聚現象，不但在用濃重青料大片塗抹人物衣飾等部分時會出現，有時在用濃料勾畫回紋等細線時也會出現。這種現象的多寡表現是同元青花製品的優良精美程度相一致的。越精良者越少，反之相對較多。可能與青料淘煉、去雜工藝水準有關。

某些仿品製作者也發現了這一現象並且刻意模仿，但效果極不自然。

青釉缽，元代，龍泉窯。估價3萬元。

12.色感沒有蘇麻離青「味兒」的絕不是真元青花

要注意看青料胎面的下沉附著現象。蘇麻離青料相對密度較大，在燒製中若窯溫正常就不會向釉面擴散，而是在釉汁底層發生暈散。側看釉面會發現所有青料紋飾部分有下凹現象，只是青料極淡處不太明顯。

青料色感有蘇麻離青「味兒」的有可能是真蘇麻離青發色，也有可能是較為成功的現代化學料仿色，但青料色感沒有蘇麻離青「味兒」的，絕對不是真元青花。

13.高檔仿品的紋飾幾可亂真

元青花的低檔仿品的紋飾一般都是畫技低劣，東拼西湊，不倫不類的。例如，把明代弘治蓮瓣邊飾和清代龍畫在仿元青花器物上。

高級仿品上的紋飾辨識就費事得多。高檔仿品的紋飾，特別是圖案畫最容易仿繪，幾可亂真。山石、花卉、樹果以及動物也可以畫得十分嫻熟，真假難辨。人物畫最容易露出破綻，要麼照圖臨摹，行筆呆滯，缺少真品用筆恣意的流暢感，要麼造型比例過分精確，表情異常豐富，充分暴露出現代美術師的人物素描功底。

14.真品隨意點染神韻張揚

古代畫師雖然自幼學習，或投師，或家傳，但不可能具有現代素描、寫生素養。故而雖熟練自如，卻缺乏準確的比例及透視關係，隨心點染，神韻張揚，不求工整準確，只要活潑生動。

現代仿元青花器在紋飾繪畫方面恰恰沒有這種樸拙簡練、誇張傳神、意趣無窮的特點。諳熟這些畫技特點是辨贗識真的關鍵。

15.多件同樣圖案和器形的都是仿品

元青花存世量稀少，目前很少發現紋飾完全相同的器物，因此，面對那些畫有世界各地館藏名品紋飾的「元青花珍品」，諸如「蕭何月下追韓信」「三顧茅廬」等，不可輕信。因為這類東西在收藏市場已大量出現，所以對市場上出現的已知博物館藏元青花珍品時，要多一個心眼。

16.仔細觀察不同時期柴窯、氣窯的氣泡現象

瓷釉中氣泡是一種客觀存在，它的形成和分佈變化一定有其物理的、化學的原因。不同時代的不同原料、配方、燒製工藝必然會在瓷器上有所反映。

元代中早期瓶、罐之類青花瓷釉面上有時會出現微弱冒汗現象，一般為天氣炎熱季節所製，還有元代中早期的青白釉和樞府釉的青花上大多數是沒有氣泡的。

從至正年間開始燒製的青花瓷、白釉及卵白釉的青花上會有氣泡，但是會有大中小三種氣泡，小氣泡多，元青花瓷的釉面大多顯得乾透呈瑩潤透明狀。

看釉中氣泡的疏密大小與層次分佈，以便分辨出是柴窯燒製還是氣窯燒製。現代仿元青花多用氣窯燒製，窯溫易控制，窯內外溫度均勻，燒製成品率高。但由於柴窯和氣窯在燒製過程中溫度變化的時間差異和升溫曲線的巨大區別，現代氣窯無法完全重複瓷器在柴窯內燒製時的複雜甚至極其微妙的物理、化學變化，特別是釉中氣泡的疏密大小與層次分佈表現。

現代氣窯仿品釉中氣泡小而密，缺乏通透層次感；而柴窯燒製品釉中氣泡則較之稀少疏朗，氣泡空間隙大，大、中、小氣泡都有，且分佈有層次感。

柴窯產品釉面質感活而水靈，氣窯產品釉面質感死而呆板。這種感覺是緣於釉面中氣泡對光線反射的無序性和有序性兩種不同的物理效應。

17.氣窯燒製的元青花絕對是贗品

真元青花是柴窯燒製的，但柴窯燒製的不一定是真元青花；而氣窯燒製的元青花則絕對是贗品。

18.贗品底部修足滾圓刀痕細勻

元代軲轆車轉速慢，大罐、梅瓶修足粗，刀痕寬但很自然；現代用電動快輪，轉速快，修足細，太規整。為了仿古，有的故意用寬刀深挖，但刀痕太寬、太深、太過規整，很不自然。

元代器底無論大小皆平切，然後側棱倒刀，圈足內牆皆外斜。瓶、罐一類大器不重修足，圈足較淺，足牆寬厚。現代仿品有的正面看頗能蒙人，細看底面，修足滾圓、內牆直立、刀痕細勻，一看便知是電動轉盤作品。

堆釉塑龍虎紋爐，元代，鈞窯。估價13萬元。

第十章
明代瓷器鑑賞與收藏

竹溪月冷陶令醉，
花市風香李白眠。
到頭世事情如夢，
人間無飲似樽前。

——明·佚名《白瓷青花銘盤題詩》

青花山水酒壺，明崇禎。

明朝是中國瓷器史上一個重要的發展階段，窯場數目空前增多，明朝生活瓷器、建築瓷器和其他類型的瓷器製造大大地超過了以前歷代，展示了瓷器業大發展的局面。由於製瓷工藝技術的不斷提高和實行「官搭民燒」制度，即工匠完成官方規定的任務後，可以進行自由經營，客觀上對手工業工人的積極性起到了促進作用。

明朝時期，景德鎮的瓷器製造業在世界上是最好的，在工藝技術和藝術水準上佔突出地位，尤其是青花瓷達到了登峰造極的地步。

此外，福建的德化窯、浙江的龍泉窯、河北的磁州窯也都以各自風格迥異的優質瓷器蜚聲於世。

明朝民窯不僅產量超過官窯，而且燒成了許多高品質的可以與官窯相媲美的瓷器。明代青花、五彩、斗彩瓷器是瓷器生產的主流。

明瓷發展背景

明代瓷器的發展背景，應重點瞭解如下方面。

1.明降低商業稅率等政策促進手工業發展

明朝建立後，為了恢復和發展社會經濟，對工商業採取了降低商業稅率等政策，改變了元代對手工業工人採取的工奴制度。

王鴻緒《明史稿》第五十四卷描述，明洪武時規定「凡工匠二等：曰『輪班』，三歲一役，役不過三月，皆復其家；曰『住坐』，月役一句」。《明史》第七十八卷：「住坐之匠月上工十日，不赴班者輸罰班銀月六錢，故謂之輪班」。

這種「輪班」和「住坐」的封建經濟的剝削制度，對於明朝後期資本主義萌芽的發展起了很大的阻礙作用。但和元代的工奴制相比，則有很大的進步。輪班匠三四年中除了為官方服役三個月外，可自由經營手工業；而住坐匠戶若能每月交納六錢罰班銀後，也能從事自己的業務，這對於當時手工業生產的發展，無疑具有很大的促進作用。

2.城市繁榮增加了對手工業產品的需求

明朝初年，社會相對安定，洪武、永樂年間，除了原有的城市繼續有所發展外，南北各地又出現了一批新的商業中心。明成祖朱棣把首都從南京遷到北京以後，疏浚會通河，修整自濟寧至臨清的一段運河，使運河沿線的一些城市也繁榮起來。城市的繁榮，增加了對手工業產品的需求。

3.瓷器輸出途徑更多

明朝洪武年間，曾一度實行海禁，但瓷器的出口並沒有停止，只是限制政府對外國的贈予。永樂年間以後瓷器輸出的途徑更多：政府的對外

青花山水酒壺口沿。

青花纏枝蓮紋梅瓶，明宣德。

饋贈、入貢國使節的回程貿易、鄭和的大規模遠航貿易和民間的海外貿易等。由這些管道，明朝的瓷器不僅繼續暢銷亞洲各國，而且也大量銷售到歐洲。

　　同時外商還根據本國的生活習俗和民族習俗，在造型、紋飾等方面提出要求，訂購所需瓷器。據萬曆年間刊刻的《野獲編》記載，阿拉伯各國來中國進行貿易的商人，回去時所帶的瓷器多達數十車。鄭和八次出使西洋，既促進了海外貿易的發展，更刺激了瓷器生產的繁榮。

　　4.工廠手工業有利瓷器發展

　　到16世紀，明代的社會經濟中資本主義因素有了進一步的發展。當時的重要手工業，如紡織、冶鐵、採煤、印刷和瓷器製造業，都有一部分進入工廠手工業的發展時期。明代的瓷器生產正是在這樣的社會背景下取得了輝煌的成就。

明代瓷器的特徵

剛入門的瓷器收藏者主要收藏對象應是民國和明清時期的瓷器，因為明以前瓷器流傳下來的相對少，價高，辨偽難度大，不適合初涉獵的收藏者。故而，可首先重點掌握明代瓷器的特點。

明代瓷器有如下特點：

1.器形豐滿、渾厚古樸

造型渾厚古樸、線條圓潤柔和，構圖以弧線為主，大件器物早期不多，晚期增多。器形給人以質樸，莊重之感。

2.胎體厚重，胎質細膩

立體造型的瓶、尊等都較厚重。圓器指平面造型，如盤，碗等，其胎體也較清代厚重。

胎質、胎骨與元代比較細膩，胎色白，密度也較緊，但瓷化程度並不高，較之元代器體要薄而靈巧，部分好的官窯器上能見枇杷紅。

3.明代青花瓷器，早期暈散，中期漂亮，晚期發灰、暗淡

4.不同時期的瓷器裏子有不同特點

永樂、宣德瓷器的裏子很規矩，俗稱「淨裏」；其他時期的盤、碗類，內壁欠平整，有凹凸不平之感。

青花人物故事筆筒，明崇禎。

青花飛鶴碗，明崇禎。

琢器的腹部有多至肉層的銜接痕跡。弘治以前注重修胎，接痕不在明顯；正德以後，到嘉靖、隆慶、萬曆及明末各朝，胎體接痕特別顯露，民窯器尤甚。

5.露胎處多有火石紅斑痕跡

明代所有瓷器露胎處（底足、器口等）多有火石紅斑痕跡的現象。

元明兩代瓷器的器底，露胎處均可見星點裝或大片火石紅斑。這種火石紅斑，自元代開始出現，經明代，延續到清代乾隆以後才完全消失。

但不同時期有不同特色的火石紅斑，鑑賞收藏時需要仔細揣摩。

6.釉質肥厚滋潤

早期底釉白中泛青，是樞府釉一大特點。釉質肥厚滋潤，給人以含蓄的感覺，有古典美感。

後期白度相對增強，釉質較肥厚，光澤不太強，釉色給人以深沉含蓄的感覺。

青花品種除成化、弘治、正德三朝少數器物釉面潔白外，其餘皆為青白色，俗稱「亮青釉」。這種白中閃青釉面貫穿於整個明代的始末。器口及足邊微有垂釉痕跡。

7.紋飾多寫意，豪放生動

紋飾多為寫意，畫面豪放生動。題材廣泛，取於自然，多寫意，少寫生。有人為意識，但仍以自然為主。

畫龍多兇猛，嘴巴象豬嘴，俗稱「豬咀龍」，怒髮前衝，爪部團成圓形，有三爪、五爪，晚期龍紋有衰老之態。

前期所繪鳳紋與元代一樣，頸部無髮毛，在龍、獅及獸身上多帶有火焰紋。

嘉靖以後所畫兒童形象，頭部很大，額角及後腦勺凸出。八寶圖案為輪、螺、傘、蓋、花、魚、罐、腸。文字裝飾有回紋、百壽字、富字。

8.器足常有塌底粘砂

大件器足，多為砂底，永樂、宣德大盤均為白砂底。明代早期和晚期的圓器足底，常有塌底、粘砂，放射狀刮削跳刀痕，到晚期更為明顯。

器足形狀有直圈足、內斂圈足、臥足、臺階式圈足、外傾內斜削式圈足、直切圈足、壁

霽藍釉盤，明宣德。

形足、平削圈足、深圈足、淺圈足、刮削平足等。

9.青料有進口的蘇麻離青

國產青料有浙江土青、平等青（陂塘青）、回青（佛頭青）、石子青，進口料有蘇麻離青。

10.燒製工藝常見窯紅，多為釉底

燒製工藝常見窯紅。釉底有縮釉、窯縫；罐類多見接口，器足根尖如鯽魚背；多為釉底，少見砂底；底少有粘砂、跳刀痕；初有圈，砂底細膩光滑。

11.款識為楷書、篆書、年號等款

明代以前景德鎮瓷器多不書款，款識始於永樂。

永樂以後開始在官窯器物上書寫本朝年號款，在民窯器上有圖記款，吉祥語款，私家人名款，款字多以青花書寫，兼有暗刻、凸印、朱書等。

12.宣德款式最多

除永樂、宣德、弘治、萬曆有篆書外，其餘多為楷書款，以六字雙行和四字雙行為主，亦有極少數為單行橫款、環形款、豎款，一般格式為「大明××年製」，隆慶時期多為「大明隆慶年造」，一般寫於器足底面口沿或器身上。

有青花書款，陰、陽刻款等。所有青花書寫的款字，色調都較深沉，無飄浮感。

洪武瓷器鑑賞收藏要點

明洪武年間，青花及釉裏紅瓷器產量明顯增加，尤其釉裏紅瓷器質與量的精美成為洪武官窯瓷器的最大特色。

1.器形以執壺、大墩式碗、高足碗為主

明洪武器形以執壺、大墩式碗、高足碗為主。洪武官窯瓷器種類繁多，器形從小型的碗、碟到最大的罐、梅瓶、玉壺春、大盤等都有。

2.色澤清雅柔和

因採用國產料，含鐵量較低，含錳量較高，所以青花呈色大多偏淡、偏灰，不如元青花那樣濃翠。釉面多為青白色，色澤清雅，柔和悅目。

釉裏紅纏枝牡丹紋玉壺春瓶，明洪武。

3.龍紋為五爪龍明顯縮小

所繪龍紋不如元代兇猛，多為五爪龍。元代所繪的折枝或纏枝蓮葉紋形較大，為大花、大葉，到洪武時則明顯縮小。

4.紋飾簡練嫺熟、豪放生動

明代早期紋飾大多簡練嫺熟、豪放生動，官窯器的紋飾精細秀麗，或多或少流露出元代風格。

5.底足中心乳釘狀突起

瓷器底足中心乳釘狀突起，是元代器足之遺傳。

6.如意形雲尾長，顯得飄灑流暢

洪武時期的青花瓷既有元代風格，又開拓新樣，呈現出過渡時期的獨特風格。南京明故宮玉帶河和北京的元、明宮殿遺址，於1964年、1984年出土了大批殘瓷，表明此時有青花雲龍盤，外壁青花，裏壁模印雲龍紋飾，盤心畫有長腳形如意雲紋3朵。

其後的永樂、宣德乃至正德、嘉靖時均沿用這一裝飾，但洪武時如意形雲的雲尾較長，顯得飄灑流暢。

鴛鴦蓮花壺，明洪武。

鴛鴦蓮花壺，明洪武。

7.氣質古樸莊重，壺粗碩，盤、碗清秀

　　玉壺春瓶及執壺由元代的瘦長器體而演變為粗碩豐圓，大尊、雙耳瓶、墩碗、軍持、盞托及折沿菱花口大盤類，均古樸莊重，也有更加清秀圓潤的盤、碗。

8.器內陽文印花，外壁青花裝飾

　　其裝飾工藝表現在：器內以陽文印花，外壁以青花裝飾，是為元代樞府窯及元青花技藝的延續。

9.常見松竹梅、竹石芭蕉、纏枝花紋

　　這時的青花瓷圖案多扁橢圓形菊花紋樣，其葫蘆形葉紋不像元代層多而規矩，風格較豪放，最常見的為松竹梅、竹石芭蕉和纏枝花紋，也有牡丹、蓮花、菊花、茶花及靈芝紋及如

意頭形雲肩與變形蓮瓣等。其中或空白或繪以團花。

10.時代特點鮮明突出

園景中的籬笆往往從中隔斷，構思極其新穎，有寬闊的蕉葉、奔放的龍紋及草書「福」「壽」等字，筆意流暢，再襯以較為白潤肥腴的釉面，時代特點鮮明而突出。

11.釉裏紅有所創新

洪武釉裏紅與元代釉裏紅相比較，在造型上仍承襲元代的風格，但元代流行的印花法到洪武年間則被暗花技法取代，在工藝技術上更進一步。

洪武釉裏紅在國際拍賣市場上屢創高價，早在1989年5月，香港蘇富比的一件明洪武釉裏紅牡丹菊花外纏枝牡丹紋大碗就曾以2035萬港幣的價格創出天價。

近10年來最有名的洪武釉裏紅，是在1997年11月5日在香港佳士得拍出的洪武釉裏紅纏枝牡丹紋玉壺春瓶，以2202萬港幣的價格成交。

這幾年的國際藝術品拍賣市場上，已很少能看到洪武釉裏紅。品相、發色、紋飾較差的洪武釉裏紅瓷器價格也在百萬港幣至數百萬港幣。

永樂瓷鑑賞收藏要點

洪武之後的官窯，自永樂、宣德就進入青花瓷器的全盛時期，在藝術表現上不論發色造型，還是紋飾等，都凌駕各個朝代之上。青花料使用進口的蘇麻離青極具穩定性，使用青花料的成熟度及各類造器的精美度都達到巔峰，因而使得永樂、宣德兩朝青花瓷器成為後世的收藏家極力追逐的目標。

1.鮮紅釉、甜白釉、青花瓷是典型

此時的鮮紅釉、甜白釉和青花瓷器在中國的瓷器工藝史上獨樹一幟，佔有特殊地位，成為明清兩代的典型。

2.器形古拙秀美，體態俊秀

永樂年間的器型古拙秀美，當時出現的一些精品，如白釉脫胎暗花盤碗、青花壓手杯之類，都是後代仿品在造型等方面遠遠不可企及的。

永樂瓷器的造型呈現出清秀、圓潤、靈巧的風度。

3.白砂底細膩傳神

永樂時胎土淘煉精細，胎體輕重適度，尤其以白砂底之細膩而著稱。

4.紋飾層次清晰

紋飾用筆或粗或細，著色有深有淺、有濃有淡，使紋飾層次清晰。

5.畫面題材豐富

永樂青花紋飾畫面除傳統的龍鳳紋配以長腳如意雲紋，或器裏壁同元代一樣凸印龍紋外，還有園景花卉、竹石芭蕉、枝果花鳥、嬰戲、胡人歌舞、錦紋、海水江牙以及西亞的阿拉伯文和纏枝蓮紋等裝飾。

青花纏枝花卉玉壺春瓶，明永樂。

6.圓器口沿有鋒利感

　　圓器中的口沿，以手試之有鋒利感。而後仿的口沿多圓潤，不見棱角。這種器口特點，是我們斷定年代和區分真偽的主要依據之一。

　　7.琢器胎體接痕微露，不及元代與明初時期明顯。

　　8.器足豐富有特色

　　常見器足有：裏直外收式圈足、齊平式圈足、高深外撇式圈足、圈足露胎處多泛火石紅斑。盤碗類，器心多微下凹，器底外凸，呈塌底狀。

　　9.帝王年號款爲四字篆書

　　永樂時，開始書寫帝王年號款，但永樂青花瓷中寫款較少，僅有壓手杯署款識於器裏中心，並以圖案花紋圍繞。其形制有三種：器中心篆書「永樂年製」，外繪鴛鴦環繞；或繪雙獅滾球，年款則寫於球心；青花單線圈內繪團花，花心書寫四字款。此期均為四字篆書款。

　　故宮博物院藏清宮舊存壓手杯4件，器形紋飾相同，內有款識為三花一鴛鴦者，係所藏120件永樂青花器中的佼佼者。

　　永樂青花瓷的金彩飾和雪花標誌的款識為新創。

　　還有採用青花或金彩圖記為款者，也僅見四字篆書，為景德鎮明代御器廠製瓷署皇帝年號官款之始。

　　10.色調凝重古雅，體態俊秀

　　青花器造型工整精緻，色調凝重古雅、絢麗鮮豔，用進口蘇麻離青料，燒造時有自然的暈散，形成濃重凝聚的結晶斑點，呈凹凸不平狀。

　　此期乃至整個明代青花呈現高超藝術特色，與進口蘇麻離青料是分不開的。

　　永樂三年至宣德六年（1405～1431年），鄭和七次下西洋，帶回製瓷所需的青料蘇麻離青，此料是古波斯雷伊城所產，為景德鎮燒製色調凝重古雅，獨具時代特色的青花瓷提供了物質基礎。

青花纏枝花卉玉壺春瓶一對，明永樂。

款識：永樂年製。

11.釉面肥厚，瑩潤平淨

釉面肥厚，瑩潤平淨，無橘皮紋。白釉器的口、底邊角與釉薄處多閃白色或黃色，釉汁厚聚處閃淺淡和蝦青色。

12.色濃處見黑色錫光

因採用引進的蘇麻離青料，含鐵量高，青花呈色鮮豔如寶石藍，因研料不細，線條的紋理中常有鈷鐵的結晶斑，濃重處則凝聚成黑色錫光，濃豔處會出現黑斑，有暈散現象，這成為永樂、宣德時青花的典型色調。

13.淡色繪水波，濃色繪青龍

這時還將進口料與國產料合用，前者濃，後者淡，以淡色繪水波，濃色繪青龍，構成色澤鮮明的對比圖案，如官窯款的青花海水龍紋高足碗、盤等。

14.新造型較多

明永樂主要器形有壓手杯、八角燭臺、扁腹綬帶葫蘆瓶、天球瓶、棱口洗等。

永樂青花器的新造型較多，有扁腹綬帶耳葫蘆瓶、蒜頭口綬帶扁壺、雙系小口罐、四系扁罐、軸頭罐、漏斗、執壺、三系竹節柄壺、葵花式洗、大鼎爐等。

15.造型和紋飾受西亞影響

由於貿易和頻繁的文化交流，這一時期的瓷器造型和紋飾，也受到西亞地區的影響。

特別是這時期青花瓷的造型和紋飾，受西亞地區文化影響的主要有天球瓶、扁腹綬帶耳葫蘆瓶、蒜頭口綬帶扁壺、直口雙耳背壺、花澆、執壺、無柄壺（藏草壺）、折沿盆、魚簍、八方燭臺、無檔尊等，皆仿伊朗、敘利亞、北非、土耳其等地的陶器、銅器、金銀器、玉器的造型與紋飾。

其中扁平腹大壺最為突出。此壺又謂臥壺，為一圓形鼓腹、中心凸起、圓餅狀壺，一面砂底無釉，中心下凹有臍，頸的兩側或凸起花朵加以雙系活環裝飾，一面有長頸口管覆蓋，紋飾類似永樂款壓手杯上所繪纖細纏枝花紋和錦紋，係仿西亞銅質扁壺製作。故宮博物院藏有4件。

16.市場價值高

在國際市場上，永樂的官窯瓷器都具有千萬元以上的實力。如2004年4月由香港佳士得拍賣的明永樂青花龍戲珠紋棱口洗，以4094港幣的價格成交。從歷年來中國瓷器成交價格中就可看出永樂朝青花官窯瓷器所受的重視程度了。

永樂、宣德時期除青花瓷器外，釉裏紅也是非常重要的瓷器，其市場價格與青花瓷器相當，只不過數量較少，尚未受到更多注意。

宣德瓷鑑賞收藏要點

宣德時期造型種類明顯增多，並且製作精緻，獨出心裁，有些是空前絕後之作，若不具備很高的技術水準，是難以仿製成功的。故永宣青花器，僅見清代康熙、雍正、乾隆時的仿品及民國時的贗作，除此而外其他時期少見。

1.胎質細膩，青花濃豔，紋樣優美

永樂為明代瓷器的開始和發展時期，而宣德則為鼎盛時期。瓷器界有青花首推宣德的說法。

宣德青花以其胎土精細、釉汁均淨、造型工整、胎質細膩、多細砂底、器形多樣、青花濃豔、紋樣優美而久負盛名。琢器接口少見，胎體比永樂時厚重，紋飾優美生動，在瓷器史上佔有重要地位，成為明、清兩代青花的典型。

2.釉面以橘皮紋為特點

永樂青花器的釉面潔白光潤，宣德青花器的釉面呈現橘皮紋，也稱橘皺紋，富有時代特色。青花器釉面呈亮青，前期與後期釉面稍白，中期為青白色，釉面細潤。

3.青花用三種色料

青花用三種色料：進口蘇麻離青料、國產料、進口和國產混合料。

青花料三種中，採用蘇麻離青的釉色深沉，有暈散和黑斑現象。

採用國產料的呈色清淡，藍色不穩定，有流散走釉現象。單以國產料施淺彩，在淺淡暈散和濃豔的黑藍中微含紫色，為宣德後期產品的特點。

青花纏枝花卉紋碗，景德鎮窯，明宣德。估價70萬元。

採用蘇麻離青與國產料相結合的呈色濃淡相間，突現了紋飾的層次感。

總的釉色感覺是：胎釉精細，青色濃豔明快，青花自然暈散，形成濃重的凝聚結晶斑，深入胎骨。

4.礬紅彩始於宣德

宣德青花除繼承元末明初的青花釉裏紅及金彩外，又與礬紅彩結合繪製出青水紅龍、海獸，並進一步製作出五彩與斗彩。

礬紅彩始於宣德，瓷釉為宣德創新品種之一，仿哥釉也是從宣德時開始的，黃釉是宣德時燒製成功的，青金藍釉又稱「雪花藍」或「灑藍」，為宣德時景德鎮能工巧匠又一傑作。

甜白釉小盤，明宣德。

5.紋飾粗重豪放，筆法蒼勁有力

紋飾一改永樂時的纖細風格，顯得粗重豪放，筆法蒼勁有力。尤以龍紋猙獰兇猛之狀，可為明清兩代之最。

6.六字楷書款多

宣德瓷器署有年款的，較永樂時顯著增多。一般為六字楷書款，亦有四字的，書寫部位不定，全身均可書寫，亦採用篆書，有所謂「宣德年款遍器身」之說。

有的款識寫於蓋裏與器內底或器裏中心，有的書於器物外口邊或器裏口，均六字橫書，肩部的為四字或六字橫款。寫於器底面的最多見，六字為「大明宣德年製」，四字為「宣德年造」。

7.篆「德」有橫楷「德」無橫

彩瓷楷書寫「德」字，無「心」上一橫，篆書寫「德」字，「心」上都有一橫。

8.器足多無釉細砂底無旋痕

器足多細砂底、無釉、無旋痕，泛有火石紅斑，盤心微有下凹。雍正仿斜坡盤底，於足

霽藍白魚紋碗，明宣德。

脊處滾圓如「泥鰍背」狀。

9.紋飾題材豐富,龍鳳紋為多

宣德青花的紋飾題材比較豐富,以龍鳳紋為多,有海水龍、雲龍、穿花龍,或白地青花,或青水白龍,龍又有三爪、四爪、五爪,再輔以洶湧澎湃的海水,生動活潑。

此外,還有折枝或纏枝蓮、菊、牡丹、牽牛、靈芝、荷蓮、萱草、枇杷、團龍、雲鳳、魚、穿花鳳、蟠螭、夔龍銜靈芝、海獸等紋飾。

10.造型渾厚,新穎多樣

永樂器造型清秀典雅,宣德器相對渾厚,造型新穎多樣。如八方燭臺,宣德時器體均較永樂時的厚重。

兩朝有很多同類的造型和紋飾,如玉壺春瓶、梅瓶、扁腹綬帶耳葫蘆式瓶、花澆、執壺、折沿盆、燭臺、雞心碗、杯、高足碗、臥足碗、大盤、罐、鼎、爐等。

11.花澆把柄、紋飾有別

其花澆形式則大同小異,主要區別於把柄與紋飾。永樂器為龍形柄,紋飾纖細清秀,無款;宣德器為帶形把柄,紋飾豪放,有款。

12.宣德青花為青花之冠

宣德青花以其獨特的藝術魅力,自問世之日起,就備受世人的推崇。

明高濂《遵生八箋》一書評論明代瓷器時說:「余意,青花成窯不及宣窯,五彩宣廟不如憲廟。」

清朱琰《陶說》論及宣德青花也說:「此明窯極盛時也,選料、製樣、畫器、題款無一不精……故論青花,宣窯為最。」

宣德青花獨受世人青睞,是因它一改元青花那種繁密雄健的格調,呈現出一種濃豔、凝重、古樸、典雅的藝術風采。

宣德青花所形成的這種獨特的藝術效果,蘇麻離青料具較強的暈散性能固然是一方面,但更主要的還是宣德皇帝的藝術修養,造就了明初宮廷藝術的蓬勃發展,終使宣德青花在藝術上得以冠絕後代。

13.氣韻生動如水墨畫

宣德青花發色蔚藍、蒼翠,濃者如寒鐵,淡者似翳雲,線條間往往有暈散現象,竟如在宣紙上畫出的水墨畫一般,妙造自然,別有風趣。

其繪畫圖案的構思佈局,以及筆線的勾、勒、點、染也是中國固有的筆墨,氣韻生動,渾厚質樸,充分表現出一種繪畫的情致。

14.青花瓷較多新樣

明宣德主要器形有梅瓶、扁腹綬帶葫蘆瓶、貫耳瓶、花澆、無檔尊、八方燭臺、碗、茶盞等。

霽藍白魚紋碗(俯視),明宣德。

宣德青花瓷較多新樣，如石榴式尊、獸耳四方折角八棱瓶、貫耳瓶、盒、盂、爵、花盆、文具、筆管、龍柄鳳首流壺、梅瓶、龍缸、罐、出戟蓋罐、爐、缽、花瓶、厚胎大碗與骰盅等。

此時所製的大盤比永樂時多。有一種86公分之特大盤，繪以九龍海水，為其中之最。

景德鎮御器廠遺址也曾出土了各式瓶、盆、缸、盤，大器很多，彌補了傳世品之缺。中型器以收口、折沿與菱花口為常見，在今故宮博物院所藏的750件宣德青花器中就占50%以上，只有2件書款。

宣德青花罐樣式多種，有高、扁、魚簍式及蟋蟀罐、鳥食罐等多種樣式，其最新穎的有出戟法輪式蓋罐，器身突出八個長方平面扳手，形如

款識：大明宣德年製。

法輪，扳手上畫青花折枝花，罐身分層飾以八寶、藍查文及蓮瓣。罐蓋的造型與西藏稱作「曼陀羅」的供器相似，蓋頂面與器身書藍查文以代表佛，裏面及罐內底均書「大德吉祥場」，為佛教作道場所用的法器。

15.從八方燭臺看宣德瓷

八方燭臺是15世紀早期青花瓷器中的一類重器。該器形始於永樂，今見於著錄的有數件，其中的兩件分別藏於北京故宮博物院和上海博物館。

與永樂青花八方燭臺相比，宣德時期作品在畫法上表現出諸多不同。最明顯的變化表現在柄口處的芭蕉葉紋代之以如意頭紋，頸部的方格紋和纏枝菊紋代之以更細小的纏枝花紋和纏枝蓮紋，折肩處的變形蓮瓣紋代之以纏枝蓮紋。

另外，在永樂燭臺未裝飾紋樣的肩部外側及近底部的斜直壁上，宣德時期均飾以鋸齒形幾何紋。這種變化也同樣體現在其他永宣瓷器上，例如抱月瓶和花澆。

景德鎮珠山出土的青花八方燭臺在折肩處帶有明確的宣德年款，其造型加強了對折角細部的處理，從而更有利於邊飾的展開。

與明早期的諸多青花瓷器情況類似，八方燭臺的設計原型來自伊斯蘭的金屬器皿。現藏維多利亞和阿爾伯特博物館的一件伊斯蘭銅燭臺與之十分相像，該銅燭臺是13世紀早期伊朗西部的作品，表面雕鏤有文字及多種紋樣，與明早期的青花八方燭臺的裝飾截然不同。

明早期青花瓷中有諸多仿伊斯蘭金屬器造型，例如抱月瓶、花澆、折沿盆、筆盒等。早在1941年巴茲爾·格雷在倫敦《東方瓷器學會學報》的文章中就對明早期瓷器造型與伊斯蘭金屬器之間的關係做了詳細論證。

15世紀早期的明代御器廠製作了大量的外銷中東地區的瓷器，其中大部分應該是由鄭和下西洋帶去。在今天中東地區的伊朗阿比迪爾神廟和土耳其托普卡普皇宮中藏有像明早期的抱月瓶、執壺之類的中國瓷器。除八方燭臺外，許多仿伊斯蘭金屬器造型的瓷器在中國宮廷中也被發現。出現這一現象的原因很可能是因為這些伊斯蘭器形適應了永樂、宣德皇帝好慕國外新異的需要，而當時的這些中東器形也已被介紹到了中國。

宣德以後，中國轉向實行閉關鎖國政策。直到清代這些仿伊斯蘭器形再也未見，八方燭臺更是銷聲匿跡。

　　一只小小的八方燭臺，展現了宣德演變和特點。

　　16.宣德青花仿製品早在明嘉靖即大量出現

　　宣德朝後，宣德青花餘波未息，明代自嘉靖朝始即大量仿製宣德青花，此後歷朝都在仿

青花纏枝蓮紋梅瓶，明宣德。

效。後來，隨著英、美、德、法、日等國相繼在中國各地掠奪文物，宣德青花大量流落海外，而其身價也由此騰躍百倍。

正統至天順瓷鑑賞收藏要點

1.官窯款瓷器少見

此期很少見有官窯款的器物，因為正統年間燒製青花瓷器是犯條律的。但景德鎮御器廠製瓷並未完全停止，只是不見書寫正規的官窯款。

2.拍賣市場的正統瓷造型渾厚，青色濃豔

1986年在香港出現青花纏枝牡丹獸耳尊（殘修），器底露胎墨書「明正統二年正月吉日，弟子程進供奉」字樣。其書法為明人風格，造型渾厚，青色濃豔，牡丹紋飾層次清楚，其造型、繪畫及青花色澤均不失宣德風貌。

3.出土文物中的正統瓷青泛黑褐色，筆意粗重

1973年在江西省新建縣明正統二年（1437年）寧王朱權長子朱盤烒的墓葬中發現5件青花蓋罐，均以纏枝蓮為主題裝飾，全器連蓋繪輪紋五層，有的襯覆蓮及八寶，青色濃豔，與宣德青花瓷的風貌一致。

青花龍紋瓶，明正統至天順間。

青花龍紋。

另有兩件相同的青花筆架,均為五峰山形。一件通身用重色青花繪山巒雲氣、樓閣人物聯景,即日本瓷器界稱之為「雲堂手」的;另一件正面用國產青料書寫「正統捌年」款,背面繪以類似筍皮紋的裝飾,以顯示山巒層疊,青泛黑褐之色,筆意粗重,雖為民窯造器,卻是正統時青花瓷的代表傑作。

4.正統瓷器人物題材更加豐富

正統瓷器繪畫中人物題材更加豐富。習見的瓶、罐上多繪孔雀牡丹、仙人乘鶴、龍、鳳、麒麟、清閒高士、琴棋書畫、老子講道、蓮池鴛鴦等圖案,以雲氣繚繞的仙山樓閣畫面較為突出。

5.景泰花瓷畫意簡、無年款

景泰時的青花瓷迄今未見紀年款器物。江西景德鎮景泰四年(1453年)和七年(1456年)墓中曾出土一批民窯青花器,有三足筒爐、戟耳瓶等,畫意簡略,特徵類似前朝。

6.天順瓷有款、瓷質細、胎體薄

天順時青花瓷,據《江西大志》有「元年委中官燒造」的記載。目前雖未見官窯年款器,卻有書「天順年」款的青花瓷,瓷質細膩,胎體較薄,紋飾圓潤柔和,頗似後來成化時的青花風格。

7.天順青花瓷存世量較少

天順青花瓷存世量較少。發現的二件署「天順」紀年款的青花瓷,均為通體連書波斯文古蘭經語的三足筒爐,一件由香港收藏家楊永德先生捐贈給故宮博物院。瓷器口徑為16公分,造型優美,口沿飾回紋邊飾,器身環寫3行波斯文,器內底書「天順年」三字。與其基本相同的另一件現藏山西省文物商店。爐身裏壁與內底心分別書有「天順七年大同馬」和「天順七年大同馬氏書」雙重款。

此器既有宣德以來的豪放風格,也有成化時期的矜持姿態,尤其是所書「天」字,酷似成化名器「天」字罐的書法,為天順青花瓷的明顯特徵。

斗彩4杯1壺1盤，明成化。

成化瓷鑑賞收藏要點

　　宣德之後，正統、景泰、天順三朝由於內憂外患，國事紛擾，瓷器製作較少，流傳至今非常稀有。直到成化朝國勢穩定，才恢復景德鎮官窯瓷器的生產，並首創以青花作釉下彩勾畫輪廓，上面填彩的裝飾手法，稱之為「斗彩」。

　　成化瓷成就較高而引起後市世仿者如雲。鑑定成化瓷要多方面考察，如果說有什麼捷徑，那就是看款識。

斗彩雲鶴紋盤，明成化。

斗彩雲鶴紋雙杯，明成化。

斗彩壺底足。雙框款識。

　　已故古瓷器鑑定家孫瀛洲先生對成化官窯款識頗有研究，曾將「大明成化年製」六字款之特徵編成便於記憶的歌訣，謂：「大字尖圓頭非高，成字撇硬直到腰。化字人匕平微頭，製字衣橫少越刀。明日窄平年應悟，成字三點頭肩腰。」這首歌訣較為準確地描述了成化官窯年款的書法結構特徵。

　　成化瓷鑑賞、收藏要點如下。

　　1.成化無大器

　　成化時期，器型惟重纖巧，其碗、把杯、天字罐類，都出色地代表了當時輕盈秀致的風格，並為仿品所望塵莫及。

　　成化時期瓷器造型莊重圓潤，玲瓏俊秀，小件居多，大器較少，俗稱「成化無大器」，

斗彩盤底足。雙框款識。　　　　　　　　斗彩盤底足。雙框款識。

但也不是絕對的。

　　成化主要器形有梅瓶、蓮瓣口瓶、梨壺、諸葛碗、高足碗、鈴式碗、撇口腕等。

2.胎質純潔細潤胎體輕薄

　　胎質純潔細潤，胎體輕薄，迎光透視呈牙白色或肉紅色，如脂似乳，瑩潤光潔。

3.成化青花色淡，雲遮霧障

　　成化瓷器釉面，以細潤見著，俗謂「明看成化，清看雍正」。

　　成化青花瓷器，以淡雅、沉靜的色調著稱於世。少數用蘇麻離青的呈色濃暗有黑斑，絕大多數採用了國產平等青，呈色灰藍淡雅。但往往因釉質肥厚、光潔晶亮、青花色淡而有雲遮霧障、若隱若現的現象。尤以底足的青花款色調表現得最為突出。

　　胎精釉亦精，高穆深雅，青花色調濃重者，相近於宣德晚期，並和多數淺淡色調同時並存，同臻其妙。

4.斗彩為成化創新品種

　　成化時青花瓷工藝襲宣德之制，亦有標新，更多的青花紅彩、青花釉裏紅及黃、綠釉青花、青花填綠配以鮮豔的五彩和斗彩，更是爭奇鬥豔。

5.畫意疏朗，纖細柔和

　　紋飾線條纖細，多用雙線勾勒填色法，填色較淡。只用平塗，只分濃淡而不分陰陽，無渲染烘托。繪人物衣著，只繪單色外衣，無內衣作襯托，故有「成窯一件衣」的說法。

　　其紋飾、畫意疏朗、繪工精緻，用筆纖細而柔渾、明晰透徹，襯以潔白細膩的釉面，使這一時期的青花器成為典雅的藝術品。

6.雙邊線器足規矩

　　成化器足一般飾有青花雙邊線，緊靠圈足底部，而靠近足跟無釉處那條圈線顏色較深重，上面一條則顯清淡。可用這一點來鑑定參考依據。

7.成化青花以淡雅著稱

　　成化時期青花瓷燒製數量大，且將進口料與國產平等青料共用。

斗彩鴛鴦蓮池圖盤，景德鎮窯，明成化。估價25萬元。

「平等青」又稱「陂唐青」，產地在江西省樂平縣境內，它後來居上，逐漸取代了蘇麻離青，特點是呈色穩定，發色藍中泛青灰或正藍，含鐵量小，故不出現黑斑，呈色沉而不浮，以溫潤淡雅見長。

成化青花以淡雅著稱，用平等青料取代蘇麻離青料，呈色穩定，發色藍中閃灰青，成化青花與弘治青花相類似，故有「成弘不分」的說法。

8.小型器皿以盤、碗、杯、碟爲最

成化時期的小型器皿以盤、碗、杯、碟為最，造型秀麗，紋飾多採用雙線勾勒填色，極為工細俐落。

9.題材以閒情逸致爲多

題材以閒情逸致吉祥圖為多，較為豐富，如花鳥、並蒂蓮、秋葵、蓮池鴛鴦、水藻、螭龍、摩羯、雲氣樓閣、高人逸士等，都十分生動飄逸，佛教的十字寶杵、梵文經語書體流暢。

1973年與1987年，景德鎮御器廠遺址先後出土大量成化官窯殘碎瓷器，以青花瓷數量最多。其中，有仿宣德時的松竹梅、雙獅戲球、麒麟、海水異獸等紋飾的盤、碗及靈芝紋或飛龍的罐等。

10.胎薄體輕甚至可映見外壁紋飾

胎薄體輕，其修胎薄如卵殼的三秋花蝶杯，器裏可映見外壁紋飾，實為一代之奇。

11.款識爲「大明成化年製」

均為「大明成化年製」六字款，不見「成化年製」四字款。楷書體筆鋒蒼勁有力，獨具風格，如同出自一人之手。

12.新創一種款識外加雙圈或雙方框的款式

成化官窯年款以青花料楷為「大明成化年製」，六字雙行，外圍青花雙圈或雙方框，也有個別無邊欄的。

1987年景德鎮珠山出土一成化官窯青花碗殘器，碗外底有青花楷書六字一行款，款外圍

以青花長方形雙重邊框，屬成化官窯特有款識。

　　景德鎮珠山出土成化官窯瓷器標本的地層迭壓關係表明，成化早、中期使用的是六字雙行外圍雙圈款，六字雙行外圍雙方框款出現於成化晚期，此時雖還使用六字雙行外圍雙圈款，但數量明顯少於六字雙行外圍雙方框款。

　　13.只見楷書款，不見篆書款

　　成化官窯瓷器上的年款有一個顯著特點是只見楷書款，不見篆書款。

　　14.落款位置多在器物外底

　　15.首創在高足杯之足內邊緣署款的方法

　　16.多為青花料書寫款

　　成化官窯彩瓷（青花、斗彩等）上的年款，多為青花料書寫款。成化官窯瓷器上以青花料楷書的六字年款，占全部成化款識的絕大多數。

　　17.有少量錐刻暗款

　　單色釉瓷除青花料書寫款外，尚有少量錐刻暗款。例如霽藍釉器中有的在外底錐刻六字雙款，外圍錐刻雙圓圈。

　　18.藍釉白泥款為成化朝所獨有

　　值得注意的是，成化霽藍釉白花器的款識很特別，它是在外底藍釉地上以白色泥料楷書六字雙行款，外圍白泥雙圈，款字筆畫凸起。這種藍釉白泥款為成化朝所獨有。

　　19.也有自右向左橫書於大盤的口外邊的款識

　　以青花料自右向左橫書的六字款，見於大盤的口外邊或寫於外口邊的，如黃地青花折枝花果紋盤，寫款處不塗黃釉，而留白一條。

　　再如青花麒麟紋大盤，青花六字款落在外口邊空白處。這種盤的款識之所以書於口邊，是因為其外底無釉，估計是考慮到盤的尺寸較大（口徑30至40公分），採用托底墊燒法之緣故，燒成後外底呈糊米色，俗稱「糊米底」，故無法在外底署款。

　　20.筆法蒼勁有力，字體肥

　　成化款的特點是筆法蒼勁有力，中鋒運筆，筆道略顯粗，字體肥，故有「成化款肥」之說法。但字體並不嚴謹規整，透著一股稚拙之氣，似為兒童所書。這種獨具特色款識之藍本似出自一人之手，也為歷代仿寫所不及。

　　21.雙圓圈或雙方框的青花顏色深淺不一

　　成化官窯六字年款外圍的雙圓圈或雙方框的青花顏色深淺不一，雙圈大多外圈色深，內圈色淺，說明當時先畫外

斗彩蓮紋盤，明成化。雙框款識。

圈，後畫內圈；雙方框並不規整，四角重筆處色深。這些雖然不能算作成化官窯年款之長處，卻也可作為辨別真偽的依據。

22.明正德即開始出現仿造「大明成化年製」款

由於成化官窯瓷器成就卓著，自明代正德年間開始即被仿造，仿品上出現「大明成化年製」或「大明成化年造」仿寫款。

嘉靖、萬曆時期，成化官窯瓷器已十分貴重，仿寫成化年款已成為一種時尚，雖有破綻可尋，但畢竟已達到形似的程度，給鑑定造成一定困難。

清代康、雍、乾時，仿成化年款非常盛行，有些仿得很成功，能達到神似的程度。

23.四字雙行的「成化年製」皆為後仿品

歷代仿成化年款，多在器外底以青花料楷書「大明成化年製」或「大明成化年造」六字雙行，也有「成化年製」、「成化年造」四字雙行的，款外圍以單圈、雙圈或雙方欄，也有無邊欄的。

康熙時有一種紫地三彩雲龍花卉紋折沿大盤，其外底中心光亮如漆的圓形黑地上有「成化年製」四字雙行楷書款，是仿成化款中少見的作品。

當然，明清時期的成化官窯瓷器仿品也有較高的收藏價值，因為明清瓷器本身已是有一定價值的古董瓷器了。

24.斗彩自古名貴

斗彩不但是明瓷最主要的品種，也是中國瓷器史上最貴重的一種產品。成化斗彩在當時就很名貴，明末萬曆年時即有成化斗彩雞缸杯一雙，價值十萬之說的記載。

成化斗彩的名器有雞缸杯、高足花鳥杯、葡萄松鼠杯、天字罐等，這些名器價格高昂，一般器物完整、品相好小小斗彩杯，價錢都在百萬至數百萬之間。如2003年10月蘇富比的明成化斗彩花卉紋高足杯以991萬多的價格成交。雞缸杯在蘇富比1980年和1981年拍賣會上，均以500萬港幣以上的價格成交。

而天字罐更是近20年來沒有在國際拍賣市場出現過，市價不明，但少說也在數百萬港幣，可確定的是只要成化斗彩名瓷一出現，必定能拍出天價。

25.成化青花瓷和斗彩同價

除斗彩外，成化青花瓷器也有特殊的韻味。從碗杯到罐盤，品相好、無瑕疵的，在國際市場上也有百萬港幣到數千百萬港幣的身價。

釉裏紅三魚紋碗，明成化。

如1997年4月29日香港蘇富比拍出的明成化青花荷塘紋罐，以1597萬港幣成交。在2004年11月，翰海秋季拍賣會上一件明成化青花海石榴紋臥足碗以682萬人民幣成交。

弘治瓷鑑賞收藏要點

成化朝之後的弘治朝，基本上仍繼承成化的風格，其青花瓷器如無款式的，有成化與弘治不分的說法。

弘治青花及斗彩瓷器流傳至今，其數量比起成化更加稀少，在市場價格上，不比成化低。正德朝的瓷器更不能與弘治相提並論。

1.器形、紋飾、色彩均繼承成化風格

此期御器廠時而間斷停燒，故弘治官窯青花瓷遺存量少。瓷器以盤、碗為多，瓶、尊、罐類少一些。從器形、紋飾到色彩，都是繼承成化時的風格，故容易混淆，是鑑賞時需要明辨的。

2.修胎規整纖巧

胎質與成化時相同，修胎規整纖巧。

3.紋飾線條纖細

紋飾線條以雲龍、蓮塘游龍較多，還有月影梅花、魚藻、海馬、海螺、八怪、獅子牡丹、鶴鹿、高士訪友。紋飾線條纖細，纖弱舒展，比成化時更為柔和飄逸。

4.盤有塌底現象

由於器底整個收縮下凹，使器裏圈足承托外微顯凸露。

5.圈足處理光滑圓潤，足牆比成化時略矮，內牆直立，深淺不一

官窯盤碗之類和成化時基本一樣，亦有「器足雙邊線」的特徵。

五彩雲龍紋盤，明弘治。

青花花卉紋香爐，明弘治。
估價4萬元。

6.器足底釉面色調由初期的白色逐漸轉變爲灰色，後期則爲「亮青釉」。

7.釉面肥腴晶瑩、青亮泛白

以平等青色料爲主，一般色澤更趨淺淡，亦有色顯濃深者，釉面肥腴晶瑩，釉色青亮中閃灰或泛白，也有的白中閃灰色。

8.詩句書法亦用作裝飾。

9.習見「大明弘治年製」六字楷款

款識變化雖沿用舊制，但字體趨於清秀，筆畫纖細柔和。以楷書爲主，字體小而規整。有四字或六字兩行豎寫款。習見「大明弘治年製」六字楷款。

官窯瓷器年款爲以青花料楷書的「大明弘治年製」六字雙行款，落款於器外底，套以青花雙重圓圈，採用中鋒運筆，筆力遒勁，字體小而規整，顯得清秀飄逸，故有「弘治款秀」的說法。

因使用平等青料寫款，故色調淡雅穩定。六字中以「弘」字最具特點，其右邊的「厶」字明顯比左邊的「弓」字短。「治」字的最後一畫多向右出頭，亦頗具特點。

10.也有釉上礬紅彩「弘治年製」四字楷書款

官窯器上除青花楷書的六字款外，尚有少量以釉上礬紅彩書寫「弘治年製」四字楷書款的。

11.錐刻四字篆書暗款少見

弘治官窯瓷器上還有一種錐刻四字篆書暗款，如臺北故宮博物館收藏的黃地綠彩雙龍戲珠紋高足碗，其外壁釉下淺刻雙龍戲珠紋，花紋加填綠彩，碗內施黃釉，內底心釉下錐刻「弘治年製」四字雙行篆書款，款外無邊欄，款字筆畫填綠彩，以示醒目。景德鎮珠山弘治官窯遺址曾出土相同的標本。

正德瓷鑑賞收藏要點

正德瓷器使用原料及燒造技術不佳，青花瓷發色均不理想，在國際拍賣市場未見到有傑出的表現。

1.與成化、弘治瓷風格相同

正德時期瓷器器形、色調、釉色、紋飾均有與成化、弘治瓷有相同之處。

2.工藝粗細兼有

此時正處於大明瓷由細緻、薄胎向粗糙、厚重過渡的階段，因而粗細兼有。

3.早期釉面呈色淺淡灰藍，晚期鮮豔濃重泛深色

早期使用平等青，青花色灰調，呈色清麗雅致。

此期新採用瑞州石子青料燒製，大部分呈色淺淡灰藍，雖不濃重，但穩定勻淨，並有發

青釉刻花花果紋鬲式爐，龍泉窯。估價14萬元。

黑灰色的一類，白中閃青，有的或帶鐵銹斑。

晚期採用雲南產的回青料，發色類似後來嘉靖時的鮮豔濃重色調。青花色調藍色濃翠而略泛紫。

4.正德時期大器日益增多

正德主要器形有象耳瓶、帶座瓶、瓜棱瓶、長頸瓶、蒜頭瓶、持壺、花觚、山形筆架等。

正德後期開始燒造大器，花觚、葫蘆瓶、燭臺、爐、罐、繡墩等漸多，文具類器的筆山、盆、洗、斗、奩盒、插屏、花插，亦很新穎。

5.器足露胎處一般修切平齊

器足露胎處一般修切平齊，也有滾狀出現。較淺的器足多向裏收斂，有跳刀旋痕和塌底現象。有的足心似乳狀突起，與明初的肚臍狀底足相似，民窯也是如此。

6.器底釉面有典型的青白色和亮青色特徵。

7.修胎欠佳，接痕明顯

燒造工藝日趨粗糙，胎體逐漸增厚，釉泛青灰，修胎欠佳，接痕明顯。

8.繪畫兼用雙線勾勒

青花器的繪畫，除沿有一筆勾勒點畫外，兼用雙線勾勒，填色採用平塗法。民窯器物的繪畫大多粗獷豪放。

9.紋飾以龍、嬰戲、人物故事居多

紋飾以穿花龍、翼龍、螭龍、雙勾石榴、嬰戲、人物故事居多。而用阿拉伯文古蘭經語作主題的較多。

10.款識楷書或以八思巴文、阿拉伯文寫款

款識楷書「大明正德年製」六字款和「正德年製」四字款，其中又以四字款居多。也有以八思巴文、阿拉伯文、回文和紅彩梵文書寫款識，是該朝的特殊風格。

11.款署於器物外底、頸部、口沿處

一般將款署於器物外底，六字、四字作雙行排列，外圍青花雙圈。較為特殊的是高足碗上的四字款，順時針環形排列於足內沿。

四字款也有書於器物頸部的，如青花帶座瓶、雙環耳瓶等。還有寫在器物口沿處的，如青花爐。無論是頸部還是口沿處的四字款，均自右向左橫書一排，外加雙線方框。

六字款也有一排橫書的，例如青花筆山上的底款，自右向左一排橫書於外底；青花阿拉伯文插屏上的六字款，則自右向左書於托座正中，款外圍以雙線方框。

12.礬紅彩只見雙行四字款

以礬紅彩書寫的正德官窯年款，只見四字款，署在五彩器的外底，四字作雙行排列，外圍礬紅彩雙圈。

13.暗刻四字楷書款在口沿處

正德官窯瓷器年款中還有一種暗刻四字楷書款，多署在素三彩花盆、爐、洗等器上，四字自右向左橫列在口沿處，款外暗刻雙線框。

14.「正德款恭」

正德官窯瓷器年款的字體較弘治時略大，結構略顯鬆散，但書寫工整，筆中藏鋒，故有「正德款恭」的說法。其「年」字兩橫間的一小豎，除正常寫法外，還常寫成一斜點或一短橫；「德」字「心」上無一橫。

已故古瓷器鑑定家孫瀛洲先生曾總結出正德官窯六字年款歌訣，曰：「大字橫短頭非高，明字日月平微腰。正字底豐三橫平，德字心寬十字小。年字橫畫上最短，製字衣橫少越刀。」對我們牢記正德官窯年款的書法特徵很有幫助。

嘉靖瓷鑑賞收藏要點

嘉靖、隆慶、萬曆三朝是瓷器史上的晚明時期，此時屢有創新的彩瓷出現，如五彩、紅綠彩、釉上三彩、素三彩等相繼出現。

所謂五彩就是燒好青花之後再用各色彩以低溫燒成，與斗彩有別。而紅綠二色就叫紅綠彩，是在燒好的白胚上加燒低溫鉛釉而成。在晚明官窯中最名貴的瓷器首推嘉靖五彩瓷器。五彩瓷器的製作非常講究。在嘉靖五彩瓷器最為特別就是使用略帶橙色的礬紅。

嘉靖瓷鑑賞收藏要點如下。

1.嘉靖胎質不及前朝

在瓷胎上，自嘉靖起品質已遠不如明代早、中期的淘煉精細、緻密潔白。

嘉靖初期，胎質尚能與正德接近，之後便越見粗糙。雖官窯小件仍胎細釉潤，但是，大件之物胎質已明顯見差，胎壁也更厚。胎色白中閃灰。

琢器胎體厚重，接痕顯露。圓器多有隨底心下凹和塌陷。

2.器形多為方形、菱形、六方形

嘉靖器形主要有玉壺春瓶、葫蘆瓶、出戟花觚、軍持、雙耳杯、瓷板、瓷塑等。除色澤特別外，造型、品種更加多樣，多為陳設器具、餐具等。有方形、菱形或六方形、八方形多種多樣的造型。

陳設品的大件器增多，如花盆、大罐、魚缸，還有口徑80公分的大盤，有宗教供器如佛

青花六方形菊花紋山水瓶。 青花六方形菊花紋山水瓶。

教、道教的葫蘆瓶、蒜頭瓶等。

3.釉下青花輪廓模糊不清及暈散現象

瓷釉方面，嘉靖朝初期與正德相似，一般施釉較細膩，中期顯肥厚。白釉釉色前期較白，中後期閃灰青。多數為亮青釉，釉面不夠平整，可見隱約的波浪紋。

一般器物釉面粗糙不平，官窯及民窯小件器物則細潤肥厚。往往見釉下的青花輪廓有模糊不清及暈散的現象。

4.色調呈特殊的紫蘭

嘉靖窯採用回青料，青花呈色濃豔泛紫。

嘉靖青花尚濃，以藍中泛紫為主，其色調呈特殊的紫蘭、青金藍色，這是回青中加有石青的緣故。亦有刻意摹製成化青花淺淡、潤澤之色，類似正德時灰暗黑藍色澤者，顯得有淺淡黑灰色。

5.胎釉的交接處有一線橙黃之色

嘉靖器胎釉的交接處有一線橙黃之色，這是鑑識的重要依據。

青花及白釉器物，常於口部塗刷醬黃釉，形成黃口之特徵。

青花六方形菊花紋山水瓶。

6.多見道教色彩及吉祥祈福內容

在紋飾特徵方面，除了承襲傳統圖式以外，因嘉靖皇帝信奉道教，故當時瓷器上多見道教色彩及吉祥祈福內容的紋飾，如八卦、雲鶴、鹿鶴、三星、八仙慶壽、老子講道、桃鶴、「壽」字、「福」字、「壽」字攀枝組花為樹，還有吉語文字「福壽康寧」、「國泰民安」等。

7.圖案繁縟華麗，畫風寫意粗放

花紋圖案趨向繁縟華麗，但形象卻不如以前生動活潑。此時的嬰戲圖中，小孩的後腦勺畫得特別大，這是重要特徵。同時也多見小孩放風箏等圖式。

此時的龍紋還是豬嘴龍，少數有張大嘴者，也有少數正面龍。

嘉靖時青花圖案在畫時也勾畫青花輪廓，但從整個畫面看，其輪廓顯得非常模糊。

紋飾線條雖纖細清麗，畫風多寫意粗放。

8.工藝粗獷，有欠規整

造器工藝粗獷，體重碩大，成器較難，因而有欠規整。

9.圓器圈足多向內收斂

圓器圈足多向內收斂，甚至有的可用手指掛起來。玲瓏薄胎器皿一般為滾圓矮淺窄小的圓足。

10.款識筆畫較粗

款識多書「大明嘉靖年製」或「大明嘉靖年造」六字楷書。

款識字體均為楷書體，筆畫較粗。一般多於底足書寫六字雙行，帶有雙圈。

11.底釉為亮青釉

有一點值得注意，嘉靖、隆慶、萬曆器的底釉均為亮青釉，上品的底釉的亮度常常要強於器身。

12.紅釉器色深而亮，棗皮紅色

在嘉靖、隆慶、萬曆時期的彩瓷燒造上，紅釉器由於當時原料缺少和技術退步等原因，多用礬紅彩施於白釉之上來替代紅釉。

這種彩釉的特點是多數顏色較深而亮，棗皮紅色，少數也色稍淺暗者。總的來說，這種礬紅彩釉色調不明快，而且多有傷彩之處。

13.五彩瓷器是古董市場的珍器

嘉靖五彩瓷器在古董市場是非常名貴的珍品，2000年10月香港蘇富比的拍賣會上，明嘉靖五彩魚藻紋蓋罐以440萬港幣的價格成交。

明代自嘉靖之後，在瓷器燒造上似乎已是一朝不如一朝。雖然官窯器中也乏精品，但在

民窯器燒造上已大都不如前朝之瓷。這是一個總體概念。

　　要辨識嘉靖到萬曆之瓷，在大致判定是明瓷之後，首先要在這個總體概念之中有個大體感受，然後再去進行這三朝瓷的具體的辨識。要識這三朝之瓷，主要應從胎釉、彩料、紋飾等幾個方面來鑑別。

隆慶瓷鑑賞收藏要點

　　隆慶年代短，僅僅6年，瓷器特色並不是十分明顯，所以很多專家將隆慶瓷和嘉靖瓷器或萬曆瓷一起談。

　　本書為方便初級入門的收藏者鑑賞收藏，分而談之。

　　1.色調蘭中泛紫，濃重豔麗

　　隆慶時青花色調蘭中泛紫，色澤濃重豔麗，製作精細。在嘉靖、隆慶、萬曆三朝的青花中，以隆慶時青花呈色最佳，可居三朝之首。這點可作鑑定判別隆慶青花器的主要依據。

　　2.器形多為圓形、菱形、梅花形

　　器形除圓形外，多為菱形、梅花花瓣形、方形、長方形、六方形、多方形、銀錠形，且有鏤空工藝裝飾手法。

　　隆慶時的青花瓷，傳世品有瓶、壺、缸、罐、爐、盒、洗、盤、碗等。

　　3.器體厚重，但很精緻

　　隆慶朝在瓷器燒造上與嘉靖朝變化不大，瓷的胎骨在精細程度上略有參差，但也不明顯，胎壁比嘉靖略厚。一般民窯瓷器，若無款識，較難與嘉靖區分。

　　4.紋飾以雲龍、仕女、嬰戲為多

　　紋飾以雲龍、兔紋、仕女、嬰戲為多，人物形象摹擬元人筆意，額寬、身長為其特點。常見團龍、團鳳、團螭等圖案。

　　5.款識多寫「大明隆慶年造」

　　款識一改以往的「製」字而書「造」字，多寫「大明隆慶年造」，極少見「製」字。

　　6.小件器，品種只有白釉和黃釉

　　隆慶朝釉與嘉靖相仿，一般釉面比嘉靖朝要稍細膩光潤一些，白中閃青，多小件器，品種只有白釉和黃釉兩種。

　　7.採用西域回青料

　　青花瓷用料上，在嘉靖、隆慶兩朝和萬曆朝的早期，官窯器均採用來自西域的回青料。這種青料，顏色藍中閃紫，配比正確的回青料色調特別濃豔又無黑色鐵斑，若回青料比例太高或火候太過時，可見青花暈散，紋飾模糊。這是識別回青料的一個要訣。其中，隆慶朝青花發色比嘉靖為深，最為悅目。

　　隆慶時器物傳世不多。

萬曆瓷鑑賞收藏要點

　　嘉靖、隆慶、萬曆時期青花瓷燒製數量最多，以回青料為主，基調以色澤濃豔泛紫為共同特徵。

　　萬曆瓷鑑賞收藏要點如下。

青花二龍戲珠紋捧盒，明萬曆。估價30萬元。

1.胎體厚重，器形不規

萬曆瓷土品質不如過去，胎質顯粗糙。瓷器一般質地粗鬆，胎體厚重，器身多變形不規。

民窯粗瓷的露胎處可見明顯的黑色鐵質沉澱，俗稱「芝麻胎」。

2.大器造型多

明萬曆器形主要有蟋蟀罐、活環耳瓶、蒜頭瓶、繡墩、插屏、盒、靈芝洗、瓷塑等。

萬曆時崇尚大器，造型亦多。景德鎮御器廠既燒成器難度大的大器，如花缸、繡墩、梅瓶、花觚、地瓶等外，也多製文具類的筆洗、筆格、筆山及棋盤、燭臺、盆、盒、蟋蟀罐等。

明代定陵出土青花龍紋大梅瓶高達73公分。

3.開始採用淺描手法

4.大器多粗砂底

大器多粗砂底，也有個別平底或淺底寬圈足，底部落款處常略微凹陷，並於中心施釉如臍。

5.盤碗足徑較闊

萬曆的碗盤之器除具有明代製瓷的一般特徵外，足徑較闊，底足與足牆垂直或微內傾，內折角圓潤，呈蝦青色。

盤碗之類底部多施釉，無釉的砂底，可見明顯的放射狀跳刀痕與火石紅色。

6.官窯圈足滾圓，民窯則多斜削

官窯圈足多處理為滾圓，民窯則多斜削，並出現了通常認為是康熙時才有的那種斜削式拱壁底。

7.工藝有鏤雕、鏤空、開光、暗刻等

裝飾工藝技法有鏤雕、鏤空、開光、暗刻等，青花中出現類似鐵線描的繪畫。

青花花鳥紋葫蘆瓶，明萬曆。估價8萬元。

　　萬曆瓶、罐肩部多見錦地開光花紋。須要指出的是所有這些均可後仿，因此，要識真，還是要從包漿等一些方面來進一步仔細考察。

　　8.圖案以龍鳳紋、動物、嬰戲圖爲多

　　萬曆紋飾特點，彩瓷器上是花紋繁密、色彩豔麗。彩繪一般都不大精細，花紋圖案不太生動。

　　青花器上用的是分水畫法，即以深色勾邊，以淡色平塗填繪，輪廓清晰，但缺乏層次感。

　　圖案以龍鳳紋爲主，各種動物、花卉及老子講道、張天師驅五毒等也入畫面。嬰戲圖中常見攀枝娃娃等圖式。

　　繪畫中起筆和收筆用色深，中間拖痕較淡，這是重要特徵。

白釉印花纏枝蓮花紋高足杯，明萬曆。
估價5萬元。

9.釉色不同時期有不同色彩

萬曆朝施釉不如前兩朝，要稍粗些。品種與嘉靖相似，白釉比前兩朝稍薄，釉色微閃青色。

黃釉器傳世極少，多見黃色偏深，無法與弘治嬌黃釉相比，而且釉面不大勻淨，並時有開片出現。

萬曆早期青花瓷風格與嘉靖時一致，如不以款識來區分，就難以辨別。早期青花瓷器釉色藍中泛紫，濃重豔麗。

後因採用浙江所產青料，即「浙料」，故青花色澤不及前時那樣濃豔，而是藍中微泛灰色，或藍中閃灰，發色漸淺，呈色淺淡。淡描的淺淡之色與以前的濃者對比顯得清新。

晚期藍色灰暗，多有暈散。

10.胎釉結合處有指捺紋均可判為萬曆

萬曆早期用回青料，發色與嘉靖相似。萬曆後期，因為回青料沒有了，改用石子青或浙青。由於回青料價格昂貴，故包括嘉靖、隆慶、萬曆三朝的民窯，一般都是用石子青或土青的，發色就偏暗、偏灰、偏淡。

萬曆後期細瓷也有用浙江青的，發色明快純正。這種情況一直延續到天啟、崇禎時期。

所以，鑑識時應注意，即從萬曆朝起，直至清代康熙朝，在有些青花器上的青花處側光可見指按般的水印紋。以此可以區別同用青料的萬曆和嘉靖之器。即，胎釉結合處呈現橙黃色線而又無指按印者，則可斷為嘉靖。反之，如有指捺紋，則不管有無橙黃色線，均可判為萬曆器。

11.五彩瓷器色澤濃豔、光彩奪目

常見有紅綠彩器，相比而言，嘉靖期的紅彩要深些，萬曆期較暗淡，無光澤，而且常有焦狀和剝落現象。

萬曆朝的紅釉器燒造極不成功，燒出來的紅釉器均不純正。

萬歷朝的五彩比較著名，數量也多。鑑識要點是五彩中青花使用面積比以往要小，其他色彩的面積擴大，用彩豔麗，紅彩濃重，加上萬曆時彩畫風格以佈局繁密凌亂為特點，因此顯得五顏六色、色澤濃豔、光彩奪目。

12.款識為楷書字體

款識楷書字體，工整與草率者兼而有之，習見者為「大明萬曆年製」。

13.畫風繁縟幼稚，笨拙粗獷

此時繪畫風格繁縟麻密，幼稚笨拙，缺乏立體感，具有粗獷的民間藝術色彩。

此期所繪人物多數短軀大頭。特別是晚期畫面不考究，佈局繁亂，比例失當，龍燈、龍舟、嬰戲的構圖、人體比例有欠協調，往往頭大身小。

14.龍紋風格洗練、俊俏、灑脫

龍紋在瓷器上的應用確切地說始於唐代，宋、元以後愈加廣泛，晚明萬曆年間官窯青花瓷集永樂、宣德、成化、弘治瓷業發展之大成，龍紋技藝上開創了晚明瓷業發展的新局面。

萬曆時期，在龍紋裝飾方面，元末明初那種強壯、粗獷、豪邁的龍紋形象已被洗練、俊俏、灑脫的風格所替代。

15.萬曆龍形體拉長，頭大眼突、多為五爪

萬曆瓷器中龍的形體拉長，身體呈橋形拱起，頭部加大，雙眼突出，上下唇均加長向上翻翹，鼻端通常被處理成如意形，鬃髮茂密的向後方飄拂。

萬曆龍紋大都為側身行龍，雙眼畫在一側，五爪折筆硬健有力。也有一些正面龍，面部向外，猶若獅頭。

青花纏枝花卉紋罐，明萬曆。估價35萬元。

萬曆龍多為五爪，短小而尖利，四趾在前，一趾在後，龍鱗簡化而草率。龍的形式多樣，富於變化，主要有騰空龍、升降龍（一龍在上，一龍在下，首尾呼應）、行走龍、穿花龍、戲珠龍、團龍等，它們多與寶珠、祥雲、海水、靈芝、花卉配合，寓意吉祥與瑞氣。

16.龍紋典型瓷器鑑賞

在故宮博物院收藏的景德鎮官窯製品中，萬曆朝的幾件青花龍紋瓷器極富時代特色。研究這幾件龍紋瓷器，有助於正確選擇品種收藏投資。

萬曆款青花雙龍紋罐外口下及足上部有如意雲頭邊飾，腹繪雙行龍戲珠紋，龍頭碩大，嘴部奇長，上下唇開啟吐細長舌，鼻為如意形，下巴的鬍鬚繫蝴蝶結，雙目如珠，角細長，鬃髮向上方豎起，形似蘸足了墨汁的斗筆。此龍紋雖臉如馬面，嘴的大小占整個面部的三分之二，但毫無猙獰之態，鼻端和下胡的修飾更顯得柔和祥瑞，前肢和後腿關節處繫的蝴蝶結帶為晚期明時龍紋所獨有。

萬曆款青花龍鳳紋活環耳瓶形制仿古代青銅器投壺的造型，頸兩側安龍耳套活環，外口下由右至左橫書「大明萬曆年製」六字款，頸繪卷草及蕉葉紋，腹繪雙龍雙鳳。雙龍做立姿行走狀，龍的身軀扁矮、粗壯，四爪向外掙張，龍額飽滿如牛首，眼小而圓，角略短，鬃髮倒披在腦後豎起，給人的整體感覺是剛勁而強健，簡筆菱形的龍鱗更突出了彪悍的氣韻。

青花二龍戲珠紋蓋盒，明萬曆。估價16萬元。

活環耳瓶的燒製創燒於明初，萬曆朝十分流行，清代康熙以後比較少見。由於工藝難度大，成功的製品數量極有限，兩只套在雙耳上的活環必須在匣鉢中懸掛後再燒才能防止活環與大耳粘連，活環的胎體細窄輕薄極易變形斷裂，所以在工藝製作上活環瓶的確達到了一個新的水準。

萬曆款青花穿花龍扇形蟋蟀罐通體呈扇形，平蓋，頂安圓鈕，底白釉內青花花邊長條框內有楷書六字款「大明萬曆年製」。此類罐追求新穎的形制，通體以九條穿花龍為主要紋飾，正面繪一立姿行龍，邊壁均繪首尾相錯的升降龍，隙地滿繪纏枝花葉紋。由於受邊壁畫面的局限，龍的頭部很大，軀幹細瘦而蜷曲，四肢壯健有力，雙目如燈，肉多骨少，豐肥飽滿，雙角隨鬃髮向兩側分開，面部略顯板滯。

萬曆款青花鏤孔龍穿花長方蓋盒蓋面鏤孔，中部菱形開光內有鏤孔雲龍紋，隙地繪火珠、朵花等，蓋面及盒邊壁均繪雙龍戲珠紋，通體繪龍十七條，姿態為對首戲珠紋，龍頭肥大，眼珠突起，身軀修長，充滿動態。萬曆官窯中此類青花鏤孔盒較為常見，多為胎體厚重，雕刻圓潤，一般是供宮廷中盛裝果品。從實用功能上講它清潔衛生，具有良好的通風透氣功能；從裝飾效果上看，它形制古樸，花紋滿密，十數條龍在花草間穿行舞動，生動優美。

萬曆款青花龍紋碗裏心青花雙圈內繪正面龍，龍頭肥碩，雙目有神，橢圓形的龍面，腦後的鬃髮向兩側飄動，龍勁扭曲，尾部短粗，爪窄小尖利，爪指間距拉長，是十分典型的晚

明龍爪的特徵；碗外部繪雙行龍穿行於祥雲之間，追趕寶珠，龍鼻上翹呈如意形，下巴極長向前伸展，整個龍的姿態是向前方湧動，形象生動而飄逸。

這類碗外部的雙龍姿態相同，只是一個開口，一個閉口。一般來說，晚明行龍張口的較多，從繪畫技法上說比較容易把握住龍的精神面貌，而閉口龍較難表現出龍的氣韻。《圖畫見聞志》云：「凡畫龍開口者易為功，合口者難為功。」畫界有「開口貓，合口龍，言其二難也」之說。此類碗外壁的行龍雙唇緊閉，形態優美，神采飛揚。

萬曆青花龍穿花紋碗裏外繪龍紋，底白釉內有如意形花押款。碗心紋樣與上一件大抵相同，為豹臉形的正面龍，外繪海水江崖，雙行龍在雲水之間翻騰舞動，大張龍口，頭細體壯，身體中部呈橋形拱起，脊背的鰭向上豎起隨風飄拂，爪出四指，尖利如鉤。四瓜龍最早出現在宋代，晚明青花中十分少見。此碗的胎體、形制、青花和繪法與上述書官窯款的龍紋碗相差無幾，只是足內書花押款，當是萬曆民窯中官搭民燒的製品之一。

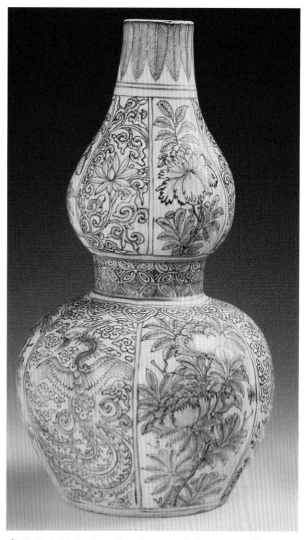

青花開光花卉鳳紋葫蘆瓶，明萬曆。估價3萬元。

17.龍形、牛頭豹臉、鬃髮濃密

從故宮萬曆藏品看萬曆青花瓷中的龍紋形象，可以找出有代表性的特徵。這就是萬曆年間朝正面龍的形象較嘉靖時明顯增多，頭碩大，臉豐滿，有「牛頭豹臉」之說，鬃髮極為濃密，以頭頂中縫為界向兩側分披，有的形如鳥羽，有的如蝶翅，面積是臉部的兩倍到三倍，脖頸細長環繞成一個小小的半圓，連接起分披兩側的鬃髮。側面龍頭部扁長，似鱷魚，嘴巴開張極大，吐飄帶形長舌，有的下唇鬍鬚呈竹葉狀排列，有的繫成蝴蝶結狀。閉嘴龍的下巴多向前伸，將臉部拉長，雙目圓睜，炯炯有神。

18.龍的軀體肉多骨少

龍的軀體肉多骨少，鱗片不再是菱形而多被簡化成尖長的鋸齒紋，細密層疊的龍鱗已十分罕見。書官窯款識的多為五爪龍，爪短粗，尖利而鋼硬，拇指與其他四指的間距不同。

19.龍紋裝飾抽象簡約

萬曆時期的龍紋裝飾更加抽象簡約，著重描繪龍的精神和風格，而不太注重細部的刻畫。它形式多樣，以擬人式的誇張手法展示萬曆時期龍紋英姿勃發、充滿活力的精神面貌。

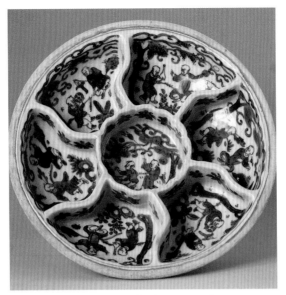

青花嬰戲圖捧盒，明萬曆。估價6萬元。

成吉思汗紀國用三爪龍紋霽藍釉盤。

五彩花卉龍紋瓶，明萬曆。估價10萬元。　成吉思汗紀國用三爪龍紋霽藍釉盤底足。

20.大量仿品因時間不同而形成了不同特色

總體來看，嘉靖、隆慶、萬曆瓷器後仿較多，康熙、雍正直至民國時期都有，當今更有眾多贗品充斥市場。不同時期仿品形成了不同特色。

康熙、雍正時期仿品胎體厚重，釉面呈淡亮青色，紋飾較纖巧，青花色調呈翠藍色。

民國仿器底有明顯旋紋，青花色調灰暗，有漂浮感。

現代仿品製作過細或過粗，圖式呆滯無生氣，沒有真正的舊氣和傳世包漿。

嘉靖、萬曆瓷器古拙與輕盈華麗兼而有之。嘉靖、萬曆以後，器形漸趨複雜，又有許多創新之作，風格上厚重古拙與輕盈華麗兼而有之，只是比起永樂、宣德時期的作品稍顯粗糙。

天啟瓷鑑賞收藏要點

專家學者通常將天啟、崇禎瓷合併一起介紹，為方便初學者，還是以分開介紹鑑賞收藏為宜。

天啟瓷鑑賞收藏要點如下。

1.胎質粗糙爲多

胎質粗糙為多，煉製不精，修胎粗糙。但小件器物仍很精細，並有萬曆遺風。

2.題材廣泛

紋飾題材廣泛，既有人物故事如達摩、羅漢，又有動物如虎、牛、魚、蝦，也有寫意山水，具有豪放誇張的寫意畫特點。

3.釉面亮青程度明顯減弱

釉面亮青程度明顯減弱，施釉稀薄。崇禎時，器口普遍施加黃色醬釉。

4.色彩多樣

天啟青花色澤有鮮豔明快的，也有藍中泛灰的，工藝與明早期相比則明顯粗糙，紋飾以塗染手法繪出，有泛藍黑或灰色者，也有呈色淺淡和呈色不穩定、有暈散的。

青花有不同色調，其中暈散和黑灰的與那種纖細輕淡的色調相差懸殊。

5.紋飾反映出日本風格

紋飾中多反映出日本風格，如扇面紋、皮球花紋等。

日本瓷器學者將此類作品稱之為「古染付」，屬於外銷商品，有日本瓷器風格。

6.題詩聯句風氣興起

另外，明末清初時盛行的題詩聯句風氣，在此時亦有表現。

7.流行減筆寫意畫

此時流行的豪放誇張的減筆寫意畫，與萬曆時期那種密麻零亂的紋飾構圖形成鮮明對比。

8.器足可見刮削痕和跳刀痕

器足可見裏收向心式的刮削痕和放射狀跳刀痕，也有的器足留有類似明初器底的小乳頭，此時底足不施釉者較多，多為細潤白砂底足，足邊修切圓滑齊整，胎體裸露部分較多，形成了明末清初獨特的器足特徵，為斷代提供了依據。

9.款識少而亂

天啟器物款識少，一般寫於器底，格式為「大明天啟年製」。

青花通景山水圖六棱葫蘆瓶，明天啓。估價4萬元。

　　崇禎時，從款識上看，有書官窯款識的，也有以隸書寫干支紀年款的，此時見隨意亂寫的「宣德」「成化」「靖嘉」等仿前朝的年款。

　　10.官窯青花瓷較少

　　天啓時期青花瓷官窯器物較少，多係民窯燒造。

　　11.精細作品細柔如宋畫白描

　　其精細作品，胎薄體輕，輕描繪畫，細柔如宋畫白描，為歷代少有之妙筆，如書「大明天啓元年孟夏月造」畫八仙人物的龍紐鐘和官窯款繪松竹紋小杯，就是晚明的精品。

　　12.始用皴染法

　　用浙料繪製色彩明快深沉的青花器面盆，始用皴染法，一改萬曆時的繁密風格。

13.器形主要有雙耳龍瓶、葫蘆瓶等

天啟器形主要有雙耳龍瓶、葫蘆瓶、出戟耳瓶、瓜棱罐、四方倭角盤、花口盤等。

崇禎瓷鑑賞收藏要點

1.器形大多不規整

崇禎時，器形不規整的現象較天啟時更為突出，一般器物胎體多厚重，質粗鬆與堅緻者並存，底足常常有旋削刀痕和重刮削痕，並且多有粘砂。

這是因為崇禎時期景德鎮御器廠停廢，迄今所見多係民窯燒造，工藝較差，且多為供器類，如筒狀香爐，常繪粗率龍紋，顏色灰調暗褐，多有暈散。

2.造型品種較多

崇禎器形主要有筒瓶、蓮子罐、花口盤等，其他造型品種也較多，有梅瓶、爐、罐、壺、缸、花觚、盤、碗、杯等。

3.暈散走釉現象嚴重，往往模糊不清

崇禎時，青花色調的暈散和走釉現象比天啟時更甚，紋飾常模糊不清。

署崇禎七年至十年紀年款的器物格調一致，其濃重色澤中夾帶黑斑，暈散嚴重的則影響紋飾及字體的清晰度，往往模糊不清。

4.青花瓷器有向清代過渡的特殊風格

這時的青花瓷器具有向清代過渡的特殊風格。

如署有「大明崇禎年製」款識的青花圓盒，以青花為地，留出細緻工整的白纏枝蓮花紋，器底寬削平切圈足，足際露胎較多。

又如青花淡色描繪羅漢紋的香爐類，繪達摩攀道，上肩部暗刻忍冬紋，紋飾簡疏，青花色鮮亮，底部書「大明崇禎年製」六字楷款，書寫工整。

5.紋飾粗線，淡描潑墨兼有

紋飾多用粗線條，有的用淡描畫法，有的用潑墨塗染畫法。

6.題材以寫生為主

題材以寫生為主，所畫人物粗細皆有，具有明晚期粗放生動的風格。

7.人物故事題材較多

有列國故事、山林高士、八仙、羅漢等畫面，頗為典型。

8.文靜人物和皴染山水別開生面

其細緻工麗的文靜人物和皴染山水別開生面，開清代青花之先河。

青花人物故事圖筒瓶，明崇禎。
估價60萬元。

青花人物故事圖筒瓶展開圖。

青花山水人物圖筒瓶，明崇禎。
估價16萬元。

青花人物故事圖筆筒，明崇禎。估價15萬元。

青花人物故事圖筒瓶，明崇禎。估價6萬元。

法華器有特殊裝飾效果

明代的日用瓷器，除了宋元時期的大窯場如磁州、龍泉等地仍有燒造外，不同程度的粗、細瓷器生產遍及山西、河南、甘肅、江西、浙江、廣東、廣西、福建等省。其中，山西的法華器、德化的白瓷和江蘇宜興的紫砂器更是這一時期的特殊成就。

法華又稱琺華，是明代中期以後在晉南一帶盛行的具有特殊裝飾效果與獨特民族風格的日用器皿。

《南窯筆記》說：「法藍、法翠……本朝有陶司馬駐昌南，傳此二色，雲出自山東琉璃窯也。其製用澀胎上色，復入窯燒成者。用石末、銅花、牙硝為法翠，加入青料為法藍。」這裏的法藍、法翠很可能就是指法華的藍色和孔雀綠色。

在古代華和花是一個字。法華的裝飾方法是採用彩繪中的立粉技術，在陶胎表面上用特別帶管的泥漿袋，勾勒成凸線的紋飾輪廓，然後分別以黃、綠、紫釉料，填出底子和花紋色彩，入窯燒成。

山西所製的法華器，器形一般都是小件的花瓶、香爐、動物之類。

景德鎮在嘉靖前後也仿製法華器，但它和山西法華器不同。首先是景德鎮用瓷胎而山西法華用陶胎，因而燒成的溫度就不一樣。景德鎮的器物有飾以花鳥、人物的瓶、罐、鉢等。在器物的底色上，琉璃一般是黃、綠二色，但法華器則以紫或孔雀綠為主，綴以黃、白、孔

法華菊花紋下圍八吉祥八方形雙耳瓶。　　　　　　　法華菊花紋下圍八吉祥八方形雙耳瓶。

雀藍的花紋，更能突出藝術效果。

明德化瓷鑑賞收藏要點

　　宋應星《天工開物》說：「德化窯，惟以燒造瓷仙精巧人物玩器，不適實用。」這是誇德化瓷藝術成就高超。

　　德化窯的白瓷在宋代已有生產，但成為全國製瓷業中一種具有代表性的品種，是在明代開始的。萬曆十四年（1612年）刊刻的《泉州府志》說：「磁器出晉江磁灶地方，又有色白次於饒磁⋯⋯又有白瓷器，出德化程寺後山中，潔白可愛。」

　　明代德化白瓷有其獨特的風格，它不僅與唐宋時期其他地區的白瓷不同，而且與景德鎮同時期的白瓷也不一樣。收藏鑑賞要把握如下要點：

　　1.瓷胎細密透光度好

　　明德化瓷瓷胎細密，透光度極其良好，為唐宋其他地區白瓷所不及。唐宋北方白瓷，是用氧化鋁含量較高的黏土燒製的，黏土內含助熔物質少，故器胎不夠緻密，透光度較差。而德化白瓷則用氧化矽含量較高的瓷土製成，瓷土內氧化鉀含量高達6%，燒成後玻璃相較多，因而它的瓷胎緻密，透光度好。

　　2.釉面純白如凝脂，隱現粉紅

　　就釉面來看，德化釉為純白色，而北方唐宋時期的白瓷釉則泛淡黃色，元、明時期景德鎮的白瓷卻白裏微微泛青，與德化白瓷有明顯的區別。造成這種差別的原因，不僅與原料的化學組成，特別是氧化鐵、氧化鈦的含量有關，也與燒成氣氛的性質有關。

白釉執壺，德化窯。估價2萬元。

　　北方白瓷的特點燒成時採用氧化氣氛，故瓷器呈現白裏泛黃的色調；景德鎮白瓷的特點是燒成時採用還原氣氛，故瓷器呈現白裏泛青的色調；德化白瓷的特點是燒成時採用中性氣氛，所以德化白瓷就比唐宋北方白瓷和景德鎮同期生產的白瓷釉色更純淨。

　　從外觀上看，色澤光潤明亮，乳白如凝脂。在光照之下，釉中隱現粉紅或乳白，因此有「豬油白」、「象牙白」之稱。流傳歐洲後，法國人又稱為「鵝絨白」「中國白」等。

　　3.瓷雕、供器、玩器較多

　　德化的瓷雕和供器，如一些仿古的尊、鼎和香爐等製作較多，更多的是精巧人物玩器，但日用器皿也還是有的。從屈斗宮窯址的調查來看，除了傳世多見的梅花杯外，更發現了杯身呈八角形、器身外壁棱面印有八仙的八仙杯，這種輕巧玲瓏的小杯胎薄，特別是腹部，能映見指影，在燈光或日光下顯出肉紅色。這與文獻記載的以白中閃紅者為貴是一致的。

　　4.瓷雕對比手法裝飾性強

　　明代德化瓷雕是頗負盛名的。德化瓷雕充分運用對比的手法，裝飾性很強，如雕像的衣服多取迎風飄舉之勢，一舉一動，對比強烈；面部刻畫細膩，衣紋則深而洗練，主次分明。

　　5.瓷雕佛像有獨特的風韻

　　瓷雕佛像有獨特的風韻，能於各種雕像中見性格，如達摩的莊嚴，觀音的溫柔，壽星、羅漢之類的詼諧等。

　　德化瓷質地優異，佛像大都追求單純的雕塑美和原材料的質地美，摒棄彩飾，因而有獨特的風韻。

　　6.瓷雕背部有銘記

　　這些瓷雕背部往往有小小的「何朝宗」「林朝景」「張素山」等印記，其中以「何朝宗」最為著名。上海博物館所藏帶有「明朝天啟肆年歲次甲子秋吉日賽謝」青花題字的白釉

鋪道瓶，是明德化窯稀有的紀年器。

明景德鎮瓷鑑賞收藏要點

宋應星在《天工開物》中說：「合併數郡，不敵江西饒郡產……若夫中華四裔。馳名獵取者，皆饒郡浮梁景德鎮之產也。」明代外銷瓷的生產主要在福建，廣東也有著相當大的規模。但是，就整個製瓷業來說，代表明代水準的是全國製瓷業中心——江西景德鎮。

明代景德鎮所產的瓷器數量大，品種多、品質高，銷路廣。明景德鎮瓷鑑賞收藏要點如下。

1.釉上彩瓷取得突出進步

從品種和品質來說，景德鎮的青花瓷器在元代的基礎上又有了新的發展，成為全國瓷器生產的主流。明代釉上彩瓷的盛行，是中國陶工數千年實踐的結果。

唐三彩後，中國宋代北方磁州窯採用毛筆蘸彩料，在已燒成的瓷器釉面上描繪簡單的花

青花海水石榴紋貫耳瓶，明宣德，景德鎮窯。估價120萬元。

紋，然後置於800℃左右的爐子中加以燒製，使彩料燒結在釉面上，這種彩稱「宋紅綠彩」。這些工藝大部分首創於北方，後來陸續傳入景德鎮。

景德鎮的工匠們吸收了這些技術，並加以綜合、改進和提高，在明清兩代，他們對釉上彩的配方作了重要的改革。釉上彩是在低溫色釉的基礎上發展起來的。

2.成化斗彩是空前傑作

人們還將釉上彩和當時已經比較成熟的釉下彩結合起來，創造成功了別具一格的斗彩。以成化斗彩為代表的彩瓷，是中國製瓷史上的空前傑作；永樂、宣德時期的銅紅釉和其他單色釉的燒製成功，則表明了當時景德鎮製瓷工匠的高度技術水準。

3.工匠八方來，器成天下走

明代景德鎮成為瓷都，在元代已經打下了基礎。元代青花、釉裏紅新品種的燒製成功，以鈷為著色劑的霽藍和銅紅高溫單色釉的出現，以及描金裝飾手法的運用，都為明代彩瓷和單色釉的輝煌成就創造了技術條件。

但是，景德鎮在元代的全國製瓷業中，還不能居於盟主的地位，因為當時的龍泉、磁州和鈞窯等各大窯場仍具有相當大的規模。進入明代以後，情況就有顯著的變化，景德鎮以外的各大窯場都日趨衰落。首先是鈞窯系的各種產品全部停止生產。龍泉青釉瓷器雖在明初仍繼續大量燒造，但它已無法和景德鎮的釉下彩、釉上彩、斗彩以及多種多樣的高低溫色釉相匹敵，所以在明中期以後它們都不可避免地走向衰落。磁州窯系的白地黑花器雖然仍為民間所喜愛，但是和景德鎮的青花瓷器相比較，在胎、釉和製作工藝上都望塵莫及，最後亦歸於沒落。

隨著各大窯場的衰落，各種具有特殊技能的製瓷工匠自然會向瓷業發達的景德鎮集中，形成了景德鎮「工匠八方來，器成天下走」的局面。

4.優越的自然條件和技術創造了瓷都的輝煌

優越的自然條件，是使景德鎮能成為瓷業中心的一個重要因素。景德鎮位於昌江與其支流西河、東河的匯合處，四面環山。明代，浮梁縣境內的麻倉山、湖田及附近的餘乾、婺源等地，都蘊藏著豐富的製瓷原料。浮梁和附近地區，懷玉山脈綿亙起伏其間，山區多產松柴，可經昌江及其支流航運到景德鎮，為燒窯提供了豐富的燃料。

當時的民窯很多設於昌江及其支流沿岸，河水不僅可供淘洗瓷土，而且可以設置水碓，利用水力粉碎瓷土。

豐富的自然資源，成熟的技術條件，在國內外市場需要的刺激下，明代景德鎮的製瓷業在元代的基礎上突飛猛進，它還擔負了宮廷御器和明政府對內、對外賜賞和交換的全部官窯器的製作，成為全國的瓷業中心。

明青花創造了瓷史輝煌

中國青花瓷器在明代達到鼎盛時期，中國人因天天與青花打交道而熟視無睹。英國有一個哈里·加納爵士，第一次看到中國的青花瓷器，驚訝萬分，如獲至寶。

不僅僅加納爵士，在歐洲、美洲，在世界發達國家的各地，收藏中國青花瓷器早已經成了一股熱潮，在國立和私人博物館中，中國青花瓷器是必備藏品。

一批批西方專家、學者研究中國青花瓷器，在英國還專門出版了一套《費伯瓷器專題著

青花人物香爐，明中期。估價4萬元。　　　　　青花山水紋香薰，明末。估價4萬元。

作叢書》。

　　加納爵士因收藏中國青花瓷器而成了中國青花瓷器研究專家，他利用自己的收藏品實物考證撰寫的《東方的青花瓷器》，一經出版，即風靡西方收藏界和學術界，產生了很大的影響。

　　加納爵士認為：「在瓷器裝飾發展的歷史長河中，沒有哪一種裝飾類型能達到青花瓷那樣巨大的流傳影響。」

　　放眼全球青花瓷器發展歷史，加納爵士把中國當作青花瓷器的搖籃。他說：「青花瓷器在中國的明代進入全盛時期，它的製造技術外傳到近東以及日本、朝鮮等其他東方國家，最後傳到歐洲。」

　　中國青花瓷器是從何發展而來的呢？

　　過去，曾有學者認為中國早期的青花源於元代樞府瓷。

　　加納爵士經過對大量收藏品考證後，得出結論：「中國早期的青花瓷器是從宋代的一種白瓷發展而來的，有可能這種白瓷就是影青瓷。」而認為中國早期的青花源於元代樞府瓷是站不住腳的，因為樞府瓷本身就源於影青瓷。

　　明代青花瓷器在世界上產生如此大的影響是有理由的，因為當時它就是中國瓷器生產的主流。

明瓷鑑定辨偽要點

　　鑑定明代瓷器，具體說來，要從以下幾個方面進行：

　　1.從造型上觀察鑑定

　　明代瓷器的造型，是鑑別真偽的重要依據。對於典型器形，特別是名貴品種，應爛熟於心，形成固有的正宗概念。越是名貴的品種，便越會有人去仿製。

　　有了準確的器形概念，對那些貌似真品的偽作，經細心體察和揣度後，就能看出不同之處，找出其細微差別。

在掌握各時期瓷器品種的特徵及時代風貌的同時，應側重對器形的古拙、敦厚、粗笨、秀美、玲瓏、華麗等不同風格進行研究，詳加分析對比，摸清其演變規律。久而久之，便可充分利用不同器形特徵，熟練地鑑別真偽。

要從以下幾點去觀察造型：器口、腹、底、柄、耳、頸、流、系、足以至器裏。若能經常測量器體的體重厚薄，熟記大小，對於鑑定工作更為有利。

2.從紋飾上觀察鑑定

瓷器上的紋飾，也和造型一樣，具有鮮明的時代特徵。

明初永樂、宣德青花器上的暈散下凹斑痕等特有現象，在後代的仿品中都不能準確再現。在斷代和鑑別真偽時，觀察、比較同時期與相近朝代其他工藝品的圖案畫意等特徵也很重要。

例如，明瓷器的畫面就與同時代的織繡、竹、木、漆、牙、玉、銅、銀等工藝品裝飾互有影響，一脈相通。

又如成化時期瓷器的海上水八怪、纏枝蓮紋，也與前朝景泰掐絲琺瑯器上紋飾相同。

如此種種，便可發現時代的特徵，找出共同的規律。無論是官窯還是民窯器物，都應作大量細緻的對比分析，如永樂、宣德瓷器的纏枝蓮、海水龍、成化瓷的青花底足雙線特徵，正德瓷的回文，嘉靖、萬曆瓷的道教畫與鏤雕工藝，康熙瓷的牡丹、回影梅，雍正瓷的皮球花等，在決疑辨偽中，都有著重要的參考價值。

鑑定真偽，還可根據紋飾的筆法、遠近疏密的層次、筆力強弱等。

3.從胎釉上觀察鑑定

瓷器以胎為骨，釉為衣。細緻觀察胎體和釉面也是斷代和鑑別中必不可少的一環。

鑑定胎質時，可從器足的無釉處觀察，注意胎土淘煉的純淨與燒結的縝密程度。如著名的永樂、宣德細砂底器，露胎處均可見到金屬自然氧化形成的黑褐色星點或火石紅色。

明代胎體迎光透視，都顯肉紅色，而清代及民國仿品則為青白色。如以潔白細潤著稱於世的成化瓷器胎體，迎光透視顯牙白或粉白色，具有如脂似乳的瑩潤光澤。

對於明代各種不同的釉面觀察方法，除以眼目直觀外，必要時還可借助放大鏡。觀察時更要注意釉質的粗細，光澤的新舊、釉面的厚薄，以及氣泡的大小、疏密的程度等特徵。

對各時代釉面的典型表現，要牢記心中，如明代瓷器釉面都閃現不同程度的青白色，明早期釉面常有無色的自然開片及縮釉現象，明代宣德的橘皮釉，明代晚期黃釉釉面所閃現的血絲狀小紅點等。

釉面的新舊光澤也可說明真偽。對各時期施釉的厚薄，釉面的瑩潤與乾澀、釉質的縝密和疏鬆及濃縮、積釉等狀態也需掌握，這也是鑑定真偽的一個重要因素。

如常見永樂白釉器口、底邊角與釉薄處閃白和閃黃，釉厚處閃淺淡青色。永樂翠青積釉處的氣泡密、玻璃質強，明代藍釉釉面表現的灰黑色調，明代宣德釉面的棕眼現象等。

4.從款識上觀察鑑定。

明代瓷器各代款識千差萬別，憑款識特點來斷代和辨偽也就相當重要了。

體會各代款識的不同風格，首先可以從研究筆法入手，然後將真假實物款識相互比照，結合實物，反覆審度其字體的結構、排列的形式、落款的部位，以及款字色澤的深淺濃淡等。另外，也應當注意總結同一時期及早期和晚期款識不盡相同的變化規律。

5.從色彩上觀察鑑定

不同時期的明瓷器有不同色彩變化，舊仿和新仿的色彩也有天壤之別。因此從色彩上觀察鑑定就十分必要。

如明初洪武時期的青花瓷色澤暗黑，這主要是元末明初戰爭頻繁，蘇麻離青料進口中斷，使用國產青料造成的。

永樂、宣德年間瓷器製作也如明代國力一樣處於一個上升階段，尤其青花瓷達到了一個新的高峰，史稱「永宣瓷」。它的主要特點是：由於鄭和下西洋，從中亞伊斯蘭國家帶回了蘇麻離青料。在適當的火候下，能燒成像寶石一樣的鮮豔色澤，但由於含鐵量高，往往會在青花部分出現黑疵斑點。這鮮豔色澤和青花上的黑疵斑點，就是鑑定這一時期的重要色彩因素。

作為中國瓷器史上重要發展時期的明代瓷藝術的欣賞及鑑定，是收藏愛好者和鑑賞者需要瞭解和掌握的知識，對收藏、鑑賞和投資起著舉足輕重的作用。收藏投資額者應從造型、紋飾、款識、釉色、胎質等方面，多種鑑定方法同時並用，方能有所感覺。

可以說，沒有鑑定知識，收藏投資明瓷器必然會血本無歸，因為如今市場上的明瓷器，95%以上都是贋品，沒有收藏知識，在此品種上收藏投資無異於拿著錢去賭博，而且比賭博贏的機會小得多。

青花人物故事圖蓮子罐，明崇禎。估價7萬元。

第十一章
清代瓷器鑑賞與收藏

嘴尖肚大耳偏高，
才免饑寒便自豪。
量小不堪容大物，
兩三寸水起波濤。

　　　　——清·鄭板橋《清銘自制》

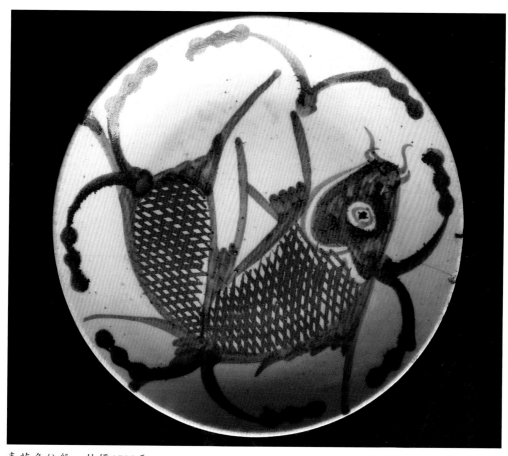

青花魚紋盤。估價1500元。

　　製瓷工藝發展到清代，特別是早期的康熙、雍正、乾隆三朝盛世，達到了歷史的最高水準，無論品質、數量都是前代不可比擬的。

　　整個清代，景德鎮始終保持著在中國的瓷都地位。代表中國瓷器水準的是景德鎮的官窯器，而清代的民窯器也豐富多彩。

　　據筆者統計，截至2004年，中國古瓷器拍賣成交價格排行前十名中，除了第三和第六名，其餘都是清代瓷器，而且都是粉彩、琺瑯彩官窯作品。成交價格均在1500萬元以上。

其中高居榜首的就是蘇富比2002年5月拍賣的清雍正粉彩蝠桃福壽紋橄欖瓶，成交價為4150萬港幣。儘管這一記錄後來被元青花鬼谷子下山圖罐等打破，但仍能看出清代瓷器，特別是清粉彩的收藏投資價值。

清代瓷器的生產背景

康熙、雍正、乾隆三代是整個清朝統治下陶瓷業最為輝煌的時期，工藝技術複雜的產品多有出現，各種顏色釉及釉上彩異常豐富。到清代晚期，政府腐敗，國運衰落，中國的陶瓷製造業日趨退化。

清代前期和中期，中國處於封建制度沒落和資本主義因素發展時期。清初，由於明末農民大起義的衝擊，土地實行了再分配。清政府為了有利於它的長期統治，採取了一些措施，諸如興修水利、臨時性地免除一些賦稅和對於部分手工業工人廢除「匠籍」的束縛等。在廣大農民和手工業工人的艱辛勞動下，清代前期的瓷業生產在明代的基礎上又向前邁進了一大步。

康熙在位六十一年，是中國歷史上時間最長的一個皇帝。他從小就努力學習漢文化，而且對西方的科學、技術、醫學和藝術都有愛好。當時用西洋進口的琺瑯彩料繪製的瓷胎畫琺瑯器，對粉彩瓷器的創造有直接影響。

雍正十分愛好瓷器，而且直接干預瓷器的生產，決定瓷器的造型和裝飾。

乾隆對各類藝術的愛好，達到了狂熱的程度。他的君主地位，使他能獨佔全國最佳的能工巧匠，以及他們所製造的藝術珍品。這些因素對於瓷器生產的發展，也具有一定的作用。

清代劉子芬的《竹園陶說》中寫道：「清代中葉，海舶雲集，商務繁盛，歐土重華瓷，中國商人投其所好，乃於景德鎮燒造白器，運至粵垣，另雇工匠，仿照西洋畫法，加以彩繪，於珠江南岸之河南，開爐烘染，製成彩瓷，然後售之西商。」

清代前期，中國瓷器的外銷，主要是由正常的民間貿易來進行。清朝歷代帝王雖然還對各國入覲的使節饋贈瓷器，但數量很少。康熙二十三年（1684年）海禁開放之後，便允許江南、浙江、福建、廣東一帶沿海地區船隻出洋貿易，隨之而來的，便是瓷器的大規模外銷。

18世紀初葉，英國、法國、荷蘭、丹麥和瑞典都先後於廣州設立了貿易機構。有些國家的船舶獲得了直接到廣州的通航許可，將中國瓷器直接運輸到歐洲。在歐洲一些城市出現了經銷中國瓷器的專門商號，僅在倫敦就有52家之多。

歐洲王室貴族把擁有中國優質瓷器作為誇耀豪富的手段。甚至普魯士皇帝選皇后，也不惜代價地用六百名撒克遜龍騎兵組成的四隊近衛軍與鄰近的君主換取十二個巨大的中國瓷花瓶，為他的婚禮增輝。這就是所謂的「近衛花瓶」，現在還陳列在德雷斯頓博物館。

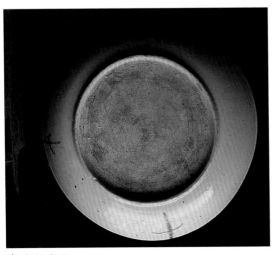

青花盤底足。

清代瓷器的產地是比較廣泛的。但是和明代一樣，代表整個時代水準的，仍然是瓷都景德鎮。進入清代之後，青花瓷器還是景德鎮瓷器生產的主流，但有時民窯比官窯的燒造技術還要高，有些民窯釉上彩甚至比官窯更為豐富多彩。其他的產地如福建德化窯、廣東石灣窯也很活躍。

隨著歐洲瓷器的發展和日本瓷器的競爭，特別是鴉片戰爭以後，中國國內製瓷業漸趨衰落。

清代瓷器的特徵

清代各朝的瓷器，內容豐富，既有共同風格，又各具不同的特點。

1.造型輕巧、靈秀

清代瓷器的造型輕巧、靈秀。大件較多。順治、康熙時，古拙、豐滿、渾厚；雍正時秀麗雋永；乾隆時則顯規整；嘉慶、道光以後則稚拙笨重。

2.胎質細膩、胎色較白

胎質較堅硬、緻密，瓷化程度好，胎質細膩，胎色較白，器體較薄，很少見有枇杷紅的。

3.琢器胎體薄厚適中，圓器有厚有薄

胎體中，琢器類一般薄厚適中，圓器類則有厚有薄。

康熙時，胎體體重，質地堅硬細密；雍正時有胎質輕薄、細潤，潔白度高；道光以後的胎體厚重、質地粗鬆。

清代的琢器類腹、頸部接痕極為少見。明代留器露胎處常泛火石紅色斑，到清代已基本消失。

4.釉質細薄、色澤耀眼

釉面不及明代肥腴光亮，施釉稀薄，色澤略顯青白。

底釉發白略泛青，給人以光亮的感覺（康熙、乾隆最白）。釉質細而薄，玻璃化程度好，色澤耀眼，有點刺眼，不夠含蓄。

順治、康熙兩朝，釉面平整細膩，胎釉結合緊密，釉面分別呈青白、粉白、醬白，硬亮青等幾種色澤。

青花臥馬山水圖雙耳壺。估價3000元。

青花臥馬山水圖雙耳壺另一面。

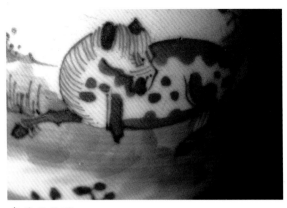

青花臥馬圖。

雍正時釉面細白瑩潤，多有橘皮皺紋。

乾隆時的平整泛青，嘉慶、道光以後的不夠平整，波浪明顯。晚清時施釉稀薄，釉質疏鬆，不夠堅致。

5.線條挺直生硬，構圖以直線為主

線條挺直生硬，構圖以直線為主。用筆纖細，嚴謹。構圖較圖案化，甚至是拘謹刻板，較多人為意識。題材多仿古，以吉祥類圖案為主。

6.紋飾寫意寫實並存，用筆豪放

清代瓷器的裝飾藝術紋飾、內容、手法最為多樣，且因各朝背景、崇尚不同而各有特點。

康熙時期以山水花鳥、人物故事，長篇銘文等最具特色，其中刀、馬、人、魚、龍變化及冰梅紋、亭臺樓閣紋為其代表紋飾。青花畫法多採用單線、平塗，前期粗獷，有明末遺風，後期流暢，勾染皴擦並用，達到了陰陽向背、層次分明的效果。

雍正時期的紋飾多偏重圖案化，比較刻板，除仿明雲龍、雲鳳、雲鶴、纏枝花卉外，還盛行以過枝技法繪桃果、牡丹、玉蘭、雲龍等；畫人物漁耕樵讀以男為多，琴棋書畫以女為多，紋飾線條纖細柔和。

乾隆時期紋飾內容最為繁雜，但均以吉祥如意為主題，紋飾必有寓意，如百鹿、百福、百子、福壽、瓜蝶連綿、官爵榮升、三星八仙等。畫面單調刻板，意境卻較通俗，個別的牽強附會。

總的來看，清代瓷器紋飾深受同時期繪畫的影響。民窯瓷器，寫意寫實並存，用筆豪放。御用官窯瓷器圖案趨向規範化，用筆細緻入微，構圖拘泥、繁瑣。

這一時期龍紋形態不一，既有方頭大額的，也有纖柔細身的，一般為獅子頭，龍髮較多，龍腳明顯突出，兩隻腳立體感強，龍身粗笨，一般畫為四爪和五爪，如同雞爪。

7.出現西方繪畫風格和題材

在清代，由於瓷器工藝受到了西方繪畫藝術的影響，因而在瓷器上出現了具有西方繪畫

粉彩麻姑仙壇圖碗，清嘉慶。估價2萬元。

風格特點的花紋圖案。

如在琺瑯彩瓷器和部分出口瓷器上，時常可以看到一些繪畫西洋人物、樓房、船和狗之類的花紋圖案。

8.大器和早期器為光滑砂底

大件器物和早期器物，多為光滑的砂底。順治、康熙時瓷器足型較為多樣，有雙圈層底、斜削式底、二層臺式底、臥足、滾圓泥鰍背形足等。

9.青花瓷是主要產品

青花瓷在清代仍是瓷器中的主要產品，斗彩、五彩、素三彩繼續以更高水準燒製。

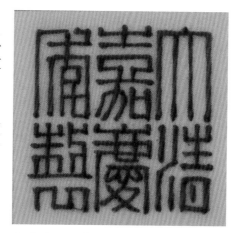

粉彩麻姑仙壇圖碗款識。

10.創新琺瑯彩、粉彩和釉下三彩等

康熙朝創新了琺瑯彩、粉彩和釉下三彩等新品種。

11.康熙青花青翠豔麗

各種單色釉有增無減，康熙、雍正、乾隆時期燒製的青花器無論是器形還是釉色都極力追崇明代永樂、宣德和成化三朝，尤其是康熙青花色調青翠豔麗，層次分明，那濃淡的筆韻能分五色，如水墨畫一般，含蓄而生動。

12.五彩瓷最為精絕

五彩瓷器也是康熙時最為精絕，其胎骨輕薄，釉色潔白瑩亮，畫工細膩，色彩柔和，線條流暢，讓人愛不釋手。

13.粉彩讓人歎為觀止

雍正、乾隆時粉彩的成就最為突出，其色調溫潤，鮮豔而不妖冶，立體感強烈，常常讓人歎為觀止。

14.器形即有仿古又有創新

康熙、雍正、乾隆三朝的器形最為豐富，即有仿古又有創新，尤其是各式裝飾性瓷器如瓶、尊之類較元、明代大為增加。

康熙朝獨有的器形有觀音瓶、棒槌瓶、金鐘杯、鳳尾尊、馬蹄尊等。

雍正朝最突出的器形有牛頭尊、四聯瓶、燈籠瓶、如意耳尊、套杯桃洗、高足枇杷尊等。

乾隆朝大件裝飾性器物的造型與前朝相比變化不大，但各類精巧小器如鼻煙壺、鳥食罐、仿象牙、仿玉器及像生瓷等卻出現不少。

嘉慶、道光以後的器形大多是追摹前人，幾乎沒有什麼新創作。

15.八寶圖盛行

清代八寶圖案為輪、螺、傘、蓋、花、罐、魚、腸。

16.青料為國產青料

青料為國產青料：石子青、明珠料、洋藍。

17.燒製工藝少見窯紅、縮釉

燒製工藝少見窯紅、縮釉。琢器基本不見接口，器足根圓渾如燈草根。不見澀圈，多為釉底。少見跳刀、粘砂痕。

粉彩胭脂紫地花卉紋五福捧壽圖盤一對，清乾隆。估價22萬元。

18.仿宋代五大名窯幾可亂眞

這一時期仿宋代汝、官、哥、定、均五大名窯的作品也很成功，有的幾可亂眞，灑藍、天藍、冬青、茶葉末等單色釉亦是佳作多多。

19.晚期瓷器乏善可陳

清代瓷業自嘉慶朝以後，道光、咸豐、同治、光緒、宣統各朝的製瓷業都沒有什麼特別的建樹，乏善可陳。其瓷器的製作工藝、紋飾內容、表現技巧、器形樣式等都未能超越清代康熙、雍正、乾隆三朝。

當然每個朝代還是有一些代表作品，如嘉慶時期的粉彩瓷；道光時期的青花山水；咸豐、同治時期的一些彩器等。隨著整個大清朝社會經濟的衰退，製瓷業也不斷地走下坡路，一代不如一代。

20.官窯多署皇帝年號款

款識歷朝均有，款式多樣，有青花書款，陰、陽刻款。

景德鎮官窯多署皇帝年號款，民窯有干支年款、吉祥語款、私家款及圖記款等。有印、刻、青花、紅釉、金彩、斗彩等多種，楷、篆均有。

康熙楷多篆少，雍正楷、篆並用，乾隆以後篆多楷少。晚期同治、光緒、宣統三朝，又以楷書款為多，外圍以圓圈或方框格式。

民窯款識多隨意亂寫，字體草率。

順治瓷鑑賞收藏要點

1.厚重、細膩、潔白、樸拙

順治瓷器正處於明末清初過渡階段，胎體厚重細膩，潔白堅致，器形樸拙。

2.釉面呈卵青色，器口施黃釉

釉面以光亮不足的卵青色居多，多以醬黃釉塗口邊，所繪浙料青花紋飾的色調，既有青翠的正藍色，也有深沉、暈散的墨藍色，類似其後康熙朝前期的作品。

青花花卉紋蓋罐，清順治。
估價35000元。

青花葵花紋蓋罐。估價3000元。

青花異獸紋筆筒。估價16萬元。

一些琢器釉面較厚，常使淡色青花模糊不清，並保持明代在器口施釉黃釉的特點。

3.不施青花的五彩器漸多

青花在明代青花的基礎上有了較大發展，其燒製技藝更加精湛，器形更加豐富，圖案更加精美，釉色更加潤澤。

青花瓷器主要採用浙江產的鈷料，大量燒造。由於各朝鑑賞藝術的風尚，所用青花鈷料以及工藝與技術水準等的變化，形成了各朝青花瓷的不同特徵。順治青花色調大致分為四種，其中的翠青色與康熙青花相似，不施青花的五彩器漸多。

4.圖案有洞石花卉、麒麟、人物故事等

圖案紋飾內容新穎，流行的紋飾內容多繪洞石花卉、斑片雲龍、麒麟、芭蕉、瑞獸、竹

林僧人、羅漢、人物故事、晉爵圖等，還有畫中題句，常題寫「梧桐一葉生，天下盡皆春」等詩文，時代特徵十分鮮明。

5.寬圈足、雙圈底足流行

器足演變為滾圓的泥鰍背狀，底部可見螺旋紋，此時已流行明末出現的寬圈足的雙圈底足。

6.款識分官窯款與干支紀年款，有楷書、隸書和篆書

此期署官窯年款的青花器很少，署干支紀年款的民窯青花器頗為豐富。

7.造型多佛前供器

其造型風格敦厚古樸，胎體厚重，造型以香爐、筒瓶、花觚、淨水碗等佛前供器為主。

8.「官搭民燒」的青花瓷器較多

此時「官搭民燒」的青花瓷器較多。傳世的「官搭民燒」的青花瓷器有故宮博物院收藏的「順治十五年」題款的青花人物大盤，其青花人物與景致沿器口旋轉而繪，滿飾盤心，不留空邊，堪稱順治青花的代表作。

康熙瓷鑑賞收藏要點

康熙、雍正、乾隆三朝是中國社會經濟的一個繁榮時期。中國瓷器的生產，也在這個時期達到了高峰，進入了製瓷業的黃金時代。

凡是明代的已有的工藝和品種，這時大多有所提高或創新。例如，康熙青花的色彩鮮豔純淨，別具風格。

康熙五彩因發明釉上藍彩和黑彩，比明代的彩色更豐富，而且由於燒成溫度較高，比明

青花通景山水人物紋筆筒，清康熙。估價3萬元。　　青花纏枝蓮紋筆筒，清康熙。估價2萬元。

代更透徹明亮；斗彩的品種增多；單色釉中雍正青釉的燒製達到了歷史上最成熟階段；黃、藍、綠、礬紅等色釉也有很大的提高；明代中期一度衰落的銅紅釉和釉裏紅，在康熙和雍正時期都已恢復並獲得進一步的發展。同時還創製了許多新的彩釉和品種。例如粉彩、琺瑯彩、釉下三彩、墨彩、烏金釉、天藍釉、珊瑚紅、松綠釉以及採用黃金為著色劑的胭脂紅等。

康熙瓷鑑賞收藏要點如下。

1.器型敦重古拙

器形敦重古拙，新創器形繁多。琢器的頸部較其他時期細長，圓器以墩式為主。

這一時期創新與流行的主要器形有棒槌瓶、油槌瓶、荸薺扁瓶、觀音尊、鳳尾尊、琵琶尊、將軍罐及魚缸等大小器皿。

2.釉面光滑細膩

康熙青花器釉面分為堅白釉、粉白釉與亮青釉等數種，襯托著青翠明豔的青花，顯示出絢麗多姿的不同藝術效果。

此時還有刻意追摹明成化薄胎青花器淡雅色調的品種，雖終不及成化青花潤澤，卻也顯得深沉而無漂浮感。

總體來看，此期釉面光滑細膩，胎釉結合緊密，釉面由早期的青白演變為中期的粉白與漿白色。中期以後至雍正時期又變化為硬青釉。

3.色調深沉，緊貼胎骨

康熙時期的青花瓷與明代青花迥然不同，別具時代風格。其青花鈷料的來源沒有確切的文獻記載，但景德鎮工匠中有著康熙青花用雲南珠明料的說法。

可見，青花使用的是國產珠明料，青花色調以翠藍色為主，均有色調深沉，緊貼胎骨的特點。

4.縝密似玉，修胎規整

胎堅質細，縝密似玉，修胎規整，普遍有厚重感。

5.器口部塗醬黃釉或施粉質白釉

早期器物口部常塗醬黃釉，一般器口均施一層含粉質的白釉，給人以加厚口沿凸出的感覺。

青花鳳紋印盒，清康熙。估價8000元。

抹紅群仙祝壽圖碗，清康熙。估價6萬元。

6.五彩絢麗歸於平淡

五彩與其他彩器，早期色彩濃重豔麗，中期漸淡，晚期色調柔和。五彩呈現絢麗歸於平淡的趨勢。

7.五彩增金彩畫面富麗堂皇

五彩是由紅、黃、藍、綠、紫等五個顏色組成。明代五彩是由紅、黃、綠，紫四種釉上彩和釉下青花組成，以釉上的藍彩代替釉下青花。還有的由紅、黃、綠、藍、黑組成。康熙時五彩有的增加了金彩，使畫面富麗堂皇。

8.瓷器上書寫長篇詩詞歌賦

新興並盛行的裝飾是以行草或隸、楷在瓷器上書寫長篇詩詞歌賦，內容有「聖主得賢臣頌」、「出師表」、「臨懷素帖」、「秋聲賦」、「四景讀書樂」等。

9.造型質樸凝重，宛如玉石

造型質樸凝重，淘煉精細，質白縝密的胎骨與細潤平靜的釉面渾然一體，宛如玉石一般。

五彩開光人物故事圖筆筒，清康熙。估價5萬元。

10.水墨畫暈染法運用到瓷畫

這時的製瓷工匠不僅掌握了製作青花器的精湛技術，還將中國傳統的水墨畫暈染法運用到瓷畫中，使青花器清新明快，晶瑩剔透，如採用中國水墨畫的「分水法」，可使同一青花呈現濃中有淡、淡中有濃的多種色階，使瓷畫中的山川景致富有層次，花鳥樹木栩栩如生，具有豐滿的立體感，被藝術家們譽為「青花五彩」。

康熙彩繪人物，多用藍筆勾出面目，甚為耐久，美人兩頰又往往暈以淡赭，頗為嬌嬈。人物衣褶最為生動，花則風枝婀娜。畫松為茄色之幹、墨色之針，渲以硬綠，給人以濃翠欲滴的感覺。

11.圖案取材十分廣泛

圖案紋飾除傳統的龍鳳紋外，取材十分廣泛。主要有如下種類。

一是小說、戲劇類，有《封神演義》《列國故事》《三國志》《水滸》《西廂記》《西遊記》等。

二是祈福求祥類，有八仙慶壽、海屋添籌、洪福齊天、萬壽無疆、松鶴、鶴鹿同春、四美十六子、八仙人、八寶等。

三是閒情類，有博古、草蟲花鳥、雲龍、山水樓臺殿閣等。

四是反映文人士大夫風尚類，有蘭亭流觴、竹林七賢、飲中八仙、黃山九老、王羲之愛鵝、陶淵明愛菊等。

六是民俗類，有耕織圖、漁家樂等。

七是樹木花草類，有纏枝花卉、荷葉蓮花、月影玉蘭、冰裂梅、竹蘭梅菊四君子等。

八是歷史典故、人物故事類。

九是勞動場面類，有漁家樂、耕織圖、漁樵耕讀等。

圖案紋飾時事代感較強，其畫意、筆法、佈局、施釉工藝等均有特定的時代韻律。

12. 器足多樣化

器足有平足、寬厚圈足、雙圈底、二層台底、拱壁底、圈足。

13. 雙底大盤和筆筒較獨特

康熙時有一種雙底大盤，足底有兩個圈，在兩圈之間，有個深槽，這種雙底大盤比較典型。還有這時的筆筒特點是上下兩部分粗些，中腰較細，底面有一圈無釉。

14. 釉下三彩，康熙抹紅出彩

這時三彩較為盛行，有黃地三彩、綠地三彩、紫地三彩、墨地三彩、絳白地三彩，虎皮三彩。此時還有釉下三彩，即由青花、釉裏紅和豆青三種釉下基層的色彩組成，它是康熙時期一種特殊品種。

康熙後期一種特殊品種：康熙抹紅。其色為正朱，鮮豔奪目，其官窯彩碗為最佳。釉裏紅亦為上乘。

15. 出現了郎窯紅

康熙後期，出現了郎窯紅，器物口沿有「燈草口」，是從明代永樂時期出現的。

綠地紫色彩雲龍紋盤，清康熙，官窯。估價26萬元以上。

豆青地五彩壽帶荔枝紋花盆，清康熙，官窯。估價1000萬元以上。

16.各種青花紋飾青翠明快

由康熙青花瓷派生繁衍的品種還有豆青釉青花、天藍釉青花、灑藍釉青花、黃釉青花、綠釉青花、漿胎青花、青花礬紅彩和青花五彩等，雖色釉地各異，但青花紋飾均青翠明快。

17.「大清康熙年製」為楷體

少數署「大清康熙年製」的官窯器，多為楷體，篆書極為罕見。

康熙官窯款以書寫為主，大多寫在器底部，有少數寫在器身上，一般為「大清康熙年製」有六字二行，六字三行。

民窯器物一般無款，有的器物僅有青花雙圈或秋葉等。

這一時期中，有官窯年款者少於無款器，前者造型、紋飾均呈規格化，後者造型豐富，繪工豪放，畫意灑脫，青花色調豔麗，皴染得富有層次，意境深邃。

18.款識大量仿寫宣德，成化等款

康熙青花官窯器中，盤、碗、杯、碟、壺、瓶、尊、罐、缸、盆及洗、硯、筆架、筆擱等，通常都不署年款，而大量使用花押、圖記，或仿寫明代洪武、永樂、宣德、成化、嘉靖、萬曆等年款，其中以宣德、成化二朝仿款最多。

雍正瓷鑑賞收藏要點

雍正時期，粉彩和琺瑯彩取得突出成就，就和康熙五彩一樣，其成就是和當時白瓷胎、釉的高度精細分不開的。

當時白瓷胎中的高嶺土的用量比明代更高，原料的選擇和加工比以前更加講究，燒成溫度已達到現代硬質瓷的要求。此外在窯具和窯爐的改革、燒成環境的控制技術等方面也在明代的基礎上益加精進。

從技術角度看來，中國傳統的製瓷工藝在此時達到了成熟期。雍正高級白瓷和粉彩的品質，已達到了歷史上的最高水準。

雍正瓷鑑賞收藏要點如下。

1.造型有大量的創新之作

瓷器造型有大量的創新之作，如橄欖瓶、蓮蓬口瓶、瓜棱瓶、海棠式瓶、四方倭角瓶、雙陸尊、如意尊、觶等，還有各式新穎的花澆、盤、碗、杯、碟等。

一些仿青銅器的大器，如投壺、雙螭尊、蒜頭尊等，器身高大卻不拙笨，給人雍容典雅之感。

2.胎薄體輕、大器規整

胎薄體輕，大器規整而不厚重。青花瓷的胎體堅致、潔白、細膩。

其款識，楷篆並用，但以宋槧體為主，字體工整，清秀有力。

3.釉面有橘皮紋

釉色品種繁多，釉面呈色青白，並以表面呈現橘皮紋為其時代特色。這是雍正器突出的特點。

4.窯變紅釉出現

窯變紅釉在這時開始出現，由紅和藍兩種顏色交織一起，藍色多於紅色。

5.彩瓷柔和而不豔

彩瓷的色彩柔和而不豔。粉彩、五彩、琺瑯彩所繪人物、景物，都明顯縮小，畫面聚收。粉彩紋飾細膩，色調淡雅，立體感強。

在施釉的紋飾周圍，側視往往可見白釉地襯托處有一圈五光十色的「彩暈」。

青花牽牛紋倭角瓶，清雍正，官窯。
估價60萬元以上。

青花牽牛紋倭角瓶側面。

6.小巧玲瓏、有「曲線美」

雍正瓷器的造型特點是：雋秀爾雅、小巧玲瓏，以盤、碗、杯、碟和小物為主。

器形比例協調，形狀雋秀，線條優美。

7.青花色調為青白和粉白

青花色調為青白和粉白。青花顏色層次不如康熙時多，一般有只有2～3個深淺顏色。

8.爐鈞釉出現

爐鈞釉也是從這時開始的，是由高粱紅和松石綠兩種顏色交織在一起的。

9.斗彩色調柔和淡雅

斗彩器比康熙時又有提高，無論是彩色還是花紋圖案都較前更為精細，用彩較薄，色調顯得非常柔和淡雅。

10.琺瑯彩（古月軒）出現

由雍正開始琺瑯彩瓷器稱「古月軒」，比康熙時的製作工藝更為精細。

這時琺瑯彩與康熙時有顯著區別：康熙時，一般都是帶彩地的較規矩的辦案畫冊。而雍正時，都是不帶彩地的繪畫，特別是講求畫意，而且繪畫題材也多了起來，如花鳥、山水、松、竹、梅等，表現極為生動形象。

11.花卉禽獸非常生動

繪畫為主，圖案特別工整別致。寫生畫中的花卉、禽獸非常生動，表現的陰陽面也很明

白釉堆花蟠蛇紋吊籃，清雍正，官窯。
估價100萬元以上。

青花釉裏紅花卉如意耳尊，清雍正，官窯。
估價200萬元以上。

顯與當時的紙絹畫風相同。

12.紋飾有工筆畫風格

紋飾有工筆畫風格，人物面目清秀，花卉尤其細膩嫵媚。

其畫面佈局疏朗，筆觸纖細，加上明麗的青色，堪為典雅的藝術佳品。

13.繪畫紋飾十分豐富

繪畫紋飾十分豐富，主要紋飾有：纏枝花卉、折枝花卉、過枝花卉、松竹、皮球花、八桃、花鳥、花蝶、雲龍、雲鳳、團龍、團蝶、八寶、牡丹、喜鵲登梅、山水、人物、西廂記、嬰戲圖、十六子、仕女圖、八仙及樓臺殿閣等。

青花瓷紋飾內容以龍鳳為主，並多用碧桃、牽牛花、團菊、菊花、束蓮、天竺、靈芝、水仙、纏枝蓮、寶相花、松竹梅、葫蘆、三果、石榴、福山壽海、人物故事、梵文、八寶等圖案。

14.器足規整，足邊圓，露胎窄細

15.青花瓷多色並存

雍正時期的青花瓷原料有多種來源，青花瓷也是多色並存。

16.早期青花色澤淡而深沉

早期的青花色澤淡而深沉，略有暈散，與康熙五十年（1711年）前後的色澤大抵相同。此外還有灰藍與深藍色。

17.中期青花色澤清新幽青，發色暈散外溢

中期以後，出現了最富時代特色的仿宣德青花瓷，典型器有梅瓶、玉壺春瓶、寶月瓶、雞心碗及大盤等，造型、胎釉、青花乃至紋飾均以原件為規範。色澤清新幽青，發色暈散外溢，紋飾用筆纖細。

18.紋飾線條刻意點染暈散斑點

為追摹明永樂、宣德青花蘇麻離青料的自然暈散斑點，特意由工匠於紋飾線條中用筆刻意點染，但這些大大小小的點痕卻不能像蘇麻離青自然暈散斑那樣滲入胎骨，意趣天然，而

淡描青花貫套捧壽紋盤，清雍正，官窯。估價20萬元以上。

青花花鳥紋八方花盆，清雍正，官窯。
估價50萬元以上。

是留下了人為修飾的痕跡。

19.仿成化青花可亂真

雍正青花器除仿宣德青花外，還有仿明代各朝不同風格的品種。其中，仿成化的青花，色調灰青淡雅，釉面乳白瑩潤。如青花八寶高足杯，除部分署「大清雍正年製」款外，其款識、器形乃至紋飾均與成化器一樣，幾可亂真。

而仿嘉靖、萬曆時的青花瓷風格又迥然不同，為追摹其時的回青色而使青花呈色濃深泛紫。

20.裝飾技法淡描重染

雍正青花器的裝飾技法有：淡描、雙勾輪廓線填色、重染等，同時有些還進一步加施黃、綠彩釉或金、銀彩釉為地襯托，顯得雍容華貴。

其青花與釉裏紅並用構圖者，青、紅兩色均豔麗非凡。

21.楷書款帶雙圓圈或雙方框

官窯年款有「大清雍正年製」六字二行楷書款，也有六字三行楷書款，都有青花雙圓圈，青花雙方框，個別也有不帶邊框的，還有「大清雍正年製」「雍正年製」圖章款。

22.粉彩登峰造極

雍正朝粉彩進入鼎盛時期。雍正粉彩在康熙粉彩的基礎上有很大發展，無論造型、彩繪技法還是紋飾，都達到空前的高度，堪稱粉彩瓷器的代表作。官、民窯同時大量生產，精細的官窯製品可與琺瑯彩比美。

青花花鳥紋八方花盆俯視。

爐鈞釉渣斗，清雍正，官窯。估價50萬元以上。

23.晶瑩光澤顯現彩虹

之所以取得這樣的成就，首先是它的地釉質量好，陶瓷史家陳萬里先生說過：「雍正白釉之進一步提高，合於釉上施加軟彩的要求，因而收到相互為用、相得益彰的效果。」

霽紅釉膽瓶，清雍正，官窯。估價40萬元以上。

雍正粉彩的彩料配製技術也較高，經低溫彩燒後，色彩微微凸出釉面，彩面具有晶瑩的光澤，有的粉彩紋飾的邊際還顯現出彩虹般的光暈。

24.粉彩繪畫技法多樣

粉彩的繪畫技法多樣，官窯更為考究，有平塗、渲染、沒骨、洗、皴、點等，工筆、寫意俱全，富有中國畫的筆韻。

畫面都留有一定的空白，顯示出深遠和層次感。氣勢雄偉的山水畫筆法遒勁，設色較為淺淡。

雍正民窯粉彩的花卉、花鳥紋飾粗獷，人物畫中善繪刀馬人物或戲劇故事中的情節，色彩凝厚濃豔，胎體厚重，琢器的外底部多為砂底。

25.粉彩題材以花鳥草蟲、人物故事為主

所繪紋飾以花鳥草蟲為主，人物故事畫多為室內景觀，人物線條柔和，仕女體態修長、面目嬌美，多襯以几案、繡墩、博古架等室內陳設。

26.粉彩的造型極為豐富

雍正粉彩的造型極為豐富，無論是餐具、文具還是陳設品都很優美，一改康熙時古拙厚重之感。

大型器規整不變形，小型器各部位處理嚴謹得當，反映當時製作技巧的高超。

27.款識字體工整有力，色調純正

其青花款識六字二行者為專人書寫，字體工整有力，青花色調純正。六字三行者書寫草率，而青花花押款、齋堂款則比較稀少。

28.仿品紋飾過於精細，現代氣息太濃

現代仿製的雍正粉彩盤、碗在市場上比較多見，其特點是胎體過於輕薄，地釉近乎粉白

斗彩開光花鳥紋盤一對，清雍正。估價10萬元。

光亮，也有亮青者，有的紋飾繪畫精細，器底青花書寫「大清雍正年製」款。整體看具有一定的雍正官窯粉彩風格，但仔細觀察仿製水準還不能真正達標，而且紋飾過於精細，反映出現代繪畫的氣息。

29.仿製款字筆畫無力鬆散

仿製品的青花款字體乍看與傳世品一樣，但仔細觀察則筆畫無力、鬆散，尤其是青花色調不沉著。

30.留意粉彩的做舊

做舊的方法有的用磨大理石的極細的砂紙打磨，也有的用某種酸將器物腐蝕後再用皮帶磨。傳世品有「蛤蜊光」，因器物年久，有些彩料或釉面由於長期與空氣中的氧結合，形成彩虹般的反射效果。現代仿製者為了表現此種現象，將器物浸泡在高錳酸鉀溶液中，但是這樣製作出的「蛤蜊光」與傳世品的還是不一樣。

新仿製的雍正粉彩器也有色彩較厚的，這類器物多數彩面上無光澤，給人以很舊的感覺。仔細觀察，彩面是經過打磨的，打磨後還在紋飾線的周圍淡淡地塗些黑灰色的東西，模仿出經年使用的痕跡。這些都是收藏者應該注意的。

乾隆瓷鑑賞收藏要點

乾隆時期發展了很多特種製瓷工藝，當時仿古、仿其他工藝和仿外國瓷的製品都極為精緻。

1.造型端莊規整，風格華麗

造型端莊規整，風格華麗，新創器形不可勝數。除傳統的圓形、四方、六方、八方、扁六方、長方、方形倭角等造型外，又興起橢圓雙連、三連至七連、天地交泰鏤孔等百餘種新穎多姿的器形。

淡描青花暗八仙紋折腰盤，清乾隆。估價9萬元。

2.仿青銅大器增多

作陳設用的仿青銅大器增多，如豆、爵、高足盤、壺、天球、鹿頭尊、漢壺尊、貫耳尊等，器形穩重大方。

仿古的器形和一般琢器類，承襲了前朝的貼塑耳裝飾並有所創新，最盛行的是象耳、鋪首、夔龍、夔鳳、花果等耳飾。

3.造型規整、雋秀精緻

造型規整，比例適宜，外觀雖不及雍正時的優美，但仍比嘉慶、道光時期的雋秀，小件器物尤為精緻。

前期器形和雍正時一樣恰到好處，後期則顯呆滯。

此後各朝的造型風格，除嘉慶初尚能恪守乾隆舊樣外，餘者皆為依次遞減，每況愈下。

4.彩瓷釉面常有小皺紋

彩瓷器釉面，常有似漣漪的均勻小皺紋。

5.工藝精巧秀麗，無奇不有

製作工藝水準極高，精巧秀麗，無奇不有，為製瓷史上所罕見。

6.胎體前期細潤，後期粗糙

前期胎體細潤，後期漸趨粗糙。

7.色調沉著，紋飾清晰

青花用料以浙料為主，經精心泡製，呈色比雍正青花穩定、渾厚、鮮亮，採用重色者藍中泛黑。但初期的青花仍保留雍正時期呈色不穩定和線條暈散出廓的現象。

青花串枝花卉紋棒槌瓶，清乾隆，官窯。
估價60萬元以上。

青花纏枝蓮紋盤口瓶，清乾隆。估價9萬元。

　　青花呈色雖有多種表現，但以穩定的純正藍色居多。初期有黑褐、青灰、淡藍各色，色調沉著，紋飾清晰。

　　8.眞、草、隸、篆體的乾隆御題詩句多見

　　以青花淡描紋飾輪廓填彩的斗彩和粉彩品種，邊飾用朱色礬紅彩，或胭脂紫料彩，或粉彩。裝飾以青花題詩填詞為多，最常見的是真、草、隸、篆體的乾隆御題詩句。

　　9.青花與釉裏紅並用構圖

　　此時，青花與釉裏紅並用構圖的作品，較康熙、雍正兩朝為多，青、紅兩色呈色穩定，深淺濃淡，和諧統一。

　　10.各種色釉的青花瓷層出不窮

　　除傳統的青白釉青花與漿白釉青花瓷外，此時還發展了各種色釉地的青花瓷品種，如天藍釉青花、東青釉青花、豆青釉青花、霽藍釉青花、哥釉青花等，頗為別致。

　　11.爐鈞釉由松石綠和深藍組成

　　爐鈞釉到乾隆時與雍正時不同，其顏色由松石綠和深藍組成。

　　12.琺瑯彩有「乾隆年製」楷書藍料款

　　琺瑯彩也稱「古月軒」或叫「瓷胎畫冊琺瑯」，一般都有「乾隆年製」四字楷書的藍料款。

粉紅地粉彩福壽寶相紋葵花式盆奩，清乾隆，官窯。
估價100萬元以上。

胭脂紅地粉彩寶相紋梅花式盆奩（俯視），清乾隆，官窯。
估價1000萬元以上。

13.古銅彩是新發明

古銅彩就是用粉彩及金彩，在瓷器上進行繪畫，用來模仿古代青銅器的紅、綠、藍各色鏽斑，這是乾隆時期瓷器彩色的發明。

14.彩地繪畫流行

乾隆瓷器中，有流行在紅、黃、藍、綠等彩地進行繪畫，可稱為彩地繪畫。

15.開光繪畫是創新

有的彩地上開出圓光進行繪畫，稱作開光繪畫。

粉彩萬福寶相紋葵花式盆盒，清乾隆，官窯。估價100萬元以上。

16.出現了彩地軋道

由乾隆開始出現了彩地軋道，這種軋道，是用工具畫出來的，像軋出來有一樣，因而稱為軋道。

17.百花不露地神奇

用粉彩繪畫的百花不露地瓷器，外壁滿繪各色花卉，花團錦簇，華麗而神奇。

18.畫風嚴謹而細膩

紋飾時代特徵鮮明，繪畫工細，層次清晰，畫風嚴謹而細膩。

19.器足寬厚足脊滾圓

器足較前朝寬厚，足脊滾圓，有的塗以黃色或黑色釉。足器近釉處，多有刮削胎體留下的一圈小鋸齒痕。

20.圖案嚴謹，講究對稱、規矩

這一時期的青花瓷造型精美，圖案新穎，華麗多姿，令人歎為觀止。圖案裝飾嚴謹拘泥，講究對稱、規矩。

21.繪畫題材多吉祥寓意

繪畫題材多吉祥寓意。內容有團龍、團鳳、團螭、夔龍、夔鳳、松鹿、八駿、洋蓮、松竹梅、荷蓮、八寶、梵文等，寓以壽意的「山高水長」「萬壽無疆」等文字，也開始在紋飾中出現。

22.篆書圖章款多

乾隆年款有定制，多篆書「大清乾隆年製」六字的圖章式款識，少見楷書款。

官窯年款多數是篆書體「大清乾隆年製」六字篆書圖章款，個別也有「乾隆年製」四字篆書圖章款，楷書款比較少。民窯器物上的家藏款不再盛行。

23.創造出許多新穎的粉彩瓷器

清乾隆官窯粉彩瓷器傳世品非常多。它綜合了康熙與雍正兩朝的製瓷工藝，創造出許多新穎的粉彩瓷器。

粉彩室上大吉紋盤，清乾隆。估價2萬元

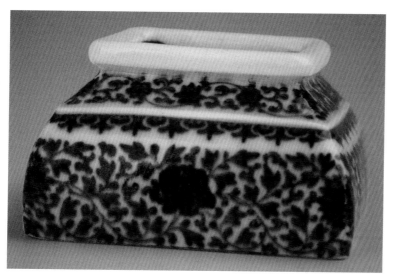

青花纏枝蓮紋方水盂，清乾隆。估價2萬元。

　　清宮內務府造辦處乾隆時記事檔中，記載了許多乾隆皇帝對有些粉彩器物的用途、器形、花紋的要求常有御旨，製作前要有畫樣或木樣，審查後才能正式燒製。

　　器物的款識或有或無，寫什麼樣的款識以及配合紋飾的詩句等都須經過乾隆皇帝的批准。另外，製瓷粗糙不合要求者還要賠補等情況，在檔案中也有詳細記載。

　　當時的督窯官唐英一方面按皇帝的旨意製作精美的宮廷用瓷；另一方面，吸收了一些西洋的工藝技法，創造出許多新穎的粉彩瓷器。

　　24.常加繪料彩、金彩或黑彩

　　用色和施彩的工藝方面有了新的發展，除以粉彩繪畫為主，還常加繪料彩、金彩或黑彩，或與青花、五彩、斗彩並施於一器。這種在一件器物上施多種彩或同時以各種彩繪工藝製作的乾隆粉彩，可說是集多種陶瓷工藝成就於一身，充分反映了乾隆朝製瓷工藝的精湛。

　　25.出現多種色地「開光」粉彩

　　在裝飾方法上出現多種色地「開光」粉彩，如紅、黃、藍、綠、紫及多種色釉為地，可達十多種。有的在色地上彩繪帶有西洋色彩的纏枝花，有的在色地上借用琺瑯彩的軋道工

青花通景山水人物圖缸，清乾隆。估價30萬元。

藝，用一種較鋒利的金屬工具畫刻出精細的鳳尾紋，即所謂的「錦上添花」，開光內繪花鳥圖、山水人物圖及墨書乾隆御題詩等。這種色地粉彩纖巧繁縟，是前所未有的，也是乾隆粉彩中數量最多的。

26.彩料仿製各種工藝品

乾隆粉彩利用粉彩粉潤柔和的質感，用粉化的各種彩料仿製各種工藝品，如漆器、銅器、琺瑯、大理石，還仿製動物、植物、瓜果等。能準確地表現出所仿之物的色彩和質感，可謂惟妙惟肖。

27.粉彩口部及底部都施松石綠釉

乾隆粉彩有一個獨有的特徵，即器物口部及底部都施松石綠釉。松石綠釉非常淺淡光潤，釉面猶如粥皮，由於是一種低溫彩釉，釉面常常帶有細小的紋片。乾隆時這一特點首先出現後，一直沿用到晚清。

28.祥瑞吉慶、美意延年圖案多

主紋是纏枝花，形象是將傳統的牡丹花、寶相花或蓮花的花與葉變形，彷彿西洋花卉。紋飾中也有西洋人物。

常以纏枝花作主體，分別加施夔龍、夔鳳、蝙蝠或瓔珞等，組成各種祥瑞吉慶、美意延年內容的圖案。

29.造型非常規整

乾隆粉彩的造型工藝更是精益求精，不論是高達一米多的大型陳設瓷，還是小至幾公分的扳指、鼻煙壺，造型都非常規整，很少出現夾扁或歪斜現象。

30.鏤雕瓷為乾隆時新創

新奇精巧的鏤雕瓷為乾隆時期新創，各式鏤雕瓶包括轉頸瓶、轉心瓶、交泰瓶、套瓶、冠架以及各式轉足碗等，千姿百態，其他時代是無法比擬的。

31.高仿品粉彩九桃天球瓶亦可收藏

乾隆粉彩仿製的品種多樣，有粉彩九桃天球瓶、粉彩鵪鶉天球瓶、黃地粉彩纏枝花卉碗，各種色地的粉彩纏枝花卉瓶、花觚以及鏤空轉心瓶、鏤空套瓶、紫地粉彩爵杯等。

粉彩九桃天球瓶可謂高仿品，其造型、色彩、紋飾都已達到逼真的地步，非常精美，是一件可收藏的現代珍品。與傳世品相比，主要缺點是顯得過於漂亮。

其他仿品中有的顯然頗費工時，如轉心瓶、交泰瓶、爵杯，但與傳世品相比差距很大，顯得板滯粗糙。

32.乾隆粉彩現代仿品的辨偽要點

現代仿品的缺陷較多，造型的整體結構比例不諧調，雖然高度或口徑與書本上的尺寸相同，但器物腹部的弧度不準，不是擴大就是縮小。

胎體有的過於輕薄，也有的過於厚重。

做舊痕跡突出，如未做舊又很光亮。器物口部和足內的松石綠釉，有的過於淺淡，有的過於濃豔。淺淡者釉薄光亮宛如淺湖色釉，濃豔者釉厚開細小紋片，釉面呈波浪釉狀。

一些牟利者自造出一些乾隆款的彩瓷迷惑人們，出現了諸如銀灰色地雕花開光大碗、大罐，開光內彩繪山水人物，器底雕刻篆體「大清乾隆年製」款，讓人感覺彷彿是乾隆的銀彩器，實際不然，這種器物胎體厚重，工藝粗糙，紋飾繪畫水準也很低。收藏投資應該謹防上當。

嘉慶瓷鑑賞收藏要點

嘉慶初期，瓷器基本上仍保留著乾隆朝的遺風，但從整體上說，已遠遜於乾隆盛世了。嘉慶登基之初，尊乾隆為太上皇，宮中御用官窯瓷器的生產模式與前期相同，因而在傳世作品中，嘉慶官窯粉彩器中亦有不少精品，且格調高雅不遜雍正、乾隆時期的佳作。

當時的粉彩和青花器有一些精品，特別是珊瑚紅地粉彩、描金器較為突出。顏色釉中霽紅、霽藍、醬色釉、黃釉、瓜皮綠、豆青、雲霞釉和石綠等都有一定的數量。仿哥、官、鈞窯的品種也在繼續生產。

其時，士大夫階層風行鼻煙，瓷製鼻煙壺除粉彩外，青花和白釉摟雕的數量也不少。在圖案上，更盛行名勝山水圖，人物中仕女的形象，較以前更帶有清代的裝飾特徵。

嘉慶瓷鑑賞收藏要點如下：

1.襲前朝舊制不敢僭越

此時期瓷器的胎骨與乾隆時期相比變化不太大，只是胎質顯得粗鬆一點。在胎骨的潔白程度上差了一些，胎骨較前朝略厚。

嘉慶朝的青花瓷，其風格、造型、紋飾、色彩與乾隆朝基本相同，因襲前朝舊制，不敢僭越，但青花瓷的品種和數量卻遠遠不及乾隆盛世。

青花龍鳳呈祥紋瓶，清嘉慶，官窯。
估價60萬元以上。

粉彩蓮座托八吉祥其中的輪、螺、傘，清嘉慶，官窯。八件全套估價160萬元以上。

嘉慶初期，青花色澤與乾隆時類同，深沉穩定；其後，部分器物出現了暗淡漂浮的色調並延續至道光、咸豐時期。

2.盤碗器物增多出現八方口等形式

器物造型發生了一些變化，屬於盤，碗類器物增多。屬於瓶、尊等大型立體器物比較少了。

此時出現了葵花口、四方口、六方口、八方口等形式。

3.釉面出現「細橘皮釉」「波浪釉」

器釉質變粗，釉面上普遍出現了「細橘皮釉」及輕微的「波浪釉」。

白釉的顏色還是白中閃青色，但潔白程度不如乾隆時期，後來逐漸變灰色。

4.堆粉青花富有立體感

在豆青青花瓷器中，有堆粉青花，俗稱「青花堆粉」或「青花加白」。

燒製方法是，先在青花下面胎骨上，按花紋圖案的大致形狀施以一層白粉料質，然後再在白粉上面繪以青花花紋圖案，最後施釉燒製。

堆粉青花的紋飾凸起，色彩鮮明，美觀大方，具有立體感。

這種堆粉青花最早始於康熙時期，到雍正、乾隆時有燒製，但數量不多，而到嘉慶、道光時期才比較盛行。

5.繪畫工整死板，寫意畫較少

花紋裝飾仍以繪畫為主，但保留了乾隆時期的遺風。繪畫工整，細緻，所繪紋飾不如乾隆時生動活潑，成為比較死板的圖案式，寫意畫較少。

6.凸雕的鐵花紋飾俗稱「哥瓷鐵花」

凸雕的鐵花紋飾開始多了，雖然在乾隆時已出現，但數量很少。這種鐵花紋飾，一般都裝飾在哥瓷器物的口、耳、腰等部位上，俗稱「哥瓷鐵花」。

7.彩地繪畫、彩地軋道普遍應用

在乾隆時比較時興的多種形式的瓷器花紋裝飾方法，如彩地繪畫、彩地軋道、彩地開光等，到嘉慶時更加普遍應用。

軋道工藝常見於嘉慶的粉彩圓器上，如各種色地軋道勾蓮開光碗，有開光山水碗、開光花卉碗、開光博古碗等，底均寫青花篆書「大清嘉慶年製」款。

在琢器中也喜用纏枝「洋花」做色地裝飾，器物口沿和足邊用料彩、金彩作邊飾。

嘉慶粉彩除了使用青花外，往往還用線刻工藝，用單線或雙線刻出紋飾輪廓。

8. 粉彩瓷胎質細膩，色彩豔麗

嘉慶粉彩瓷器的生產，不論是器物的造型、圖案、彩料，以至窯工都繼承了乾隆粉彩。嘉慶瓷的精品如不看款識，很容易與乾隆相混淆。如各種色地勾蓮夔鳳紋的各式瓶、罐、壺、盤，以及黃地勾蓮白裏飛蝠紋碗等，這些器物幾乎與乾隆粉彩一樣。

所以嘉慶粉彩瓷具有細膩的胎質、瑩潤的白釉，典雅的圖案，豔麗的色彩，備受收藏家的青睞。但嘉慶晚期作品已走向衰退。

仔細觀察嘉慶粉彩，與乾隆粉彩瓷器有一定區別，如胎體稍厚重，有的釉面不夠平整，色彩較凝厚，紋飾線條也比乾隆時粗，器口及底部所施松石綠釉的顏色比乾隆時稍深。

9. 粉彩以靈仙祝壽類賞瓶具有典型性

嘉慶粉彩新創器形有帽筒、折沿洗、格碟、茶船、渣斗等。

帽筒呈圓筒狀，筒身挖幾個不同形狀的孔作裝飾，餘處繪粉彩紋飾。

嘉慶青花粉彩以靈仙祝壽類賞瓶具有典型性。這類瓶瓶口外撇，頸部修長，腹部渾圓，造型秀麗，通體以四道金彩弦紋為裝飾，自上而下分別繪如意紋、壽桃、靈芝、寶相花、回紋等，腹部主題紋飾為靈芝、水仙、天竺和壽石，寓意「靈仙祝壽」。

此類瓷器整體構圖層次清晰，疏密有致，底落「大清嘉慶年製」六字三行篆書款。

10. 粉彩青花繪山石突出色彩對比

為了使瓷器的色彩更加豐富，立體感更強，乾隆時期開始將斗彩同粉彩一起燒製於一件器物之上，由於工藝複雜，燒造損耗較大，因此即使在乾隆時期也較少使用，嘉慶不僅使用了青花，而且採用青花繪山石主要紋飾，突出色彩對比。

11. 「無雙譜」畫十分流行

官窯主要以各種色地花卉、花蝶、花鳥、八吉祥、雲龍、雲鳳、夔龍、夔鳳等多種吉祥紋飾。

「無雙譜」畫面較為有趣，即「舉世無雙的物譜」。《無雙譜》原是清代金古良撰繪的

粉彩蓮座托八吉祥其中的罐腸。

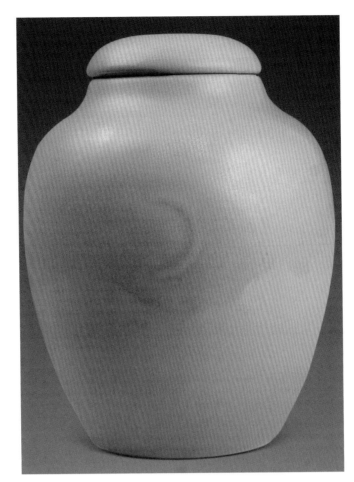

豆青釉日月蓋罐，清嘉慶。估價23萬元。

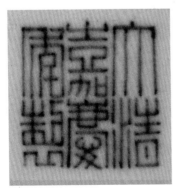

豆青釉日月蓋罐款識。

一本歷代名人圖冊，書中收錄40位歷代名人，康熙時將此畫冊中的人物作為瓷器裝飾，多畫在碗或杯的外壁。

故宮收藏嘉慶無雙譜人物杯所繪人物有「華山陳圖南先生」「江東孫郎」「李青蓮」「文丞相」「龍門司馬遷」以及陶淵明、花木蘭、武則天等。每個歷史人物旁有墨書題記介紹人物的姓名及小傳。這種題材在嘉慶、道光的民窯粉彩瓷畫中十分流行。

12.嘉慶粉彩白釉為地較珍貴

一般的嘉慶時期的粉彩瓷器大多以色地為主，白釉為地則極為少見，白釉潔白濕潤，當為上品。

民窯以白地粉彩瓷器為主，出現一些新穎的畫面以風景人物為主，如「廬山十景」「蕭山八景」「西湖十景」「百子圖」「燒窯圖」等，一些風景畫面常常附墨書詩句。

13.多用礬紅書寫年款

嘉慶粉彩瓷器的內裏的器底多施松石綠軸，並用礬紅書寫年款，也有不施松石綠釉的，還有極少數用青花書款的。

官窯款識多數在器底，為紅彩或金彩或青花篆書「大清嘉慶年製」六字款，字體工整，結構嚴謹。

嘉慶民窯款識，常見一種青花篆書的「大清嘉慶年製」六字款，筆畫不齊，均用六字的半邊字組成，草率鬆散，有的還不易識別。

14.警惕現代粉彩仿品

現代仿製的嘉慶以後各朝粉彩瓷器也時有出現，仿製的都是官窯中的常見品或名品，如嘉慶款色地粉彩，道光款及「慎德堂製」款粉彩，同治、光緒、宣統款粉彩碗、瓶、罐等。這些仿品由於是現代製品，因此都具有共同的特點，有的胎體過於輕薄、所施色彩較薄、紋飾繪畫過於精細、鮮亮，具有現代藝術品的氣息。

仿製的嘉慶色地粉彩的器物，很有時代特色，但仔細觀賞，紋線較粗，紋飾較板滯。

朝代款者有的很逼真，在鑑賞時必須聯繫造型、紋飾和色彩全面分析。

也有一些是仿製者編造的較少見的室名款，格外要警惕。

15.嘉慶粉彩投資價值分析

從品質上看，有些嘉慶粉彩瓷器的品質不遜於乾隆，並且由於嘉慶皇帝在位僅二十四年，遠少於乾隆帝，所以嘉慶粉彩瓷器的數量尤其是精品遠少於乾隆粉彩瓷器，而其價格卻遠低於雍正、乾隆官窯粉彩瓷器，因而在國內外市場上具有一定的升值空間。

粉彩瓷器成為中外歷次中國古典藝術品拍賣的聚焦點，價格更是直線上揚，居高不下。

2000年在香港拍賣會中，一件乾隆粉彩花蝶紋如意耳尊，成交價高達3000萬港幣；一件雍正粉彩團花蝴蝶紋碗的成交價亦高達900萬港幣。

受此影響，在北京的一場拍賣會上，一對道光黃地粉彩花卉碗的成交價也曾高達42萬人民幣。

相對而言，嘉慶粉彩瓷器價格尚有空間，是一個值得投資的收藏品種。

道光瓷鑑賞收藏要點

道光朝的青花和顏色釉製作，都已趨衰落。粉彩瓷器的數量雖多，但品種、造型亦已大為減少，產品中以蓮花型的盤、碗為突出。有少量「慎德堂」等款的粉彩，霽藍描金器和抹紅描金器較為精緻。

此外，陳國治所製的黃釉仿象牙器，是這一時期的優秀作品。

總體來看，道光瓷的特點和嘉慶瓷差別不大，可參考上面嘉慶瓷鑑賞收藏要點，但也有一些細小的區別，鑑賞收藏要點如下：

1.器形線條生硬，顯得拙笨

從道光時起，器形大多線條生硬，常常見棱見角，無圓潤秀美感，顯得拙笨，當然，也有一些精緻品種。

2.名人書畫入瓷杯

道光時能將名人書畫摹入瓷杯上，一方寸能畫出五六個人物形象，眉目如生，工致殊絕。

3.繪畫多取材吉祥花鳥

繪畫題材主要有：雲龍、雲鳳、龍鳳、三羊、獅球、花鳥、花蝶、草蟲、花卉、四季花

青花暗八仙皮球錦紋包袱式瓶，清道光。
估價40萬元以上。

青花暗八仙皮球錦紋包袱式瓶側面。

（牡丹、荷花、菊花、梅花）三果等。

　　4.人物和山水風景題材較多

　　人物和山水風景題材較多。人物有八仙、仕女、天仙配、嬰戲圖等，山水風景有廬山十
景、西湖十景、燕京十景等。

　　5.常用喜字、壽字、御詩等文字裝飾

　　常用喜字、壽字、御詩等多種文字裝飾。

　　喜字常常是與青花淡描裝飾在一件器物上。這種青花淡描雙喜字的紋飾最初是從乾隆時
開始出現的，到嘉慶、道光時期才逐漸多起來。

6.出現了陪嫁「五大件」

道光時開始出現了作為陪嫁用的五件一套的器物（即一件瓶，兩件將軍罐，兩件花觚）俗稱「五大件」。

7.官窯爲六字篆書圖章款

道光款識形式：官窯年款是「大清××年製」六字篆書圖章款，也有「××年製」四字圖章款，楷書年款較少。

民窯器物多數無款，書寫年款的只是極少數。其形式為「大清××年製」六字篆書圖章款，或「××年製」四字楷書款。

民窯也有少量家藏款，有「退思堂」「行有恆堂」，多數為青花，紅彩楷書款。

慎德堂為道光窯，以三字直款為佳。皆為抹紅楷書，亦有金款。

當時還盛行仿製成化時期的年款。在一些器物底部刻畫「成化年製」的「豆乾款」（即刻畫年款後，用醬釉施在款上，形如豆乾狀），在哥瓷鐵花器物上，多是這種「豆乾」款識。

8.「慎德堂製」款粉彩工藝精細

道光粉彩無論是官窯、民窯的傳世品都較為常見。有些產品也可與乾隆、嘉慶瓷相媲美。尤其是「大清道光年製」款或「慎德堂製」款的瓷器。慎德堂是道光皇帝在圓明園的住處，有此款的器物應為皇帝御用品，工藝非常精細。皇親國戚定製器形的帶「行有恆堂」款或「睿邸退思堂」款的白地粉彩瓷器也非常精細。

9.開光內繪山水人物

豆青地青花淺雕人物故事圖方瓶，清道光。估價6萬元。

以各種色地粉彩勾蓮開光裝飾為主，開光內繪山水人物或富有吉祥內容的畫面。有的還加繪青花，非常宜人。缺點表現在彩色釉塗地時塗染不勻淨，不能渾然一體。

10.波浪釉形成道光瓷器特徵

官窯的白色地釉較潤澤，但底釉如為松石綠釉時比嘉慶器物色稍深。

白釉往往出現波浪狀的釉面，一般稱為「波浪釉」，俗稱為「浪蕩釉」，形成道光瓷器的主要特徵。

波浪釉的普遍出現，反映出道光時瓷器施釉技術水準不佳。實際上這種現象早在乾隆時期已出現了。

11.冬瓜罐爲新創

冬瓜罐為此時新創，罐口內斂、豐肩，直筒狀圓腹，臥足。更為突出的是小件器皿豐富

斗彩暗八仙紋折腰瓶（俯視），清道光。
估價5萬元。

斗彩暗八仙紋折腰瓶背面。

多彩，酒杯多種多樣，有套杯、臥足小杯、鈴鐺式小杯，杯外有配合紋飾的墨書詩句。

此外，小筆筒、小冬瓜罐、小鼻煙壺、小鳥食罐等都較為新穎，均為道光粉彩中的典型器。

12.喜繪動物紋

道光時，瓷器上喜繪動物紋。傳世品中大小動物畫多達十餘種，如貓、蝶、狗、牛、羊、象、鴛鴦、水鴨、仙鶴、喜鵲、鴿子、燕子、螞蚱、蟈蟈、蜻蜓、蝙蝠、雉雞等。這些大小動物與多種花卉、瓜果組成吉祥畫面，形成道光粉彩紋飾的一大特色。

13.粉彩款識紅彩濃豔勻淨

道光粉彩的款識青花或紅彩篆書行筆圓潤流暢、緊湊。楷書多為齋堂款，用側鋒書寫，

斗彩河塘鴛鴦紋臥足碗，清道光。估價2萬元。

斗彩團花馬紋馬蹄碗一對，清道光。估價16萬元。

筆力剛柔相濟，紅彩濃豔勻淨，難以仿製。

　　還有一種紅彩滿文款的粉彩瓷器，器裏外均畫粉彩紋飾，外壁粉彩繪七珍，加飾青花和金彩，底部紅彩方框內書滿文款。是為道光皇帝的一個女兒出嫁給蒙古王子時所燒製的。文物拍賣會上偶見有此種傳世品。

咸豐瓷鑑賞收藏要點

　　咸豐朝是在外國資本主義入侵和國內太平天國革命的戰爭中度過的，官窯瓷器生產的數量和品質更趨低落，但民間日用粉彩瓷器有一定數量。

　　1.胎質粗鬆、胎骨變厚

　　咸豐到宣統這幾朝瓷器的胎骨，基本上相差不多，在胎質方面比不上嘉慶、道光時期。這時胎質越來越變得粗鬆，胎骨也相應變厚了。

　　2.波浪釉、橘皮釉更甚

　　由咸豐時開始，瓷釉逐漸變粗，瓷釉與胎骨結合不夠緊密，因而出現的波浪釉和橘皮釉的現象比嘉慶、道光時期更為嚴重。

　　3.釉面白中閃灰有氣泡

　　在瓷器的釉面上，甚至經常出現有氣泡及脫釉現象。白釉不如嘉慶、道光時潔白，而逐漸變成了白中微閃灰的顏色。

　　4.窯變紅釉幾乎看不到藍紫色斑

　　窯變紅釉這時又有了較大的變化。釉面上藍紫色彩斑越變越少，紅顏色的面積越來越多，有時甚至基本上變為全紅色，幾乎看不到藍紫色斑了。

　　窯變紅釉的演變過程是：雍正時期是藍色多於紅色；乾隆時期是藍色少於紅色；嘉慶、道光時期是紅色多於藍色；咸豐以後是基本上變為全紅色；到光緒、宣統時期是紅與黑兩種顏色組成的。

 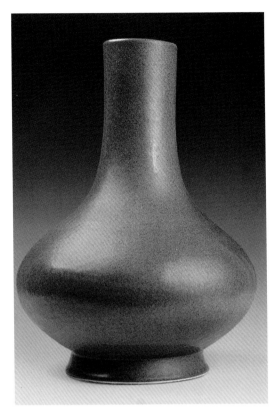

青花花卉紋玉壺春瓶，清咸豐。估價8萬元。　　茶葉末釉荸薺瓶，清咸豐。估價20萬元。

5.粉彩表現十分豔麗

咸豐時，粉彩的含量比較多，彩粉比較濃厚，而且在精細粉彩器物上，往往還描繪金彩，所以此時粉彩表現十分豔麗。

6.雙喜字工整細膩

紋飾中的喜字，極為盛行，此種青花雙喜字特點，在幾個時期的表現手法有些不同：在咸豐時，雙喜字的字體，書寫的比較工整，筆道也較細；同治時期雙喜字的字體書寫的就不大工整，筆道漸寬起來了；在光緒時期，雙喜字書寫的極不工整，不但筆道較寬，同時字體

五彩龍鳳紋碗，清咸豐，官窯。　　五彩龍鳳紋碗內裏。
估價25萬元以上。

也變得模糊了。

7.耳飾有獅耳、獸耳、象耳等

這時期的耳飾主要有：獅耳、獸耳、象耳、螭虎耳等。

8.彩地繪畫等不再流行

彩地繪畫、彩地開光、彩地軋道及綠裏、綠底等紋飾的品種不大時興了。

9.青花或紅彩款以楷書為主

咸豐時期，官窯、民窯的器物大多數的年款是青花或紅彩款，以楷書為主，不帶邊框，「大清咸豐年製」六字二行楷書款，字體規整，篆書圖章款極為少見。

民窯器多數無款。

同治瓷鑑賞收藏要點

同治以後景德鎮瓷業的工藝水準明顯下降，從傳世品看還有一定的時代風格，現存官窯粉彩瓷器，大部分是御窯廠專門為皇帝和慈禧太后所燒製的餐具和陳設瓷。

據史料記載，同治七年皇帝大婚，由江西巡撫景福負責燒造「大婚禮造器」達七千餘件；同治九年為慈禧燒造一批陳設體和殿的「體和殿」款瓷器；光緒時為慈禧壽辰又燒製了數以萬計的粉彩瓷器。

這些宮廷用瓷，裝飾風格基本相同，除了少量用冷色地外，大都以濃重的暖色做地，如大紅、大綠、明綠、明黃、藕荷等色地，繪寓意萬壽喜慶的花鳥、花卉紋飾，題材豐富。

同治皇帝大婚粉彩餐具以明黃為地，繪紅蝠金團壽、五蝠捧壽、蝴蝶雙喜、梅雀與叢竹等達十多種紋飾。至今在北京故宮博物院圖書館還收藏著當時給皇帝畫的餐具畫樣。

同治瓷鑑賞收藏要點如下：

1.色澤俗豔泛紫或黑褐漂浮

同治以迄宣統時期，景德鎮瓷業明顯萎縮，工藝低下，但官窯、民窯的青花瓷器仍不斷燒造。

這一時期的青花瓷，由於青料不純，色澤或俗豔泛紫，或淺藍、黑褐，均漂浮而不潛於釉下。

2.出現藍紫色青花

青花的顏色，只有1～2個層次，同治末期還出現了一種藍紫色的青花。同治以後堆粉青花比較少了，這時青花下面的堆

黃地粉彩喜鵲登梅紋瓶，清同治，官窯。估價40萬以上。

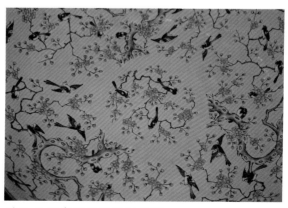

黃地粉彩喜鵲登梅紋瓶特寫。

粉彩開光人物故事圖雙耳瓶，清同治。估價1萬元。

粉極薄，顏色淡淺。

3.官窯多工筆，民窯多寫意

官窯紋飾絕大多數是工筆畫和規矩的圖案畫，民窯多數是寫意畫。

4.圖案紋飾多具有教化功能

這時的圖案紋飾多具有教化功能。這類紋飾有五倫圖、二十四孝圖、司馬光擊缸、朱子治家格言等。

此外，還有吉祥如意圖。如五子登科、狀元及第、馬上封侯、三星、福祿壽等。

5.繪畫題材豐富

繪畫題材有：人物、山水、花鳥、蝴蝶、獅子、雲蝠、龍雲、龍鳳、白菜、三果、八寶、八卦、博古、鐘鼎、九桃、纏枝牡丹、喜字、壽字等。

6.盛行鐵花裝飾

同治時期，哥瓷器物上特別盛行鐵花裝飾，光緒開始變得較少了。

7.小雞、小博古紋盛行

同治時期，小雞、小博古的花紋裝飾較為盛行。

8.金色的喜字的雙喜字，在同治時比較盛行

9.施釉稀薄，筆觸呆板平庸

由於製瓷工藝粗糙，胎體厚重見拙，施釉稀薄，紋飾線條含混，筆觸呆板平庸，較之清前期的青花作品有天壤之別。

10.白地粉彩色彩較淺淡

同治時期的白地粉彩瓷器色彩較淺淡，喜繪折枝花卉。

此時乾隆、嘉慶時常用的色地「開光」裝飾已基本停用，僅在皇帝和皇后結婚時的專用粉彩瓷器上才有「開光」龍鳳的畫面。

11.粉彩有些特殊器形

同治粉彩有些特殊器形，如同治粉彩灰槽，此器下半部像長方形洗，洗的後邊一面為高出後壁呈雲頭狀的後背，背面及洗的下部三面粉彩繪蝴蝶、草蟲，即「探花及第」圖案。傳說此器是放於爐前接爐灰用的灰槽。

同治黃地粉彩凸雕三果圓盒。盒面凸雕佛手、石榴和桃，中間一展翅翔蝠，為「福壽三

多」之意，盒底刻雕瓷名家「王炳榮造」款識。這種雕瓷粉彩為同治所特有。

光緒瓷鑑賞收藏要點

　　光緒和同治一樣，整個社會陷於動亂和衰敗。在這段時期，景德鎮製瓷業中，瓷窯雖然沒有停止生產，但所製大多是一些宮廷婚喜、壽慶的應酬、賞賜之品。民窯所產，雖無特殊精緻之作，但數量卻是巨大的。

　　從19世紀末到20世紀初的民窯中，製有一些比較好的仿古瓷，但這並不是當時製瓷業的主流。

　　1.出現新的窯變紅釉

　　光緒、宣統時，出現了又一種由紅與黑兩種顏色組成的窯變紅釉。

　　2.粉彩淡淺、粗者色濃凝厚

　　這一時期，粉彩發生了顯著變化。粉彩的料質由精細變為粗糙，粉彩的顏色由濃豔變為淡淺。

　　光緒、宣統時，粉彩含粉量減少，粉料非常淡淺。

　　光緒白地粉彩可分精、粗兩類。精者一般盤碗可與道光粉彩相媲美，花卉、花鳥紋飾生

綠地粉彩堆貼博古紋尊，清光緒，官窯。估價30萬元。

綠地粉彩堆貼博古紋尊側面。

青花胭脂紫彩八仙祝壽紋碗，清光緒。估價5000元。

動，並有「大清光緒年製」款識；粗者分為稍大些的盤、碗、折沿洗等，胎體厚重，色彩濃重、凝厚，龍鳳、花果紋飾粗放。

光緒仿製的乾隆粉彩較多見。喜仿乾隆粉彩九桃大瓶及乾隆粉彩百鹿尊。仿品一般胎體較厚重，色彩濃豔不柔和，紋飾繪畫缺乏立體感。

3.軟彩盛行

軟彩是同治晚期出現的，到光緒、宣統時比較盛行。

軟彩器物，只有民窯有，官窯軟彩尚未見到。

同治晚期和光緒時期盛行軟彩寫意畫，畫稿則出自明、清兩代的沈石田，唐六如、新羅山人、八大山人等著名畫家，但畫的很不像。

4.光緒末期出現水彩

水彩是光緒末期出現的。此種色彩不含粉質，具有彩料薄、顏色淡之特徵。它是光緒末期及宣統時期瓷器上所使用的一種色彩。

5.繪畫缺乏章，法人物呆板

紋飾以繪畫為主，但繪畫日趨草率，缺乏章法，表現得極不形象，也不精美。繪畫人物，比較呆板，無生氣。繪畫花鳥、禽獸沒有生氣活潑之感。

6.大博古、鐘鼎插花題材較多

繪畫題材中，大博古、鐘鼎插花、枝子花、富貴白頭、天女散花比較普遍。

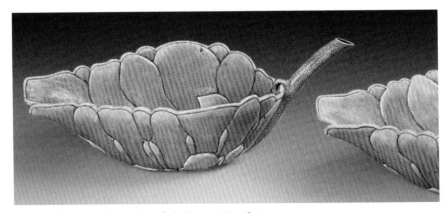

粉彩荷葉形秋操杯一對，清光緒。估價3萬元。

7.盛行仿康熙、雍正、乾隆青花五彩

光緒中期以後開始盛行仿製康熙、雍正、乾隆時期的各種造型的器物，包括青花、五彩、粉彩及一道釉的器皿，但仿製品與真品相比都不相像。

8.款爲不帶邊框的「大清××年製」楷書

光緒和同治、宣統時一樣，官窯年款大多數爲不帶邊框的「大清××年製」六字楷書款。

還有一類書寫篆書體「體和殿」或楷書體的「大雅齋」兩種款識。

9.「××年製」款爲色澤暗淡紅戳

民窯器物大多不書年款。在有年款的器物中，除楷書體外，還出現一種色澤較爲暗淡的紅戳「××年製」，四字很不規則的篆書款，有陰文有陽文。

10.粉彩賞瓶較多

光緒粉彩賞瓶較多，以前多爲青花紋飾。造型爲撇口、長頸、肩上凸起一道弦紋、圓腹，器底用青花或紅彩楷書「大清光緒年製」。此器形清宮檔案稱爲「玉棠春瓶」。

晚清時期賞瓶還有光緒時特有的青花雲紅福直頸扁腹瓶、哥釉四方八卦瓶、鈞紅釉四方杏圓貫耳瓶等多種。

11.大器造型端莊、紋飾繪畫精緻

大地瓶、大缸、大花盆這些大器造型端莊、紋飾繪畫精緻，牡丹花較爲突出，色彩鮮豔。光緒大地瓶高達130～150公分。不難看出晚清燒造大件器物的水準還是很高的。

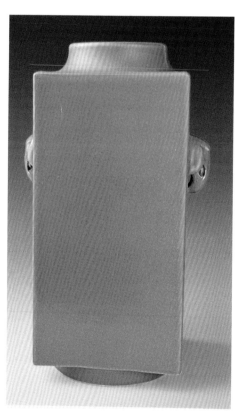

霽藍釉象耳琮式瓶，清光緒。估價4萬元。

粉彩藍地玉蘭富貴圖葫蘆瓶，清光緒。估價7萬元。

12.「大雅齋」粉彩是光緒獨有品種

「大雅齋」款的粉彩瓷器是光緒時獨有的品種。造型有盤、碗、盒、高足盤、高足碗、匙、缽缸、圓盒、花盆、大缸等。

紋飾題材多繪藤蘿花鳥、葡萄花鳥、鷺鷥蓮花等，很有新意。款識書寫的方法一般用紅彩從右向左橫書「大雅齋」三字款，款旁由紅彩龍鳳紋組成的橢圓形閒章款。閒章內書「天地一家春」篆字。

「天地一家春」為圓明園內的一處建築的名稱，據說慈禧為蘭貴人時曾住過這裏。這種一瓷二款的做法為光緒時所特有。

13.秋操紀念杯有三種形式

秋操紀念杯，光緒年間曾舉行過幾次秋季軍事操練，此杯為當時操練後的紀念品。現在見到的有三種形式，一種粉彩牡丹花式，一種綠釉荷葉式，這兩種均以葉莖為柄，柄中空與杯相通，又可稱為吸杯。在柄的背面墨書操練的時間和地點。還有一種為普通酒杯形式，杯外壁繪雲龍紋，也墨書操練時間和地點。

粉彩開光人物故事瓶。估價8000元。

宣統瓷鑑賞收藏要點

1.器物較前幾朝變粗

由咸豐開始直到宣統，除小部分瓷器製作較為精細外，而大多數器物都較以前幾朝變粗，更不如雍正、乾隆時的瓷器那樣細緻。

2.日常生活實用品增多

這時期器物造型和以前也有所不同。瓶、尊等各種類型的陳設減少，而多數器物都是日常生活實用品，如膽瓶、天球瓶、串帶瓶、將軍罐、粥罐、鳥食罐、香爐、魚缸、花盆、水仙盆、一品鍋、捧盒、節盒、油盒、水壺、印盒、筆筒、帽筒、茶壺、茶葉罐、酒溫、酒盅、盤、碟、扣碗、羹匙、煙壺、瓷枕、繡墩、掛屏等。

陳設器有三星人、八仙人、觀音人等。

宣統時期，膽瓶、茶葉罐、帽筒、茶壺、茶碗和成套的盤、碗等器物比較盛行。

3.民窯器物一般沒有年款

宣統官款有青花、紅彩、赭彩與墨彩款。

青花款均為楷書，罕見篆體。以側鋒書寫，字體工整清秀，色澤明快，為六字兩行豎寫式，無圈欄。

民窯器物一般沒有年款。

4.粉彩勾蓮盤碗仍在製作

宣統一朝僅三年，景德鎮御窯廠仍繼續燒造

宮廷使用的粉彩瓷器。從故宮傳世品看，宣統的粉彩瓷器都是光緒品種的再現，只是款識不同而已。

5.粉彩牡丹紋玉堂春瓶拍賣價20多萬元

較為突出的是粉彩牡丹紋玉堂春瓶，此瓶撇口、細頸、碩腹下垂，圈足內寫紅彩楷書「大清宣統年製」。

此瓶雖然為清末製品，但製作很精細，地釉較白，色彩濃淡適宜，紋飾繪畫細膩，具有一定的層次感，可謂晚清官窯精品。

此式瓶在2000年翰海春季拍賣會上，成交價20多萬元。

宮廷仿藏器收藏價值高

除了上述清代各個時期的瓷器藏品，還有一些在上述章節中未涉及的偏門和冷門，也值得收藏投資者留意。

如宮廷仿藏器，收藏價值也很高。這其中包括流行於西藏地區的賁巴壺、藏草瓶、多穆壺和僧帽壺，清代宮廷都

粉彩九桃紋賞瓶。估價1萬元。

有仿製，這些漢藏文化融合的歷史見證，具有一定的收藏投資價值。

賁巴壺、多穆壺和僧帽壺等是極具藏族特色的器物，有的來自生活用器，有的直接成為藏傳佛教的法器。

賁巴壺從軍持演變而來，是為神像和信徒本人沐浴時所用的。

多穆壺原是西藏、青海地區藏胞盛奶茶或酒的一種銀製品，藏語稱為「勒木」，漢語稱為「多穆壺」。

僧帽壺因其形似僧侶之帽而得名，為藏傳佛教法器。

藏草瓶，亦稱「甘露瓶」，為藏傳佛教用於盛水或插草的器皿。

明成化官窯曾燒製青花甘露瓶，清代僅僅雍正、乾隆官窯燒製過紅彩和斗彩品種。

清廷所仿的瓷質品有斗彩、紅彩、青花及各色地粉彩賁巴壺，三彩、五彩、灑藍釉、黃釉多穆壺，礬紅釉、紅釉、白釉、粉青釉、斗彩僧帽壺，紅彩和各色地藏草瓶等。

北京故宮博物院藏有一批代表器。康熙灑藍釉多穆壺為竹節式，器身有四道凸弦紋，一側為彎流，另一側無柄，上下有兩個凸起的獅頭，嘴有孔可繫帶，無蓋。通體施灑藍釉，釉色凝重而深沉。

雍正粉青釉僧帽壺上部略似僧帽，一面有流，流口與長頸二流相通，另一面有長柄，兩

紅彩蓮紋甘露瓶，清乾隆，官窯。
估價100萬元以上。

端連接口與肩部，柄兩端為如意頭形，圓腹。通體施粉青釉，釉汁純厚似青玉。外底有青花「大清雍正年製」六字篆書款。

乾隆粉彩八寶勾蓮紋多穆壺為筒形，口部如僧帽狀，兩側各置龍柄和鳳流，蓋為隆起圓臺形，獅鈕，圈足；壺內施松石綠釉；壺身有四道彩箍，壺外通體施白地粉彩纏枝花及八寶圖案；外底松石綠釉地上有用青花書寫的「大清乾隆年製」六字篆書款。

乾隆青花八寶紋賁巴壺呈塔形，口與流均有蓋，彎流銜接於球形腹部，下承覆缽形底座。用青花描繪，腹部為蓮托八寶紋。

乾隆粉彩綠地勾蓮紋藏草瓶細長頸，頸下有一小扁腹，其下為大扁圓腹，束脛，覆盤式足。瓶體綠地上飾勾蓮紋。底足內綠釉書紅彩「大清乾隆年製」六字篆書款。

這些器具有的成為高級陳設器，有的成為藏傳佛教法器，有的賜予西藏高級僧侶，無一不與雪域高原有密切關係，受到清朝統治者的高度重視。它顯示出清朝對藏傳佛教的尊崇與文化上的認同。

清廷仿製的西藏瓷器不止一件，然而，經過數百年戰亂，存世已經極少，有些散落民間，這些品種極為珍罕。

景德鎮瓷是鑑賞收藏重點

清代的景德鎮瓷器，是中國各窯口的收藏重點。

此期不僅明代的工藝和品種應有盡有，而且還有許多發明創造。青花瓷的色彩呈寶石藍，比明代的更鮮豔純淨，別具風格；釉上五彩因發明釉上藍彩和墨彩，比明代的更豐富多彩，紋樣清新，著色鮮明；斗彩的品種也比明代的多。

雍正時期的青釉燒製達到歷史最成熟階段。此期創製成功了很多名貴的新品種。如在康熙五彩的基礎上創製了以玻璃白為填料，使畫面色彩柔和、富有立體感的粉彩；引進國外彩料，專作宮廷御器的彩瓷器；直接用黃金裝飾瓷器的金彩；在單色釉中添加其他不同成分，使之在高溫燒煉中流淌變幻，形成流光溢彩、色彩奇幻、斑斕絢麗的窯變花釉等。

其他如釉下三彩、墨彩、烏金釉、天藍釉、珊瑚紅、松綠釉、胭脂紅等也都應運而生。

康熙期間，還恢復生產了明代中期以來幾乎失傳的銅紅釉，其中尤以郎窯紅、缸豆紅最為著名。

《中國的瓷器》一書中就說：「中國瓷器，到了唐窯，確實集過去所有製作之大成。這

表現在瓷器裝飾方法，造型設計以及製瓷技術方面」。

清代著名的督陶官唐英在景德鎮鎮陶時所燒製的瓷器世稱「唐窯」。唐窯瓷器非常精美，其製作水準和品質都達到前所未有的高度。瓷器裝飾僅高低溫顏色釉就有57種；彩繪方面山水、人物、花鳥寫意之筆，青綠渲染之制，四時遠近之景無所不有，而且規撫名家，各有原本；造型設計上，各種器形應有盡有。

唐英在景德鎮督陶時間長近30年，是景德鎮御窯廠督陶時間最長，成績最顯著的督陶官。他悉心鑽研陶務，身體力行，不僅經驗豐富，而且還對景德鎮瓷業生產技藝進行科學總結，從理論上加以提高，先後編寫出《陶務敘略》《陶冶圖說》《陶成紀事》《瓷務事宜諭稿》等著作。

清康熙、雍正、乾隆三朝之後，景德鎮瓷業生產就從巔峰走向下坡路，產量、器質、品種、造型等都呈現明顯萎縮狀態。

特別是鴉片戰爭之後，戰亂很多、政局動盪、外資入侵、市場縮小，景瓷生產也受到嚴重摧殘。延續500多年的御瓷廠也隨著清朝的傾圮而壽終正寢。

五彩花卉紋瓶，清康熙，景德鎮官窯出品。估價40萬元以上。

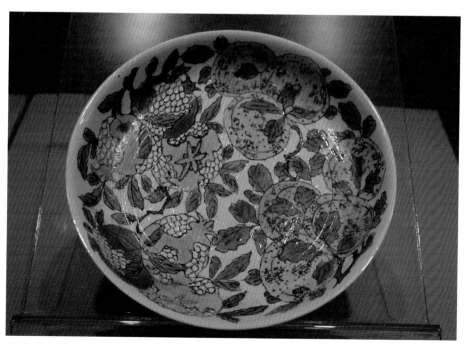

雕地龍紋素三彩瑞果紋盤，清康熙，景德鎮官窯出品。估價30萬元以上。

第十二章
民國瓷器鑑賞與收藏

紫砂瑩潤如和玉，
香霧紛藤茗初熟。
七碗能生兩腋風，
一杯盡解炎方溽。
壺兮壺兮出誰手，
鬼斧神工原不朽。

——民國・李景康《贊邵大亨所製魚化龍壺》

粉彩問路牧童燈籠瓶，民國。估價12萬元。

民國時期，各地相繼成立了一些陶瓷研究機構，但產品除沿襲前代以外，就是簡單照搬一些外國的設計。

民國初，軍閥袁世凱企圖復辟帝制，曾特製了一批「洪憲」年號款識的瓷器，這批瓷器在技術上不可謂不精，以粉彩為主，風格老舊。

民國不足40年，但以景德鎮為代表的瓷器生產幾乎遍及全國，燒造了大量不同風格的瓷器。客觀講，也生產出不少精品瓷器。在這些精品瓷器中有傳承，有融會，也有創新，給古老的製瓷業注入了新的曙光和希望。

由於內戰頻仍，外國入侵，民不聊生，整個陶瓷工業也全面敗落，直到新中國建立以前，未出現過讓世人注目的產品。

民國瓷生產的歷史背景

民國時期是中國瓷業處於蕭條衰落的黑暗時期。

清朝末年，由於政治腐敗，外族入侵和洋貨的衝擊，瓷器生產已呈全面衰退之勢。此期間雖不乏有識之士紛紛開辦瓷業公司，以抵禦洋貨，如廈門福建寶華製瓷有限公司（成立於1904年）、萍鄉瓷業公司（成立於1905年）、湖南瓷業公司（成立於1906年）、川瓷公司（成立於1909年）等。

在這不景氣的年代裏，瓷業生產操作方面卻有所進步，技術上有所革新，出現了腳踏轆轤車、手搖碎釉機、石膏模型鑄坯、霧吹器施釉等。特別是清末宣統二年（公元1910年），江西瓷業公司在景德鎮宣告成立，這標誌著景德鎮陶瓷業進入一個企業化時代。這時期也有不少創新，還進行一系列技術革新，試行機械生產、貼花紙彩瓷、煤代柴燒造等。

但因產品多沿襲舊法製作，不僅風格與晚清官窯器出入不大，也沒有形成一定的生產規模。民國瓷器就是在這樣的歷史背景之下走上前臺的。

同明清瓷器生產一樣，景德鎮瓷器是民國瓷器生產的主流。

民國初年，袁世凱稱帝，為了效仿封建王朝，在江西景德鎮建立了御窯廠。在1916年派郭世五去景德鎮督燒御用瓷器，以燒製水彩和軟彩瓷器為主。

民國初年至中期，隨著江西瓷業公司的年成立，全國先後開辦了三十餘家瓷業

粉彩芝仙祝壽紋天體瓶，民國。估價5萬元。

公司,以生產日用粗瓷為主。這一時期堪稱中國陶瓷生產企業化發展的時代,也是民國瓷器生產在中國陶瓷發展史上可圈可點之處。

日軍侵華期間,景德鎮多次遭日軍飛機的轟炸,坯坊窯房大面積破壞,全鎮瓷窯能燒的只有33座,處於奄奄一息境地。整個瓷業陷入低谷,一直到新中國成立前夕仍無起色。

可以這樣講,民國瓷器生產在連年內戰,特別是日本帝國主義入侵的大環境下,沒有迎來它的發展時期就過早步入了衰退期。

儘管民國瓷器精品不多,品質也難以與明清瓷器比肩,但也不乏精細之作,作為一個時代的產物仍有其欣賞價值、研究價值和經濟價值。

在收藏熱中,在古代瓷器價格暴漲以後,價格相對較低的民國瓷器漸漸受到收藏者的重視,許多收藏家開始研究民國瓷器。隨著人們對於民國瓷器的廣泛關注和重新認識,民國瓷器正在成為一個收藏和研究的熱點。

民國瓷的特點

民國時期,瓷器生產不論從數量和品質都不如從前了。

1.造型有陳設品和生活用品

民國時期瓷器造型有陳設品和生活用品。

粉彩花卉紋賞瓶,民國。估價6萬元。

粉彩百花圖天球瓶,民國,仿清乾隆。估價12萬元。

陳設品有瓷像（人瓷像、佛像、飛禽走獸）、三星人（福、祿、壽）、大肚人、和合二仙等。

生活用品有盤、碗、杯、碟、膽瓶、缸、小瓶、皂盒、煙壺、扣盒、節盒、水仙盤、水洗、帽筒、花盆、筆筒、水盂、筆架、茶壺、魚缸、粥罐、藥瓶、花瓶、將軍罐等。

2.胎骨較粗

民國時期瓷器胎骨較粗，民窯產品較多，如與歷代瓷器相比較，差距很大。

3.釉面上出現氣泡和脫釉

瓷釉與胎骨結合不夠緊密，釉面上出現氣泡和脫釉現象。

4.青花瓷器顏色暈暗發藍

青花瓷器顏色暈暗發藍，俗稱洋藍。洋藍是光緒末期出現並延續到民國，這時民窯青花瓷器大部分施用洋藍。繪畫精細的漸少，草率的增多。

5.水彩盛行

水彩是光緒末期出現的一種瓷器彩色，此種彩色不含粉質，具有彩料薄、玻璃質釉的特徵。如民窯生產的日用陶瓷帽筒、壺、碗、杯、罐等，有大量水彩作品。

6.繪畫兼有詩詞、文字裝飾

裝飾圖案也由過去的山水，人物，花卉圖案，演變為一面是繪畫，一面是詩詞文字裝飾。
多數為江西景德鎮、天津、唐山等瓷廠燒製。其中以江西景德鎮燒製的全彩（雙面彩繪的）較好。

7.以傳統吉祥題材為主

民國時期瓷器繪畫題材以傳統吉祥題材為主，出現了一批人物山水題材。

有人物、山水、花鳥、纏枝花卉、牡丹、喜字、壽字、福字、雲龍、雲鳳、松鶴、松鹿、五倫圖、柳樹黃鷹、喜鵲登梅、石頭記、嬰戲圖、梅、蘭、竹、菊、八寶、八仙、蝴蝶、二十四孝、吉祥如意、鳳凰牡丹、耕織圖、漁樵耕讀、三國故事、竹林七賢等。

8.出現了貼花瓷器

這時期出現了貼花瓷器，有的瓷器全部是貼花的，有的是貼花兼繪畫水彩相間的瓷器，也就是說，有一部分是貼花，有一部分是繪畫水彩，兩者融為一體的。

9.出現了大量仿古瓷器

此期出現了大量仿古瓷器。下面將專門論述。

民國瓷器的種類

民國瓷器大體可分為仿古瓷、日常生活用瓷兩大類。

辛亥革命推翻清王朝，為皇室專燒製瓷器的御窯廠停辦，全國瓷業進行改良，成立了不少瓷業公司，此時為了維持中國瓷業在國內外市場的需要，民國初期湧現了大量仿古瓷。

仿古瓷從前代青花、五彩、粉彩器的模式而生產，多為達官貴人所定燒。如徐世昌定燒的仿雍正官窯器等。仿古瓷基本上代表了民國瓷器生產的水準。

日常生活用瓷多為質地粗鬆的青花、五彩和粉彩等日常生活器皿。

民國瓷器雖然繼承了晚清瓷器的風格，但與晚清瓷器仍有明顯不同。其造型較晚清瓷器純樸自然，以簡單和平直的造型為多見，如瓊式瓶、燈籠瓶、扁壺、方形桶、圓形桶等。

粉彩陶淵明賞菊圖燈籠瓶，民國。估價3萬元。

　　民國日常生活用瓷的特點是胎骨較粗，釉胎結合不緊，釉面上氣泡和脫釉的現象十分嚴重。其青花顏色暈暗泛藍，俗稱洋藍。

　　洋藍在清光緒末年就已經出現並延續至民國，其紋飾繼承了清代在器物上題詩文的傳統，但格調不高。常見的有：人面桃花相映紅、美色清華不計年、是真名士自風流、閑坐輕舟泛碧溪、讀書聲裏是吾家、讀盡人間未見書、平生總是為書忙，雅言不出詩文外，琴德原超絲竹間、人生何事能如意，富貴長生樂有餘、書似青山常亂疊，燈如紅豆最相思等。

民國瓷器的款識

　　以往談及民國瓷器款識，多為有爭議的「洪憲瓷」紀年款。其實，民國瓷器款識十分豐富。其紀年款、堂名款、齋名款、公司款、商號款、仿寫款、吉語款和人名款等幾種款識，

粉彩山水人物紋瓷板一對之一，民國。
估價4.5萬元。

粉彩山水人物紋瓷板一對之二。

值得收藏投資者研究注意。

紀年款

主要指袁世凱稱帝時期景德鎮瓷器上的「洪憲年製」、「洪憲御製」款。

粉彩過枝梅花紋印盒。堂名款。估價1萬多元。

　　關於洪憲款識歷來爭議頗大，有的認為落有「洪憲年製」和「洪憲御製」款識的瓷器皆為贗品，有的則認為「洪憲御製」為贗品，而「洪憲年製」款有少數真品。因此，現在還沒有確定的「洪憲年製」和「洪憲御製」的標準器。

　　堂名款

　　有袁世凱所用的「居仁堂製」款，以青花或紅彩書於器物外底，字體多為篆書，也有楷書。

　　在傳世的「居仁堂製」款瓷器裏有一定數量的仿品。另有徐世昌所用的「靜遠堂製」四字青花篆書款，曹錕所用的「延慶樓製」青花或紅彩篆書款，郭世五所用的「觸齋」紅彩篆書或楷書款。

　　堂名款識還有署製瓷藝人齋室名或個人畫室名一類。如王大凡所用的「希平廬」，徐仲南所用的「棲碧山館」，王琦所用的「詢旬齋」，劉雨岑所用的「飲冰齋」（早年）、「覺庵」（晚年），程意亭所用的「佩古齋」，壬步所用的「願聞吾過之齋」，田鶴仙所用的「古石齋」，潘何宇所用的「古歡齋」，劉希任所用的「再思軒」，梁兌石所用的「石廬」，汪野亭所用的「平山草堂」，汪曉棠所用的「彤雲山房」，鄧碧珊的「晴窗讀書樓」等。

粉彩通景山水人物紋方瓶。估價2.5萬元。

粉彩通景山水人物紋方瓶齋名款。

仿古款。

公司款

民國瓷器款識出現了一個新特點，那就是出現了一批公司款。如「江西瓷業公司」「江西桐華公司」「江西義成公司」「江西改良瓷業」等。

商號款

商號款的特點是在器物的底部落有生產商鋪號，如「竹里瓷社」「江西華珍畫室出品」「劉榮盛號」「庸益源號」「黃福興號」等款識。

仿古款

仿古瓷是民國瓷器生產的大宗，故仿寫前朝款識之風極盛。由於當時盛行仿製乾隆時期的作品，故以「乾隆年製」的底款最為多見。其仿款字體較為生硬工整，款外方框的四角多用刀鏟去銳角，實為八角，真正的乾隆款的四角則比較圓潤。

仿古款最大的破綻是款字的呈色無法達到真款的顏色，如青花款多偏紅泛紫，浮於釉面，缺少真品滲入胎骨的感覺。

上述款式中，仿古款最值得收藏投資者研究。有些富豪尚不知民國也有「乾隆年製」款的瓷器，僅從外觀上看是老東西，就不惜錢財購藏「乾隆年製」瓷器，結果是上當受騙。

民國瓷彩繪鑑賞收藏

民國瓷器的彩繪較前朝有其獨到之處。

題材有人物、山水、花鳥、纏枝花卉、喜字、福字、壽字、雲龍、雲鳳、松鶴、松鹿、五倫圖、石頭記、八仙、三國故事、竹林七賢、嬰戲、梅蘭竹菊、八寶、蝴蝶、吉祥如意、喜鵲登梅、牡丹、柳樹黃鶯等。

這些彩繪繼承了清咸豐年間風行的淺絳山水畫法，同時，民國初年興起新粉彩。

淺絳彩瓷源於元代黃公望的淺絳山水畫法，用水墨和淡赭色顏料繪畫山水，以淡綠繪樹石的陽面，以黑色繪樹石的陰面，構成一幅淡雅的畫面。它的出現與當時盛行的濃豔色彩的瓷器形成了強烈的對比，但因顏色不耐久，在民國初年便日趨沒落，逐漸退出了瓷器彩繪的領域。

民國時期粉彩瓷器主要是以郭世五仿製的雍正、乾隆粉彩最為精美，其次是民間收藏的無款或書寫清朝各代偽款的粉彩瓷，以及所謂的「洪憲瓷」等。

現存的民國淺絳瓷器多為早期作品，且多顏色殘落。淺絳彩瓷的消失，使藝人們改用粉

粉彩大富貴益壽考圖瓶。「慎德堂製」款。估價9萬元。

彩繪瓷，而文人的加盟（如潘何宇、汪曉棠等人），更是以瓷當紙，將宋元以來的工筆或兼工帶寫的繪畫略加增減，在瓷器上成功的加以表現，擴大了彩瓷的領域，由此產生了新興的粉彩。

民間收藏的民國齋堂款粉彩瓷器很多，繪畫也很精細，可與雍正粉彩相媲美。民國初期重要的粉彩瓷器堂名款如下。

頤壽堂

「頤壽堂」款器物有折枝桃花小碗、人物紋燈籠式尊、花卉提梁壺等，它們造型秀美，色彩淡雅，每件瓷畫宛如一幅工筆畫。與雍正粉彩相比，桃花使用的粉紅色過於濃豔，綠色花葉加入粉質，整個畫面立體感差。

靜遠堂

「靜遠堂製」瓷器為北洋軍閥徐世昌專用品。依據有各種粉彩花鳥紋瓶、黃花碧桃碗、花卉式杯、梅花式提梁壺等，均模仿雍正粉彩精細的藝術風格。

延慶樓

「延慶樓製」為北洋軍閥曹錕專用品。目前見到的資料，「延慶樓製」款的瓷器都是大瓶。

故宮博物院收藏的一件高達100公分的粉彩錦地開光人物紋大瓶，在瓶口的裏部紅彩書寫「延慶樓製」四字楷款。此器器形高大、造型規整、紋飾線條流暢。

「千件」大瓶也是民國瓷器的一大特色，有青花、顏色釉、粉彩等品種。

還有1公尺多高的黃地粉彩開光人物大瓶，人物繪畫十分精細，粉彩加施料彩，具有乾隆粉彩的韻味，充分反映了民國早期的製瓷水準，具有很高的歷史價值和藝術價值。

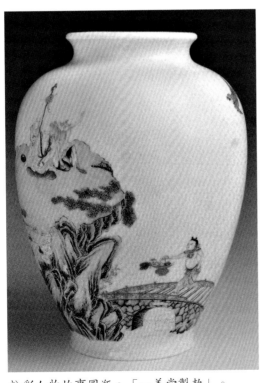

粉彩人物故事圖瓶。「一善堂製款」。
估價2萬多元。

粉彩仕女圖瓶。「靜遠堂製」款。
估價2萬元。

民國時期還出現了貼花瓷器，有的瓷器全部貼花，有的則一部分貼花，一部分為繪畫。貼花即將印有花紋的貼花紙轉貼在瓷坯上，再入烘爐中烘烤。貼花紙係由膠質拷貝紙印刷而成。

這種紋飾較手工彩繪的紋飾細膩，用手撫摸釉面平滑，沒有手繪凹凸不平的筆痕。

民國仿古瓷鑑賞收藏

對於收藏投資者有重要意義的民國仿古瓷，是值得收藏投資者重點研究的對象。因為現在我們收藏的古代瓷器，很可能不是宋、元、明、清的古瓷，而只是民國仿製品。因民國距今有大半個多世紀的年代，其仿品有一定歷史感，且仿造精緻，足以亂真。與真品相比，民國仿製品的價值相差很大，一旦走眼，會給收藏投資者造成巨大損失。

所以，學習民國仿古瓷的知識，有十分重大的意義。

民國仿製瓷器當時風行全國，究其原因，一是官窯瓦解之後，官窯良工四散而流入民間，從前想仿而不敢仿的貢品，如今是但仿無礙；二是利益驅使，社會上對仿古瓷的需求大

粉彩通景嬰戲圖獸銜環耳方瓶。民國仿道光。估價30萬元。

粉彩花卉紋洗口瓶一對。民國仿光緒。估價8萬元。

胭脂水釉開光山水人物圖梅瓶。民國仿乾隆。估價3萬元。

增，給仿製者帶來了大量的利潤。

　　民國仿古瓷的顯著特點是數量多、範圍廣，不僅仿製歷代名窯瓷器，還有民國後期仿製民國前期的器物。

　　常見的民國仿古瓷有仿三國、兩晉、南北朝的青瓷，仿隋、唐、五代的白瓷，仿宋、元官、汝、鈞、哥、定窯五大名窯的瓷器，而尤以仿明、清的青花、五彩、斗彩、琺瑯彩、紅綠彩和單色釉器居多，特別是仿雍正、乾隆器最為流行。

　　仿製品種有尊、瓶、罐、碗、盤、杯、壺、渣斗、盒等。

　　仿古瓷雖然在一定程度上仍保持傳統官窯瓷器細膩精美的風格，也有些是精品，但總的來說，工藝水準不高。其胎釉表現出濃郁的現代瓷風格，胎質細膩潔白，硬度相對較高，釉面潔白潤滑，但釉胎結合不緊，伴有雜質。其彩飾豔者飄浮刺目，淡者蒼白無神，缺乏真品勻淨、連貫的神韻。款識因書法功力欠缺，僅有其形而無其神。

　　現在收藏市場上流傳著不少民國時期民間使用的粉彩瓷器，以餐具、茶具的數量最多。有的胎體輕薄，多繪花卉或山水人物，色彩較濃豔，器底款識用青花或紅彩仿寫清代各朝款識，或紅彩乾隆圖章式偽款，或紅彩楷書「乾隆年製」四字偽款。

　　這些瓷器中有的瓷畫較精美，是可以收藏的。

「珠山八友」瓷器鑑賞收藏

　　景德鎮「珠山八友」為代表的彩繪名家將粉彩繪瓷推向了高潮。新粉彩瓷畫與傳統粉彩相比，更接近畫，無論是在造型、線條、光線、色彩等方面都可以比肩於畫家在紙、絹上的作品，並在1930年前後成為景德鎮瓷器彩繪的主流。

粉彩人物故事圖琮式瓶。珠山八友之一王大凡作。估價18萬元。

粉彩人物故事圖琮式瓶之二。

粉彩人物故事圖琮式瓶之三。

粉彩人物故事圖琮式瓶之四。

　　景德鎮「珠山八友」是當今瓷器市場收藏的大熱門，因為他們代表了民國彩繪名家最高水準。

　　「珠山八友」指王琦、王大凡、汪野亭、何許人、鄧碧珊、劉雨岑、程意亭、畢伯濤等八位名家。

　　一說「八友」中無何許人、畢伯濤，另有徐仲南和田鶴仙二人。「八友」到底是何人並不重要，關鍵是他們的藝術成就高超。

　　「珠山八友」作品各有擅長和出彩處。王琦的寫意人物、王大凡的粉彩人物（落地彩）、汪野亭的粉彩青綠山水、何許人的粉彩雪景、鄧碧珊的粉彩魚藻圖、劉雨岑的花鳥草蟲、程意亭的花鳥山水、畢伯濤的翎毛花卉、徐仲南的松竹、田鶴仙的梅花，無不各具特色。

　　他們在每月十五日以茶話會的形式論畫，時人稱之為「珠山八友」。

　　「珠山八友」將中國傳統繪畫技法在瓷器上發揮到了極致，並將各代裝飾瓷器的技藝加以創新發展，形成了新的流派。

　　他們的作品雖各有風格，但畫品高尚，情趣健康，為當時的達官貴人爭購的搶手貨。

　　「珠山八友」的成功使民國粉彩瓷界進入一個相對穩定的時期，但同時也使得景德鎮粉彩藝術難以以其他面目出現。因為他們的色彩蓋住了所有的色彩。

粉彩花卉紋賞瓶。「洪憲年製」款。
估價4萬元。

粉彩花卉紋賞瓶。「洪憲年製」款。
估價2萬元。

郭世五「洪憲瓷」鑑賞收藏

據《景德鎮史稿》《明清瓷器鑑定》《古玩舊聞》等著作介紹，袁世凱任大總統時曾派郭世五（原名郭葆昌）在景德鎮擔任陶務監督，他是中國陶瓷史上最後一個督陶官。

郭世五本人是古代傳統瓷器愛好者，他督燒御用瓷器選料精細，胎骨很薄，彩料考究，紋玲瓏俊俏的風格。

此人在擔任督陶官前後的一段時間內，主要是發展仿古瓷。由於他常駐景德鎮，對窯工熟悉，也有條件用重金聘用製瓷能手。

當時燒製水彩和軟彩瓷器有的落「洪憲御製」款。雖然燒造時間很短，燒造的數量也不多，但卻給後世留下了頗富爭議的「洪憲瓷」之謎。

郭世五仿雍正、仿乾隆的琺瑯彩和粉彩瓷最為精細，胎質純白、畫工精細、色彩瑰麗，具有雍、乾時彩瓷的風韻。這種精品在當時古董界稱為「洪憲瓷」或稱「民國琺瑯彩」。

郭氏繼承乾隆時的施彩方法，以琺瑯彩為主，部分紋飾加施粉彩，畫面紋飾精美，生動活潑。其款識均為紅彩篆書或楷書「居仁堂製」「觶齋主人」「陶務監督郭葆昌謹製」等。

「居仁堂製」款的粉彩瓷器是郭世五為袁世凱特製的。真品都具有清代御窯粉彩的風格。承德避暑山莊博物館藏一件紅彩篆書「居仁堂製」款粉彩雲蝠紋賞瓶，此瓶造型、紋

豆青釉山水人物圖鹿頭尊。「洪憲」仿乾隆。估價6萬元。

飾、色彩均與光緒御窯粉彩賞瓶一樣。其特徵為口微撇、長頸、圓腹、圈足。頸部繪粉彩雲蝠紋，腹部繪紅彩二龍戲珠加飾粉彩朵雲紋，通體加飾金彩邊線，顯得金碧輝煌。

故宮珍藏一套青花篆書款「居仁堂製」粉彩餐具，其裝飾仿乾隆粉彩軋道工藝。器裏繪青花雲鶴，器心青花繪一組牛郎織女圖。器外壁為胭脂紫地軋道四開光，光內分繪粉彩牛郎和織女各二圖。這套餐具據傳是袁世凱的親戚婚慶用品。

以上兩例「居仁堂製」款粉彩瓷器都具有清代宮廷用瓷的風格，應是郭世五為袁世凱製的。

1949年郭氏親屬捐獻給故宮博物院的瓷器中，就有多件類似的器物。以瓶為主，瓶體多為撇口燈籠式，器表紋飾主要以人物為主，有嬰戲圖、麻姑獻壽圖、高士圖以及古代文人喜愛的琴、棋、書、畫圖案。

故宮藏品中還有郭世五專為自己燒製的仿雍正粉彩瓶，瓶高30公分左右，洗口、細頸、溜肩、圓腹、圈足，瓶身以下部裝飾為主，繪盛開的花卉和草蟲、蝴蝶。

這類瓶有海棠菊蝶瓶、百合花草蟲蝶瓶、蘭花靈芝瓶、牡丹瓶、月季花瓶、梅竹瓶等。瓶底有兩種款識，一種青花楷書「大清雍正年製」之字款，一種紅彩篆書「郭世五」三字款。

民國「洪憲瓷」的鑑定

當今收藏市場上，除仿清代各朝粉彩瓷器，也仿製民國彩瓷。高仿中主要仿製郭世五那批所謂「洪憲瓷」，以撇口燈籠式瓶為主，瓶身繪花鳥或仕女、嬰戲圖、瓶底紅彩書寫「居仁堂製」或「洪憲年製」款。

民國「洪憲」瓷已成為郭氏仿品的代稱。由於製作水準高，當時「洪憲」瓷名噪一時，不少古董商因此牟取高利。所以，當代民間流傳的「洪憲年製」款的粉彩瓷器，很多是贗品，甚至有一些是現代仿造的粗糙的贗品。

民國時就有一種「洪憲年製」款的粉彩商品瓷。當時由於袁世凱稱帝僅八十三天，袁倒臺後一些古董商人為招攬生意，將袁世凱的年號「洪憲」作為瓷器的款識，製作了許多「洪憲年製」款的粉彩瓷器，繪畫題材主要是花卉、花鳥人物紋飾。

這些偽款的民間粉彩瓷器當時就風靡一時，國內外流傳甚廣。目前社會上出現的一些很

青花百鹿圖鹿頭尊。「洪憲」仿乾隆。估價6萬元。

粉彩皮球花開光山水花卉紋瓶一對。「洪憲年製」款，估價3萬元。

粗糙的「洪憲年製」款粉彩瓷器，盤、碗之類較多，根本不是真正的「洪憲瓷」，毫無收藏價值。

這種贗品在民國瓷收藏熱的氣氛中往往能迷惑那些初入道者。它的胎體過於輕薄，地釉過於粉白光亮，從紋飾繪畫上看，畫花鳥者仿彿現代花鳥畫，仕女、嬰戲圖人物的面孔宛如現代人物。紅彩款識也不能達標。

在當今仿品氾濫，仿技日高的情況下，稍一不慎即難免失誤。正如一位藏家在陝西《收藏》雜誌撰寫《論古瓷收藏誤導》一文所言：「不看懂真品，就辨不清真偽；不看懂偽品，也辨不清真偽。」

這對收藏投資者鑑定民國瓷器，有參考價值。

民國仿古瓷器的鑑定

民國仿古瓷器的鑑定有很多規律性的經驗。

1.仿三國、兩晉、南北朝青瓷手感輕、密度差

民國仿三國、兩晉、南北朝青瓷，乍一看起來很像真品，但細看其施釉和胎質結合不夠緊密。

仿品不採用支燒法；仿品器物，拿起來手感輕，不如真品手頭重；胎質密度差，不夠堅硬。

2.仿隋、唐、五代白瓷過於潔白光亮

粉彩富貴吉祥圖螭虎天球瓶。民國仿乾隆，估價8萬元。

隋瓷特點是胎土細膩、潔白，胎土堅硬，釉潤白色、帶一點乳白色。仿品胎骨過於潔白。

仿品釉光過亮。仿品多數仿邢窯和趙窯瓷器。

3.仿宋、元名瓷泡多質粗

仿品粗糙，顏色不正，釉泡較多，軸質粗。

仿鈞窯的彩斑不像，施釉較薄。

汝窯釉料多凝於器物上部，其形狀類似蠟淚痕的堆脂。仿品胎質較細，不夠堅硬。

哥瓷釉面有網狀開片，俗稱「金絲鐵線」。仿品雖能仿製開片，但仿製不出「金絲鐵線」的效果。

4.仿明代瓷器多掛釉底，繪畫現代

主要是仿明永樂、宣德、成化、弘治時期瓷器。

仿永樂時期的甜白和青花。仿宣德時期的青花和霽紅。仿成化時期的黃釉器。

明代瓷器特徵是造型豐滿，渾厚、古樸、莊重，胎體也較民國時期厚重。

永樂、宣德瓷器的裏子很規矩，俗稱「淨

裏」仿品則無此種效果。

弘治以前注重修胎，接口不大明顯，正德以後到嘉靖、隆慶、萬曆及明末各朝，胎體接痕顯露，民窯器物尤甚。仿品器物一般無接痕。

明代瓷器底足露胎處，多有火石紅斑。到清代已逐漸消失，到民國時期瓷器底足大多數掛釉，砂底的很少，仿火石紅斑不像真品那樣明顯。細緻觀察即可看出破綻。

明代瓷器釉質肥厚、滋潤，大件器物底部多為不掛釉砂底。仿品多為掛釉底。

仿青花瓷器，因為用料不同，出現不了凝重、古雅、絢麗鮮豔的效果。

明代圓器中的口沿，有鋒利感，而仿品口沿多圓潤，不見棱角。

明代繪畫題材，寫意的多，畫人物比較挺拔，小孩頭部較大，不合比例。畫龍比較窄瘦，龍嘴較長，一般都稱為豬嘴龍。仿品往往不注意上述特點，顯出現代繪畫的痕跡。

粉彩三陽開泰圖雙螭耳瓶一對。民國仿乾隆，估價14萬元。

粉彩富貴花開圖賞瓶一對。民國仿乾隆，估價6萬元。

5.仿康熙瓷器死板、呆滯

由於時代不同，用的青花料也不同，因此，民國時期的仿製品，表現青花層次不像，顯得死板、呆滯，沒有青翠、豔麗之感。

康熙青花瓷器，繪畫層次較多。仿品層次少。康熙後期出現了郎窯紅瓷器，口沿有「燈草口」，仿品在釉色上不如真品柔和協調。

康熙五彩中黑彩上面有一層亮釉。仿品黑彩不黑，有些發烏。圖案裝飾也不如康熙真品。

6.仿雍正粉彩彩料濃厚如油漆

仿雍正粉彩、琺瑯彩瓷器較多。雍正時期瓷器造型雋秀精緻，小巧玲瓏，器形比例適度

粉彩花卉紋九孔瓶。民國仿道光,估價6萬元。

協調,有「曲線美」的特點。仿品則達不到上述效果。

雍正粉彩柔和而不豔,粉彩紋飾細膩,色調淡雅,立體感強。雍正以後各朝代都有仿製,但民國時期的仿品,施鉛粉較多,彩料濃厚,就像塗上一層油漆一樣,表現非常死板,分不出層次,立體感不強。

雍正時琺瑯彩胎質細膩、潔白,彩色豔麗華美,層次清晰,類似西方油畫的立體效果,表現極為生動形象。清末民初,競相仿製,有的仿品甚至比真品還要精細。

署「古月軒」款的器物和鼻煙壺等,多係仿雍正時開始出現窯變紅釉,是由紅和藍交織在一起,多數是藍多於紅。仿品則紅與黑交織在一起。

7.仿乾隆青花古銅彩瓷顏色不純

乾隆時期瓷器造型規整,比例適宜,雖然外觀曲線不及雍正時優美,但仍比嘉慶、道光時期雋秀,小件器物尤為精緻。民國時期因技術每況愈下,達不到神韻。

乾隆時青花瓷器,呈色雖有多種表現,但以穩定的純藍居多,色調沉著,紋飾清晰。仿品由於用料不同,青花的顏色不夠純正。

古銅彩是用粉彩及全彩在瓷器上進行繪畫,來模仿古代青銅上紅、綠、藍各色鏽斑。這是乾隆時創新的,以後有所仿製。民國時期所仿製的古銅彩瓷器,無論是造型,還是紋飾、色澤等方面,都有相像之處,但也有不足之處,精細處可看出破綻。

乾隆時製器工藝水準極高,一般仿品都達不到以假亂真的程度。乾隆時瓷器裝飾圖案,時代感較強,繪畫工細,層次清晰,畫風嚴謹、細膩。仿品一般都表現不出它的風格。

民國時期,對乾隆以後各朝瓷器也有仿製,但數量不算太多,當時以仿製清康、雍、乾三期瓷器為主。

民國仿各個朝代生產的瓷器,從其造型、顏色、花紋裝飾及工藝,都有各自不同的特點。凡是一朝所燒製的瓷器的樣式皆如一人所創,顏色皆同一窯所燒,款識皆如一人所書,圖案裝飾皆如同一風格。

收藏者多看兩個朝代的實物樣品,多多進行比較,即可看出各朝的風格和特點。

現在收藏市場可以見到的許多民國時民間使用的粉彩人物大瓶、大罐,一般稱作「嫁妝」瓶,一面繪粉彩仕女、嬰戲圖,一面書墨彩詩句,有的還帶干支年款及作者姓名。這類粉彩瓷器多為上世紀20年代時的作品,有的畫面也很生動,價格不高,也值得收藏。

第十三章
瓷器鑑定常識和方法

定州白瓷有芒形，特命汝州陶嫩青。
口欲其堅銅以鎖，底完而舊鐵餘釘。
合因點筆意爲靜，便不簪花鼻亦馨。
當月奉華陪德壽，可曾五國憶留停。

——清·乾隆皇帝御題詩

青花魚紋盤，清。

　　瓷器收藏者中，只要在收藏市場上買過10件以上瓷器的，沒有不上當的。

　　即使是著名的瓷器收藏家，也沒有不走眼的。記得《收藏》雜誌曾刊登過一篇文章，一位收藏家在收藏市場上，一天看到三件假貨，差點上當。下周日再去收藏市場，又看到三件差點讓他上當的假貨。而一位比他功夫更高的收藏家，則買了一件1600元的瓷器，買後才發現是假的。

　　瓷器收藏的最大風險就是買假。所以，投資古瓷器除了要瞭解瓷器的種類、名窯狀況、瓷器的製作技藝、藝術風格等，還要瞭解市場行情，具備投資技巧，學習鑑定方法。其中瓷器的辨偽與鑑定最為重要。

鑑定是瓷器收藏的必修課

　　中國瓷器歷史悠久、品種繁多，它是中國歷代文化的結晶。喜愛古瓷器藝術品的人不少，但是懂得鑑定的人卻為數不多。因為古瓷器鑑定是一門綜合的技術，要掌握它，需要下

一番工夫。瓷器鑑定是研究的基礎，也是收藏投資成功的關鍵。

現在人人都知道古瓷器文物有收藏投資價值，古瓷器已經成為一種「商品」在社會上流通，並隨之出現了對古瓷器進行仿製的商人。「假古董」大量出現，使得收藏投資者認識到鑑定瓷器的真偽對於收藏投資格外重要。

瓷器本身既是一種藝術品，又是一種實用品。各個時代所具有的特徵是不同的，因此，要從藝術的角度，如它的造型、花紋裝飾等去觀察研究。除此之外，還要看它的燒造技術，包括窯爐的結構、器物成型的方法以及使用的原料等各個方面，從而進行綜合性的研究。只有這樣才能得出符合歷史時代的科學鑑定結果。

既然瓷器鑑定是一門科學，就要用科學的態度來對待它。然而，瓷器專家指出，實際工作中，有兩種偏見值得注意：

一種認為鑑定不是科學。他們說鑑定只是一種經驗之談，沒有什麼理論根據，甚至否定它的科學性質。

另一種則過分強調鑑定的作用，甚至把它提高到不適當的地位。實際上是把古瓷器研究看成是真真假假的研究，而不與社會歷史等各種現象聯繫起來研究，只是停留在玩物鑑賞，即「玩古董」階段，這就使古瓷器失去了對人類歷史研究的真正價值和重要作用。

從某件古瓷器上可以瞭解到當時社會的情景。研究價值越高的古瓷器，其收藏投資價值就越高。

在未來的收藏市場上，研究與投資所獲得的回報是成正比的，對古瓷器研究得越深，其收藏投資成果就越大。

鑑定古瓷器有四個基本要求：辨真偽、斷時代、定窯口、評價值。其中，辨真偽最為重要，是鑑定的關鍵，在下一章專門論述。

鑑定時代需要綜合知識

鑑定瓷器時代需要綜合知識，這一要求似乎同辨真偽差不多，是一個問題的兩個方面。

在鑑定時對瓷器年代的斷定，學術界形成了一些不成文但成習慣的規定。明代以前的器物，能定出朝代即可。再細一點，那些歷時較長的朝代如唐、宋，能分出早、中、晚更好。

在鑑別時應特別注意，那些能定出絕對年代的器物，在科學上最有價值，往往作為標準器，作為研究資料，這種絕對年代，多由器物本身的銘文顯示。

鑑定古瓷器基本要求之一：辨真偽。

鑑定古瓷器基本要求之二：定窯口。

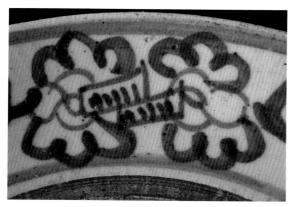

鑑定古瓷器基本要求之三：斷時代。　　　　　鑑定古瓷器基本要求之四：評價值。

　　明代以後的朝代，要求能定出以帝王年號為階段的相對年代，如明宣德、成化等，清康熙、嘉慶等。只說是明代、清代，就不大夠水準了。

　　還有，明、清歷時長的朝代，如明之嘉靖、萬曆，清之康熙、乾隆，能分出早、中、晚更好。

　　斷時代與辨真偽一個不同點在於：在古瓷器中，有一些古人仿古器物，它們既不是被仿對象那種真品，也不是今人作偽，對今天來講，它們也是一種古代瓷器，精者也有很高的藝術價值，如宋、元時期小窯仿名窯器，明、清時期仿宋代名窯器，清代仿明代官窯器等。

　　對這類器物時代的鑑定，要求能說出仿品的時代和被仿對象，如宣德仿哥窯，永樂仿宋龍泉，康熙仿永樂青花，雍正仿汝窯，乾隆仿均窯等。

　　對這類確屬古人仿古器物，仍應充分重視，它們照樣有一定的收藏、研究、陳列價值，只要我們認準了是否為仿品及仿製時間，不致魚龍混雜，就算達到了鑑定的目的。

鑑定窯口需要專業知識

　　鑑定窯口需要專業知識，要對各個窯口的歷史源流演變有充分瞭解。一般而言，元代以前的瓷器的鑑定重視窯口的判別，也有較多資料，比較容易鑑別。

　　明清時候，景德鎮為官窯所在地、全國瓷業中心，景德鎮官、民窯產品質高，數量大，民窯產品器成天下走，佔領了全國市場。其他窯場相繼衰落，處於次要地位，它們或生產低檔大宗產品，或刻意仿製景德鎮民窯產品，所以產品在造型、紋飾等方面少有特色。

　　這類瓷器各地出土、傳世較少，歷來不受重視，作大墓明器檔次不夠，日常生活中隨用隨丟，無人注意保存。所以今人所見資料少、研究少，鑑別它們的窯口較困難。

　　隨著研究工作的深入，今後對明、清景德鎮以外窯場所產瓷器器容口的鑑別工作會漸有成就。應該特別注意，明、清官窯瓷器比較起來，生產數量大大少於民窯，流入民間者更少，凡署官窯款的器物，要小心謹慎購買。

　　清代前期康、雍、乾三朝仿明代斗彩、青花等品種瓷器，有署明代官款者，晚清光緒時仿康熙、乾隆器，也署康、乾款，鑑別時尤要注意。

　　關於各朝款識特徵，本書各章已有專門描述。名窯仿品皆多，而真品卻很少。如宋汝窯燒造時間短，傳世器極少，而明清兩代仿得較多。成化斗彩價格高，明代後期、清代前期均

青花福祿壽三星圖六方花口花盆，清康熙，窯口為景德鎮。

從繪畫風格可以判斷窯口。

有仿者。作鑑定時要觀察仔細，反覆推敲。

判定瓷器器的窯口，主要看下面幾個方面：

一看釉

釉是瓷器的外表，首先看到的就是釉。各窯工藝技術往往形成傳統風格，因而形成各自比較固有的釉的特徵，比如宋均窯的天青、月白色釉，宋代耀州窯的青釉育中泛微黃，宋龍泉窯的梅子青等，這些顯著特徵是我們從釉著手判別窯口的依據。

當然，也不能絕對化。同一窯口器物，由於燒製時間不同，燒成時的情況不同，同窯不同器等，釉色也有差異，有時差別還很大，這就要綜合其他因素才能作結論了。

二看胎

古代各窯基本上是就地取材，有什麼料燒什麼貨，所以大體上是各窯產品各具特色。現代科學的方法是由儀器測出各已知窯產品胎料的化學組成，特別是微量元素的成分，將要鑑

定的器物測出胎的成分與之對比。

但當所鑑定器物不便測試時，只能由觀察胎體的色澤、火候、胎質等來判別。有豐富經驗的古瓷器鑑定專家和收藏家用此方法也能鑑定得比較準確。

三看器形

各窯性質不同，社會環境、地理位置不同，產品在器形上差別也很大。

如宋代均窯為皇家生產的產品，多為仿銅禮器、陳設器，磁州窯為民窯，產品大多為生活用器。而且一般說來，官窯產品器形式單調，造型保守，少創新；而民窯產品器形多樣，形式活潑，創新多，變化多。

從地理、社會環境上看，各窯受當地文化傳統、風俗習慣制約較大，產品器形就不很相同。如宋代北方窯多產瓷枕，南方較少。唐代至明代，北方窯所產瓷器形體較大，南方窯所產形體較小等。

從中不難看出，要鑑別瓷器的窯口，必須很熟悉中國各時期、各主要窯場產品的特徵，以他們為藍本，做到心中有底，有可依憑的標準。

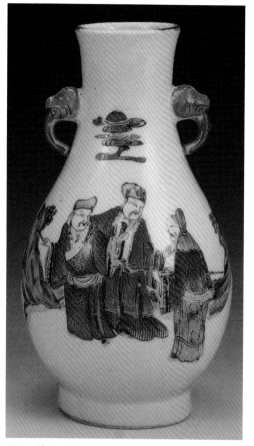

從工藝上鑑定。

四看裝飾手法

各窯所處時代、地理位置、性質（官、民窯）等諸種不同，受時代、區域文化、地方風俗等影響制約，紋飾內容、繪畫風格和技法工藝都有各自的傳統特徵。

如唐代越窯青瓷紋飾少，而宋代耀州窯青瓷裝飾的刻花、印花就多；定窯白瓷印花內容多花卉、嬰戲，四川彭縣磁峰窯印花白瓷則多牡丹、鳳穿花；康熙彩瓷多刀馬人，乾隆彩瓷多西洋婦女等。

五看工藝

各窯生產傳統、歷時長短不同，技術影響不同，來源不同，原材料不同。如宋以後北方窯多以煤為燃料，南方多燒木材等。

窯場經營性質不同，如官窯不計成本，產品選料精良，裝飾雕繪精細，相同品種、器形不多，次品銷毀，而民窯追求利潤，產品造型、裝飾大多力求簡潔、適用美觀，同類型品種多等，反映在工藝上就大不一樣。

評價值是鑑定的主要目的

在古瓷器鑑定中，唯有此點似乎比較靈活些，往往仁者見仁，智者見智。一件古瓷器的科學價值、藝術價值、歷史價值，在不同的國家，不同的時代，不同的收藏研究者中，是完全不一樣的。

比如，宋代、明代的民窯瓷器，新中國成立初期和此前幾乎不為人們所重視，近些年，人們又特別看重它們。特別是民窯器繪畫的恣肆豪放、任意揮灑、精煉含蓄、拙樸茂美，讓眾多藝術家為之傾倒。

又如，有些人酷愛青花，另一些人則對青瓷一往情深。

國際市場上，不同國家由於文化傳統不同，對中國古瓷器的喜愛也是各有偏好。

儘管如此，古瓷器鑑定中評其價值，還是有一些共同的客觀標準。如完整器比不完整者價值高。物以稀為貴，歷史上生產得少的，或難得一見的，或出土傳世極少者，其科學價值自然高些。

青花纏枝蓮紋繡墩，青乾隆。估價18萬元。

如：大名窯精品，如邢窯、均窯、定窯等，特別是見於文獻著錄的瓷器，如永樂青花壓手杯、成化斗彩雞缸杯等，價值高。官窯器由於胎釉細潤、造型規整、繪畫精妙，歷來價值比較高。清末民初，甚至凡帶官款的器就能賣高價，故作偽之風大興等。

豆青釉青花釉裏紅開光松鹿圖雙耳瓶，清乾隆。估價8萬元。

粉彩松鹿紋鹿頭尊，民國。估價4萬元。

一般說來，價值高的瓷器，必須胎質堅致，釉色鮮豔，釉質瑩潤，彩色鮮明，繪畫裝飾精細，造型優美等。但從經濟上講，就無一定之規了。

　　中國瓷器在國際、國內市場上拍賣出很高價格。而且隨著世界市場上中國藝術品熱不斷升溫，中國藝術品包括瓷器的經濟價值還會升高，所以評鑑一件古代瓷器的經濟價值，就沒有一定之規了。

作偽瓷器的鑑定要點

　　瓷器的作偽就其形式和手法，大致可分為兩大類。一類是仿古製作，也就是指瓷器成品之前的作偽。另一類瓷器的作偽，主要是在技法上下工夫，也就是指運用一些特殊的手法對成品瓷器改造作舊。有些文物販子採取種種手法來掩蓋一些瓷器的殘損和新仿瓷器的破綻，以達到牟取暴利的目的，這類作偽也是第一類手法的延伸。對一些殘損瓷器進行商業性修復也可歸入此類。

　　對這兩類作偽瓷器的鑑定要點如下。

　1.從朝代特徵綜合考察

　　對仿古瓷的鑑別，主要從朝代特徵上去把握，運用瓷器鑑定的一般方法，從造型、胎釉、紋飾、銘款等幾方面予以區分。

　2.從器形演變規律鑑定

　　仿製者常常利用人們獵奇的心理，造出一些形狀古怪的器物，甚至仿造外國瓷器稱為古物，在收藏市場上矇騙初入門者。這些仿造往往違背了器形的傳統規範，稍具鑑定知識的人，只要掌握了各種時代的器形特徵，就不難加以識別。

　　例如中國古代瓷器中的梅瓶，最早是在宋代作為貯酒器出現的，其總體造型為小口、豐肩、圈足，瓶體修長，早期還附有瓶蓋。

　　宋代梅瓶溜肩，下部偏瘦，要配以方座才能保持穩定。元代則趨於豐滿，下部放寬，不用方座也能穩定地擺放。明清兩代則從瘦長秀麗演變為肥矮豐碩，並且由日用酒器變成了單純的陳設品，也就不見瓶蓋了。如果違背這一演變規律，在明清器形上出現宋元的紋飾甚至銘文，就有問題了。

　3.從紋飾風格鑑定

　　各個歷史時期的瓷器上的紋飾也是風格各異的，特別是人物形象，就有較明顯的區別。有的新仿瓷器很漂亮，甚至器形、釉色都很像，但仔細觀察所繪人物的臉相、神態、卻流露出現代人的模樣，則古意盡去。

　　另外，山水的畫法、龍紋的特徵都有其規律可循。有些新仿瓷器的青花色料，雖然在仿製過程中也注意了時代特徵，如加上了濃重的色斑以模仿蘇麻離青的效果等，但畢竟不是那個時代的產物，仔細觀察色料有一種飄浮感，完全體現不出舊器的那種深沉凝重。特別是在塊面的塗飾上，往往顯現出一種稀薄的現象，以至瓷胎上的旋紋隱隱透出，有的甚至相當明顯，不用借助放大鏡便可看到，這種現象在古代瓷器上幾乎是沒有的。

　4.舊胎新畫死灰復燃要明鑑

　　近年來舊胎新畫的瓷器又死灰復燃。舊胎新畫就是在一件舊瓷器上用低溫色釉加以彩繪來充當舊的彩瓷，使之增值。由於是用舊器燒成，因而更能迷惑人，容易使人上當。現在還

有人把原來的色釉除出，改畫其他內容，或是加上新的內容來掩蓋舊器上的瑕疵。

對於這類器物，我們要首先看其彩釉的色調是否符合時代特徵，再看其釉面的光潔程度。舊胎歷經多年，表面不免有磕碰、畫痕，如果發現傷痕在原來的釉上卻又延伸到彩繪釉料的下面，則顯然是後加彩燒成。有時仔細觀察釉面的反光，還可隱約看到原來除去的舊的紋飾。

有的紋飾明顯添繪得不是地方，如瓶口、瓶頸等處，就要留意是否掩蓋有一些什麼毛病。有時一件花瓶，原來的耳子掉了，稍加打磨後再畫上兩個什麼紋樣加以遮掩，認真觀察是不難看出破綻的。

5.打磨失亮做舊有磨痕

一些新仿的瓷器往往用打磨失亮的方法來做舊。在這類瓷器釉的表面可見到細微的磨痕，在一些器物的凹陷、轉角處常常不能打磨均勻，這一點由對釉面的仔細觀察便可知曉。

有的新仿瓷器很漂亮。

人工打磨失亮與歷史久遠的那種自然失光畢竟還是有區別的。用手仔細觸摸器足的露胎處，感覺到粗糙刺手的，往往是新燒的瓷器。也有些作偽者曾經將露胎處打磨處理，但難以避免磨及周圍的釉面，細看可見到磨痕。

6.均勻黃褐色泥汙往往是作舊品

有的作偽者故意在器底等處糊上一些泥土，偽造成陳舊的樣子。這種比較均勻出現的黃褐色泥汙，與器物在使用中自然沾上的污垢是不同的。仿品顯得乾燥，浮在表面且分佈較均勻，而真品則常常滲透到胎釉，不會均勻地分佈，兩相比較不難區別。

7.強光透視可看到修補過的地方

觀察修補的瓷器還有一個辦法，便是強光透視。瓷器修補過的地方，由於所用材料與原來的瓷胎有本質的區別，用聚光電筒（最好是用於珠寶鑑定、高亮度的那種電筒）對著器物易損部位抵近照射，觀察其透過光線的強弱、均勻的程度，便可發現修補得很巧妙的地方。

8.借助嗅覺鑑別

對於一些修補過的瓷器，還可以借助嗅覺來加以鑑別。因為一般的修補過程中，使用的一些普通化學材料，如油漆、環氧樹脂、香蕉水等，這些東西都有較強的揮發性氣味，在一定的時間內是可以用鼻子聞出來的。特別在器角、器口等易損處，如果發現疑點，不妨用鼻子聞一聞，常常也能發現破綻。

清道光仿明成化豆青釉青花暗八仙紋包袱瓶。

民國仿清乾隆青花八駿圖花盆。

9.注意輕微的刷痕

有些紋飾、底釉，修補者往往用毛筆加以塗抹，這樣在器物的表面不可避免地留下輕微的刷痕，且塗抹過的地方神采不及自然的釉面，配色也極難做到和原來一致。

10.硬幣刮擦辨修補器

還有一個簡單實用的鑑別方法，就是取一枚金屬硬幣，用拇指和食指捏住，在器物表面或口沿處輕輕拖拉刮擦，仔細傾聽兩者接觸時發出的聲音和注意接觸時的手感，便可很明顯地感覺出瓷器修補過的地方。這個方法簡便易行，稍微試驗幾次便可掌握，特別是對於用油漆等有機材料修補的瓷器，可說是屢試不爽的。

當然，此法在市場上要慎用，以免刮傷瓷器被索賠。

11.注意做舊新瓷器的人為破損

近年來陶器作偽又反其道而行之，把完好的仿古瓷器在人工做舊的同時人為地造成一定的破損，就和古錢幣、古玉器中的做舊，給人一種歷經滄桑的假象。要價往往也不太高，很容易迷惑人。如果不對器物進行全面的分析，就容易上當。

12.多讀書不實踐不如無書

有些收藏愛好者看了不少的書籍，也觀摩了一定數量的實物，對一些鑑定知識、歷代瓷器的特徵也能說得頭頭是道，但在實踐中還是屢屢買了假貨，問題究竟出在哪裏呢？這是因為一些熱衷於收藏的愛好者，往往忽略了很重要的一點，即鑑定過程中的實踐經驗更重要。

有些初學者，雖然學了不少理論知識，但缺乏實踐經驗，不是將器物的特徵認真加以分析、對比，而是一味地引經據典，按圖索驥，

清光緒仿清乾隆青花加彩靈芝祝壽紋梅瓶。

把一些似是而非的表面現象拼命向書本上去附會，這樣就難免一葉障目，受騙上當了。

有一個收藏者購得一清代鈞紅筒形香爐，看到其口沿露白，釉面有垂流現象，便認定是「燈草口」「郎不流」，再看看又發現了「蚯蚓走泥紋」，一下子與宋鈞瓷掛上鉤，卻忽略了宋瓷中根本沒有這樣的器形，其偏差就可想而知了。

13. 克服先入為主的思想

我們日常收集藏品的過程中，千萬要克服那種求寶心切、先入為主的思想。總想一下子就能抱回個金娃娃是不切合實際的。「五大名窯」的產品早已是鳳毛麟角，官窯瓷器本來就是稀罕之物，再加上人們鑑賞能力的不斷提高，哪裏還有多少「便宜貨」可拾。

14. 市場上配有圖錄的瓷器一般都是贗品

一個收藏者在地攤上見到只賣數百元的明洪武官窯瓷器，十分動心，賣主還當場拿圖錄對照，看似確鑿無疑。且不說洪武官窯究竟能有多少，那賣主能拿出圖錄來對比，可見不算外行。既如此，一件洪官窯瓷器只值數百元嗎？答案應該是再清楚不過的了。

上圖錄的真品一般是到不了收藏市場的，因為真品都在博物館。市場上配有圖錄的瓷器一般都是贗品。

15. 「一票否決制」可以讓你避免損失

鑑定瓷器的過程中，正確的方法應該是在把握器物總體特徵的前提下初步定位，然後再對照具體特徵，把疑點逐項排除。在排除疑點的過程中要實行「一票否決制」，即只要有一點違背了那個時代的特點和規律就要予以排除，千萬不可因求寶心切而牽強附會。

16. 一件瓷器上出現多種名瓷特徵肯定是假貨

特別是當一件瓷器上出現各時代多種名瓷的特徵的時候，往往說明這是一件假貨，不能被其假象所迷惑。那種一見到有破損的瓷器就認為是舊物的武斷則更是要不得的，否則你就要為此付出一筆不低的「學費」。

文物鑑定是一門科學，只要我們能夠堅持科學的態度，運用科學的方法，不斷總結經驗，一定能掌握好這門學問，提高鑑定水準。用科學和慎重的態度去偽存真、去粗取精，以頑強和不懈的努力沙裏淘金、大海撈針，才能少走彎路，逐步充實自己的藏品。

明清瓷器鑑定是重點

現在拍賣市場和收藏市場上流行的大多是明清瓷器。中國明清瓷器離現在年代最近，存世數量最大，工藝品質最高，因此明清瓷器是收藏投資重點，也是鑑定重點。

中國的製瓷工藝歷史悠久，歷代均有豐富的實物遺存於世，有流散各地的傳世品，也有地下發掘物。為了妥善保護中國的文物，研究瓷器的歷史演變，需要對它們的製作年代和真偽進行科學、準確的鑑定。

遠古的瓷器，可借窯址標本佐證參考，並用現代科技方法進行鑑定。而明、清瓷器距今較近，各朝之間又相隔不遠，傳世品幾倍於前代，加之當時仿製摹古之風盛行，真真假假，魚目混珠，用現代熱釋光方法，因數據誤差關係，反而不及測試遠古瓷器來得靈驗。

所以，鑑定明、清瓷器，除了需對當時的社會、經濟、文化藝術等歷史知識有綜合的瞭解外，還有賴於我們在長期實踐中培養、鍛鍊出來的「眼力」，即從把握各朝瓷器的典型風貌和基本特徵著手，對之作規律性的認識，從而作出科學的判斷。

鑑定這門學問雖不是高不可攀，但也非一蹴而就，必須刻苦鑽研，認真實踐，才能融會貫通。鑑定明、清瓷器要掌握如下基本要點。

　　1.造型是鑑別真偽的重要依據

　　明、清各朝瓷器的造型，是鑑別真偽的重要依據。這是因為各類器形，多能較為準確地反映當時的生活習俗、審美標準、社會風貌和技術條件。若能諳熟並善於識別其形狀和神態，就掌握了一種比較可靠的鑑定方法。

　　對於明、清各代的一些典型器形，特別是名貴品種，更應嫻熟於心。因為越是名貴的品種，便越會有人去仿製。在鑑別中，有了準確的器形概念，對那些低劣的贗品，便不難一眼識破；對那些「貌合」的偽作，經細心體察和揣度後，便能看出「神離」之處，找出其細微差別；對那些逼真的仿品，便能獨具慧眼，從各時代風格和神韻的差別中，看出細微差異，從而窺出破綻。

　　在掌握各時代瓷器的品種特徵及時代風貌的同時，應側重對器形的古拙、敦厚、粗笨、秀美、玲瓏、華麗等不同風格進行研究，詳加分析對比，摸清其演變規律。久而久之，便可

粉彩淵明愛菊圖瓶，民國仿清乾隆。

充分利用不同器形特徵，熟練地鑑別真偽。

2.明代早期器形後仿品望塵莫及

明代洪武器具有元代遺風。

永樂的器形古拙秀美，當時出現的一些精品，如白釉脫胎暗花盤、碗與青花壓手杯之類，都是後仿品在造型等方面遠遠不可企及的。

宣德時期造型種類明顯增多，並且製作精緻，獨出心裁，有些是空前絕後之作，若不具備很高的技術水準，是難以仿製成功的。

故永樂、宣德青花器，僅見明代成化、正德與清代康熙、雍正、乾隆時的仿品及民國時的贋作，其他時期少見。

至於成化時期，器形唯重纖巧，大器較少，其碗、杯、天字罐類，都出色地代表了當時輕盈雋秀的風格，後世仿品望塵莫及。

弘治、正德時期雖器形品種不多，但卻端莊秀逸。嘉靖、萬曆以後，器形漸趨複雜，又有許多創新之作，風格上厚重古拙與輕盈。華麗兼而有之，只是相對於永樂、宣德時期的作品未免顯得粗糙。

3.清三代造型精美秀麗難仿

清初，出現許多創新的器形。康熙時期各種樽、罐、盤類，造型敦厚，並能於拙處見

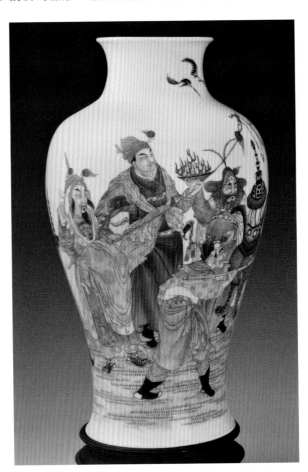

粉彩進寶圖瓶，民國仿清。

秀，此時所仿永樂、宣德、成化器造型也很逼真。

雍正時的器形以線條秀美著稱於世，為後世仿者所無法追摹。

乾隆時造型、品種華麗精巧，新創和仿古品種達到了高峰。

其後仿康熙、雍正、乾隆之器，遠遠不如原件造型精美秀麗。

4.收存瓷片標本比較，可練基本功

對於明、清瓷器造型，要從以下幾點去觀察：器口、腹、底、柄、耳、頸、流、系、足，以至器裏。若能經常測量器體的部位、輕重、厚薄，熟記大小，則於鑑定工作更為有利。

為便於由表及裏細緻地甄別胎質、釉面，隨時收存歷代瓷片標本，勤加觀察、比較，也應列為瓷器鑑定的基本功之一。

只有由實踐，積累豐富的經驗，掌握器形的主要特點，再參考紋飾、胎釉、款識等各種特徵，分類對比，觸類旁通，才不致真偽混淆，新舊模糊。單憑書本知識是遠遠不夠的。

黃釉暗花雲龍紋紫彩蓮瓣紋盤，清康熙。

粉彩吉祥紋仿綠松石釉翎管，清乾隆。

5.不同時期紋飾有不同的風格特點

瓷器上的紋飾，也和造型一樣，具有鮮明的時代特徵；並且由於繪瓷原料與技術的不斷豐富和改進，無論在題材內容及表現手法方面，不同時期的紋飾均有不同的風格和特點。

明初永樂、宣德器上青花的暈散及下凹斑痕等特有現象，在後世仿品中都不能準確再現。如清代雍正仿品，常用複筆加重點染青花來著意效仿「宣青」的效果，但因鈷料不同，難以克服色調漂浮的弊病。所以說，後仿在作偽的過程中，必定遇到本時期不可逾越的障礙，受到原料、工藝條件的限制，難以重現先朝作品的風貌。

對於官窯瓷器紋飾上的那些封建禮教、宗教迷信、歌舞昇平、壽意吉祥、鬥雞走狗的畫意，也應知其風行的時代，瞭解其社會背景。這有助於我們認識並掌握紋飾內容和風格的發展規律。

6.成化斗彩紋飾「花無陰面，葉無反側」

在紋飾和彩料方面也有各個時期特殊的表現。如成化斗彩紋飾中「花無陰面，葉無反側」，畫人物衣紋不加渲染，表裏不分，如著單衣。這些微妙的時代特點，往往為後世作偽者所忽略。

7.紋飾主要是人物、景致、花鳥、文字、圖案類

至於各個時期紋飾的內容，雖則豐富多彩，但不外乎人物、景致、花鳥、文字、圖案之類。養成細察紋飾特點的習慣，於細微處下工夫，才能見微知著，在鑑別真偽上收到意想不到的效果。

8.比較同期工藝品的圖案特徵很重要

在斷代和鑑別真偽時，觀察、比較同時期與相近朝代其他工藝品的圖案、畫意等特徵，也很重要。例如，明、清兩代瓷器的畫面，就與同時代的織繡、竹、木、漆、牙、玉、銅、銀等工藝品裝飾互有影響，一脈相通。

又如，成化時期瓷器上的海水八怪、纏枝蓮紋，也與前朝景泰掐絲琺瑯器上紋飾相近。如此等等，若能舉一反三，互相印證，便可發現時代的特徵，找出共同的規律。

粉彩吉祥紋仿綠松石釉翎管，清乾隆。

9.同一紋飾在各個時期的嬗變應細緻對比分析

對同一紋飾在各個時期的嬗變，無論是官窯還是民窯器物，都應作大量細緻的對比分析。對於一些特殊風格的圖案和裝飾，也應瞭若指掌。

例如，永樂、宣德瓷器的纏枝蓮、海水龍，成化瓷的青花底足雙線特徵，正德瓷的阿拉伯文，嘉靖、萬曆瓷的道教畫與鏤雕工藝，康熙瓷多用的雙犄牡丹、月影梅、大篇文字裝飾和彩暈現象，雍正瓷的過枝花和皮球花等，在釋疑辨偽中，都有著重要的參考價值。

10.姹紫色為成化彩器所獨具

紋飾施彩方面，也有其時代特徵。如姹紫色為成化彩器所獨具；用黑彩勾輪廓線的裝飾，最早不應超過正德；粉彩是於康熙中、晚期才出現的；洋彩為乾隆時大量使用；明代後期及清初紅彩都為深棗皮紅色；明代綠彩多發黃綠色；清代晚期彩瓷出現雪青色。

11.畫風是區分摹作的重要憑據

另外，紋飾圖案所表現的畫風，也是區分摹作的重要憑據。如後仿清代前期琺瑯彩、粉彩、五彩、斗彩等器物，紋飾拘謹，層次不清，無生動感；有的紋飾過於細膩，甚至超過了原作，類似情況都足以引起我們的懷疑。

故宮博物院於1925年才對外開放，那時有許多作偽者前去照抄明、清瓷器圖樣進行仿製，後又拿來與真器比照色彩，雖心機用盡，然終形似神非。

鑑定真偽，還可根據紋飾的筆法。如明代初期的一筆點畫寫意，永樂時期紋飾的纖細，明代中、晚期的勾勒填塗；清代康熙時期用披麻皴法繪出重巒疊嶂的遠近疏密的層次，雍正時期的筆觸纖柔等。這些紋飾特點都受到當時名畫家筆法的影響，帶有鮮明的時代畫風。

若從紋飾運筆的起落轉折處來觀察後仿器，則覺稚嫩、滯斷、生疏。對於後掛彩舊胎素器，則只需稍稍留心一下新加彩遮蓋部分之外，其原舊胎上的畫痕倘有不少連接現象，則十之八九便可斷定是偽作。

而對於那些舊胎刻填加彩、加暗花的作偽器物，往往難以一下識破，還需結合其他方面特徵，正視、側視，仔細觀察，研究辨析。

粉彩吉祥紋帶鉤，清乾隆。

粉彩吉祥紋帶鉤，清乾隆。

12.對舊坯新彩、補釉提彩、舊彩重畫應慎重研究

辨別胎釉時所用方法，正如孫瀛洲先生在長期實踐中所總結出的，要「耳、目、手三者並用」，既要用眼來辨其色澤、度其厚薄、審其片紋、觀其氣泡，又要以手將其摩挲以別粗細，用指扣敲以察音響。

而對於舊坯新彩、補釉提彩、舊彩失色重畫，以及舊白釉器新作暗花、款識等各式各樣的仿品，尤其應當慎重研究。

畫風是區分摹作的重要憑據。
粉彩松鼠吉祥紋，清乾隆。

如果只滿足於局部特徵相符而失察於整體的條件不合，或只看外表而忽視器裏，或只觀釉色而不問胎質，都是片面的。所以，造型、紋飾、款識、釉色、胎質等鑑定方法必須同時並用，方能收到殊途同歸、全面一致的效果。

13.注意總結同期早、中、晚期款識不同的變化規律

明、清瓷器各代款識千差萬別，憑款識特點來斷代和辨偽也就相當重要。體會各代款識的不同風格，首先可以從研究筆法入手，然後將真假實物款識相互比照，結合實物反覆審度其字體的結構、排列的形式、落款的部位，以及款字色澤的深淺濃淡等。

另外，也應當注意總結同一時期早、中、晚期款識不盡相同的變化規律。

鑑別瓷器真偽，上述條件缺一不可。同時，又要防止草木皆兵，對所見之器均亂加猜測，甚至如臨深淵，如履薄冰，弄得無所適從。出現這種現象，只能

說明我們對識別贗品還缺乏必要的鍛鍊和閱歷。

14.要知其真，須識其假

要知其真，也須識其假。可以選出一些典型的贗品當作反面教材，詳加分析，反覆推敲，從中積累豐富的實踐經驗，不斷總結提高，從而胸有成竹，遇事能拿出主見，對器物的真偽、年代能作出有真知灼見的判定，而非若明若暗，人云亦云。

15.耿寶昌著《明清瓷器鑑定》是必讀書目

要更加詳細掌握明清瓷器鑑定方法，就要多讀書，其中耿寶昌著《明清瓷器鑑定》是必讀書目。耿寶昌1936年至北京琉璃廠，從孫瀛洲學習古董瓷器鑑定知識及文物藝術品經營。1956年入北京故宮博物院，從事專業古代瓷器鑑定與學術研究。

耿寶昌精於觀察，敏於辨識，六十餘年來，所過目歷代瓷器器物數百萬件，並對國內歷代瓷窯遺址及近代燒製工藝做過深入探訪和潛心研究，掌握大量第一手資料與數據。他著的《明清瓷器鑑定》，對中國瓷器藝術的起源、發展、現狀及明清各朝、各窯口器物的胎質、器形、釉色、紋飾、款識、功用以及鑑別要領、存世狀況等均有精闢論述，為當前國內外明清瓷器研究的權威著作。

鑑定瓷器的常用術語

鑑定瓷器常用的術語，本為歷代行家口語，沿襲致今。它主要用以指明器物的完整和傷損程度及變異情況，根據特定條件和不同部位所出現的各種現象而定名。

現將其作為一般性常識，歸納整理如下：

口磕——器物口際胎釉由於撞擊而出現大小不等的缺磕傷痕。

沖口——口部因與其他物體相碰而出現的裂紋，長短不等，也有外沖裏不沖的現象。

窯裂——胎體在室內受火不均而出現的裂紋。

釉泡——釉面在燒製時出現的氣泡。

器粘——在窯中燒製瓷器時，因兩件瓷器或多件瓷器距離太近或傾倒而粘連在一起，燒成後會在瓷器上留下疤痕，也叫窯粘。

棕眼——釉面氣泡在窯中熔融爆破後，未曾彌合而自然形成的小孔。

足磕——器足部位在擱置時不當心或用力過度而產生的損傷。

斑點——釉面出現多種礦物或其他化學物質的斑點。

縮釉——因胎面有油污，所施之釉未能全部附蓋，而出現的露胎現象。

漏釉——器物施釉時，局部有透漏而露胎無釉。

粘沙——釉面上粘有窯灰，或器底因墊燒粘結有沙粒（一般多見於器足）。

磕傷——器身的某一部位被其他物體碰撞而磕壞。

片法紋——釉面上有長短不一、大小不等、相互相交錯的細裂紋片。

沖口。

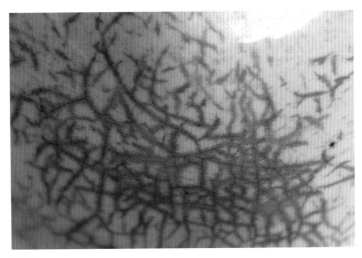

窯裂。

畫傷——釉面或彩繪的表面被硬物畫破後留下的傷痕。

磨釉、傷釉——由於釉與其他物體磨擦，致使釉面局部損傷。

失亮——器物釉面因長期使用，經久磨損失去光澤。

脫釉——釉面受鹽、鹼、酸的腐蝕，或入土受浸而剝落。

傷彩——色彩的表面、局部或全部，被磨畫致傷。

水鹼——素釉器物長期埋入濕土內浸漬，使釉色起了變化，多呈白灰色的片狀。

水銹——器物長期受土埋水浸，有灰黃、鐵紅或銅綠色等化學物質黏附於器表。

土蝕——釉面、彩繪或胎體被土壤所腐蝕，使器物表面局部失亮。

缺碴——器物損壞後缺失碎片。

炸紋——器物的頸、肩或腹部受撞擊後，出現放射性裂紋（俗稱「雞爪紋」）。

炸底——器物底部偶因投放物件相擊致傷，而形成的裂紋。

重皮——器物口部因受重傷出現斷面隱患，但外觀尚完整；胎釉已分裂卻還沒剝離，往往一觸即脫落。

毛口——器物口邊的釉面間斷脫缺。

毛邊——器物口面的覆釉因傷全部脫落。

磨口——器物口邊出現傷損後，將其磨去一部分或全部。

軋口、截口——器口和頸部已損壞，為美觀，將其損傷部分截去，口部則露胎（俗稱「剃頭」）。

磨底——足底內原來有釉，出於某種目的，如有意冒充其他年代，而把釉磨去。

磨款——故意磨去青花、紅彩等款，冒充其他年

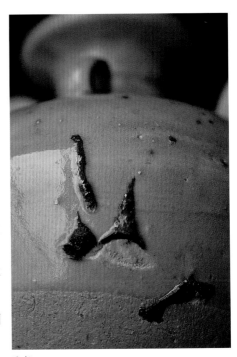

器粘。

代。明、清官窯或新器都有作偽。

　　火石紅——胎體含有礦物質，在不施釉的部位受火後自然泛出。現今景德鎮複製的元代、明代青花瓷器，以新砂墊燒，或是入窯前新瓷胎的砂底受了潮，也會出現火石現象。

　　補釉——在器口磕缺部分或磨口處敷以釉汁，入火燒之。

　　補缺——器物破碎後缺少的部分，用石膏、銅、鋁、鐵、木、金漆、水泥乃至油漆和瀝青補上。

　　配蓋——用朝代不同器物的蓋相配。

　　鑲嘴流——壺流已消失，用其他壺嘴鑲補。

　　配腿——香爐、馬、獸等的腿或足已殘傷不全，而進行補配。

　　後刻陰款——在器物上用鑽石工具刻款，不施釉；或刻後施釉入窯烘燒。後刻的字口，釉的切面有些不齊。原刻的字口，釉邊有坡度並且光滑。

　　後作陽文款——在器物底部，後刻陽文款字而填以釉，或用釉堆寫款識，多不夠清晰。

　　漆彩畫——器物破碎或有窯裂、炸紋，以彩漆繪紋飾將紋路遮蓋。

　　鑲金屬口——器口已破，用金、銀、銅、錫鑲口遮芒。

　　新胎後掛——新胎剝去釉面後，作加彩釉地五彩的裝飾。

　　覆燒——二次入窯燒烤。

　　假出土——仿古各類器物，有意長期埋入地下，以期整新如舊；低溫鉛釉和無彩、粉彩、三彩等器，尤其易於氧化或腐蝕。有的還塗以紅、黃土，但一觸即掉。

　　茶水煮——仿古作舊，常以茶水煮，使器面上有紅褐的茶銹痕。

　　煙燻——用煙燻做舊，嗅之有味。

　　後掛彩——將唐、宋、元、明、清各代中的素白胎或青花器後掛各種彩瓷，以混充舊彩器。

足磕。

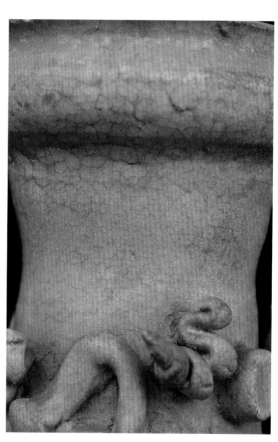

脫釉。

第十四章
瓷器辨偽知識和要領

趙宋青窯建汝州，傳聞瑪瑙未爲油。

而今景德無斯法，亦自出藍寶色浮。

——清·乾隆皇帝御題詩《粉青圓洗》

粉彩八駿圖天球瓶，民國，估價9萬元。

　　古代匠師們創造了無數技藝精湛的瓷器珍品，在這個巨大的珍品寶庫中，有各個時代的代表作和創新之作，也有後代仿製品，無不表現出高超的製瓷技巧。

　　不同時代的仿品有不同的風格，特別是宋、明、清代的仿品，也有很高的收藏價值，因爲它們有的甚至超過了原有水準，從而豐富了製瓷的工藝。但古代仿品不屬於辨偽內容，而屬於鑑定內容。本章辨偽內容重點談當代仿品，兼及民國仿品，只是適當涉及宋、明、清代的仿品。

瓷器辨偽的主要方法

瓷器的辨偽方法主要有以下幾點：

一是要看造型

瓷器辨偽，造型是一個重要依據。它有明顯的時代性，直接反映出不同社會時期人們的審美觀。

古代瓷器的外形簡樸，元代厚重古拙，明清又有自己獨到的風格。各時代的一些獨特器形，往往是後人仿製的對象。只有熟記了真品的器形特徵，才易於識破贗品。

二是看瓷器的胎體和釉色

瓷器的胎體和釉色經過了由簡到繁的過程，各個時代也有不同特點。

由於不同窯口、不同時代對胎、釉的原料選擇、配方、精製不盡相同，成型和施釉方法上存在著差異，燒成溫度和氣氛不可能完全一致，使產品的胎釉各具特徵。

辨偽時細察產品胎度的色澤、粗細、鬆緊、堅脆、厚薄、透光與敲打聲亦很重要。

三是看款識

款式的形式和內容很豐富，常見的有帝王年號本款，帝王年號寄託款、偽款，干支年款，齋、堂、軒、居名款，人名款，吉言款，題畫款等。

粉彩花卉紋天球瓶，清光緒，估價35萬元。

明清款識繁多,各朝又有不同。高明的收藏家憑款識就可以辨別真偽。

落款常有嚴格的規範,後仿者很難完全一致,特別是仿者書法更難盡得其妙,因為書法可以看出古人平和的心態,而仿造者是為求利,心態已經浮躁。所以,從款識的書法也能看出時代的差異,看款識是辨偽過程中的重要一環。

四是看裝飾

包括裝飾方法,有彩繪、顏色釉、刻、畫、雕、鏤、堆、捏、印、貼等,還要看圖畫的題材、構圖、紋樣形象、畫風和彩料等方面所表現的時代特徵和窯口特徵等。

裝飾的更新換代和所產生的種種變化,要比其他辨偽因素顯得活躍,辨偽時分析這一因素更為重要。

五是看瓷器總的時代風格

瓷器和其他藝術品一樣,地方風格、個人風格融會於時代風格之中,但又是時代風格的構成因素。因此把握好中國各時代瓷器的總體藝術風格,對辨偽也是十分有利的。

六是要掌握瓷器品種的興衰過程

如唐代始有青花,元代始有釉裏紅,明代才有成化斗彩、康熙五彩、雍正粉彩等。

珊瑚釉開光山水人物紋四方雙耳瓶,
民國仿清乾隆。估價10萬元。

七是看製作工藝和裝燒方法

隨著科學技術的進步,製瓷工藝和裝燒方法也不斷改進和提高,伴隨新工藝的出現和新窯具、新式裝燒方法的運用,瓷器面貌也隨之產生變化。

這些因工藝、裝燒所導致的細微特徵,也是辨偽時不可忽視的因素。

十二招識別偽瓷器

辨偽要知己知彼。仿古作偽瓷器的一般特徵就是辨偽工作中的「彼」。

以下介紹的是古瓷器辨偽家們經幾代人百來年實踐、研究、分析、比較才歸納出的偽瓷器的特徵。

一是胎體不是過重就是過輕

胎體不是過重就是過輕,這是因為仿製品與真品所用胎料不同,也不可能相同。

現代造假古瓷器者,用電腦等最新科技手段分析作偽對象的胎、釉成分、配方,及模擬古器的燒成窯爐氣氛,乃至仿造古代窯爐等,所仿古器在胎、釉手感、外觀上幾可亂真,不易辨真偽,但辨偽者可從真、偽品的其他方面去突破,主要是不同時代的人的社會文化因素在器物上的反映。

二是胎質、釉質過細

仿製古器時的社會生產力、生產手段等,均比

被仿物生產時進步，而仿造者又唯恐做得不精、不細、不真，胎釉料加工時多充分利用當代之生產技術條件，故往往在精細程度上有過之而無不及。

三是造型失去古物風格

這是最要害的一點。眾所周知，不同時期，不同社會的人們的哲學、美學、科技等社會文化差異是巨大的，無法重合的。因此，仿古作品無論怎樣精心研究被仿對象，刻意模仿古器造型特點，仍會打上仿造者的時代烙印，給辨偽者留下蛛絲馬跡。

四是輪廓線條生硬

這亦是辨偽作偽品的一個重要突破口。

因為仿品是仿，任何高手製作時均在頭腦中有一個藍本，其製作受該藍本制約，不能隨意，只能盡心盡意去依葫蘆畫瓢。顯而易見，仿品上的各部位的輪廓線條是小心翼翼做出來的，必然顯得生硬呆板，遠不及真品的流暢自然。這是一切仿品之共性，是仿品固有的、不可克服的特徵。

五是無使用後的光滑感

瓷器真品大都經歷較長時間的使用、把玩，器表均留有自然的、不太強也不太弱的，適度的光滑感。只有清朝宮廷的庫貨除外：清代官窯年年燒造大批瓷器運進皇宮，保存於庫房中，有部分從未動用過，這種庫貨有的雖也有近三百年歷史，卻無使用特徵，是老的新器。

仿古作偽瓷器，生產出來的時間不長，經手把玩少，當然沒有上述古瓷的光滑感。有的仿古作偽瓷雖經人工做舊，但其光滑陳舊感又不太自然，露人為痕跡。

六是仿品釉面光澤太強

與上一點相聯繫的是仿品釉面光澤一般太強，有人稱此種現象叫火刺，不細膩，比較粗鬆。白釉太白，白中泛藍而不是泛青。

七是量大

同一器形有兩件以上和更大量。

古代留下來的瓷器數量有限，而仿品的一個特點是大量生產，所以只要看到同一品種有多件出現在市場，就值得懷疑。

八是仿品紋飾的繪畫不自然

仿品紋飾的繪畫不自然，筆力拘謹，線條不流暢，有些拙劣的仿品紋飾粗糙。

仿品因其要仿，當然對紋飾圖案要刻意描摹，必然十分小心謹慎，所畫的紋飾也就拘謹生硬，很不自然了。當然，歷來有不少繪畫高手參與仿製，

琺瑯彩開光西洋人物雙耳瓶，民國仿清乾隆。估價6萬元。

由於他們水準高，對真品繪畫能心領神會，得其真諦，仿的畫也極為形似，但終究不能完全表達出真品藝術的韻味來。

九是色彩太鮮。

比如白彩太白、紅彩太紅、綠彩太綠等，沒有真品的時代特色，也沒有真品色彩歷史感和意蘊。

十是造型、紋飾方面的有些特徵太強烈、過分，看上去極不自然

這是因為要仿得像、仿得真，仿造作偽者大多研究掌握了被仿真品的許多特徵，歷代好些作偽者均是研究、生產製作瓷器的專家、內行。但因要想矇騙世人，特別怕被行家識破，所以仿造時便仔細做出若干特徵來，不太高明的仿造者甚至有意突出某些特徵，這便形成了一般仿品的此種現象，倒為辨偽者留下辨偽依據。

十一是青花器去光加上煙黃色痕跡

仿古瓷器的特徵中有一個重要方面，就是仿古作偽瓷釉面、彩色等往往現新象，不舊，這較易被人識破。於是，聰明的仿造者也總結出一些做舊的方法來，真是道高一尺，魔高一丈，這又增加了辨偽的難度。

古瓷器辨偽工作者針對仿造者的做舊方式，也總結出一些識破機關的方法來，舉例如下：

青花器去光：仿造者先用氫氟酸輕擦器表，再用煙灰（最好是烤煙灰）塗擦，新瓷表面的光澤就會大大減弱，並現出久用瓷器所特有的煙黃色痕跡來。

辨偽時如對此有懷疑，可用少許肥皂水或汽油輕擦，即可去掉，識破偽裝。

十二是土鏽斑痕太新、太過，形成不自然

有些新仿古瓷，為了賣個好價，將其做得像是出土物的樣子，稱為作土鏽。

做偽者的方法是在老土中摻蛋白，塗拍於新器之上，時間稍久即可在器表生成一些土鏽斑痕。或用古墓中的泥土再適當摻入一些鉛粉，塗於器表，700℃左右爐中燒烤，即可能現泥黃色斑點。

這兩種方法所作出鏽均黏附牢固，不易去掉。不過這種斑痕太新、太過，形成不自然，仔細觀察比較即可識破。

看款識，仿者書法更難盡得其妙。　　　　　從書法上看，就是心態已經浮躁的現代人所為。

十三是作金絲鐵線

一般仿製者難以掌握燒成開片釉的技術，便用假的開片手段：在仿製瓷器已經燒成開爐時，趁器物溫度還很高，用含鹽的水往器身澆灑，便可生成開片釉。待器物冷卻後，先用墨染粗片紋，便成鐵線，再用茶水染細片，即成金絲。此種金絲鐵線器，用水沖洗，便現原形。

十四是舊瓷加彩、加款

過去仿古作偽瓷器不全是新燒，有將舊瓷加彩加款的做假方法。因彩瓷比白瓷價高，有款比無款價高，此種作偽方法名曰「老坯新彩」。

十五是有現代感

仿古瓷器都是現代人所為，或多或少都會帶有一些現代人的工藝痕跡。

十六是款識書法無力

字體做作不舒展自然，有些連邊圈、邊框都明顯不規整，線條粗細不勻，往往是造假的款識。因為書法同繪畫一樣極具個性，要仿別人書法者，很容易流露出仿者的藝術個性來。

此外，作偽方法還有種種：複窯、提彩、脫釉、補釉、補缺、舊胎到填花、新物舊款、舊物新款、套口、撞底、磨底磨口、去耳、去流、除柄、補彩、補畫等。

凡此種種，作偽雖然巧妙，終有不可掩飾的痕跡，若仔細揣摩，認真觀察，不輕易下結論，終會去偽存真的。

以上所述這種種仿品特徵，在某件具體器物上，不大可能同時都鮮明表現出來。但只要知道這些道理，辨偽時用心觀摩，就能抓住狐狸的尾巴。

根據胎質釉色辨偽

根據胎質、釉色辨偽，是瓷器辨偽的主要方法之一，也是兩個最直觀地辨偽瓷器的技巧。

古瓷器辨偽方法主要是根據各期瓷器胎質、釉色的特點來判斷。就瓷器而論，胎為骨，釉是衣。細緻觀察胎體和釉面，也是斷代和鑑別中必不可少的一環。

根據古瓷器、胎質、釉色辨偽要點如下。

1.原始青瓷質堅釉青

一般來說，從胎質、釉色可以看出其年代和窯口。例如，距今4000年前的商周時代的青釉瓷器，又稱原始青瓷，是青瓷的低級階段，其胎為灰白色和灰褐色，胎質堅硬，瓷化程度較高；其釉色青，釉層較薄，厚薄不均。這是因為當時採用瀝釉方法進行施釉的緣故。

2.五代時的釉色為天青色

據說，五代後周世宗皇帝指著雨過天晴的天空，對向他請示御用瓷釉色的官員說：「雨過天青雲破處，這般顏色作將來。」所以，五代的瓷釉便被欽定為天青色。這種釉釉色瑩潤，施釉較薄，青中閃著淡淡的藍色。

3.宋代多為青釉，開片常見

北宋時期生產鈞瓷的窯場只有河南境內的禹縣、臨汝、寶豐、郟縣四個相鄰地區。它們的共同點是：胎土處理非常精細，胎泥陳腐徹底，顆粒小，密度大，燒成後胎質堅硬。大部分器物塗有醬色護胎釉，從瓷片截面看，胎質呈深淺不同的香灰色。

北宋時期的鈞釉是在唐鈞基礎上發展成熟的一種乳光釉。早期產品多天青色、天藍色、月白色等單色釉品種。這些極具大自然色調的精美釉色把以鐵為主要著色劑的傳統青瓷釉色

造型失去古物風格。　　　　　　　　　仿品紋飾的繪畫不自然，筆力拘謹，線條不流暢。

提升到一個全新高度。

　　宋代龍泉窯的梅子青釉是宋代龍泉的最佳色，是青釉中的代表作。其色可與高級翡翠媲美。釉層較厚，釉面光亮，玻化程度高，釉面不開紋片，質瑩如玉，其色近似梅樹中生長著的「梅子」。

　　為了凸顯釉質美感，鈞窯胎體經素燒後，反覆多次施釉，釉層厚變達一毫米以上，成為中國創燒厚釉瓷的領軍窯場。同時，鈞窯匠師獨闢蹊徑，繼低溫彩色鉛釉之後，成功地燒造出玫瑰紫、海棠紅、鸚哥綠、銅紅系列的高溫顏色釉。

　　天青色、天藍色釉明快豔麗，滋潤飽滿，玫瑰紫、海棠紅色釉層次豐富，自然流暢。用10倍放大鏡觀察，釉層內佈滿了或大或小的氣泡，但釉面卻平滑如鏡，絕少棕眼現象。宋鈞的彩色斑塊係追求色彩變化，特意施用含銅釉料所形成的。從殘瓷截面能看出紅斑區自胎到釉面與其他顏色釉的明顯區別。

　　由於釉在高溫下的熔流性，導致不同色釉相鄰區域釉液互相浸潤。仔細觀察，紅斑區釉面可出現四種以上微妙的色階變化。

　　在鈞瓷釉色中，無論是實物或圖片資料，都未發現有通體鸚哥綠釉色器物。據觀察分析，鸚哥綠色和鸚哥綠珍珠點都發生在玫瑰紫或海棠紅色釉的基礎上。這一奇特現象的發

色彩太鮮。

生，很可能是從高溫到低溫緩慢的冷卻過程中，窯內氣氛發生變化，已還原的銅紅釉面產生局部氧化的結果。鸚哥綠色屬於名符其實的窯變釉品種。

金鈞釉色十分精美，釉面亦很光滑細潤，碗、盤、罐類銅紅斑塊多於宋鈞瓷。雖然通體施釉，但釉面僅及足部，有些足心內雖也施釉，但明顯減薄，且不完整乃至無釉。

元鈞釉面與宋、金時期相比較為遜色，圓器、琢器類施釉僅及腹下或只施半釉，釉層減薄，多數銅紅斑塊晦暗朦朧，釉色有較多氣泡破裂後形成的棕眼。

金代，在河南地區燒造範圍擴大，胎土處理仍很精細。有磚紅色、土黃色、灰黑色和原有的香灰色胎色，護胎釉仍很流行。

元代，燒造仿鈞釉的瓷窯迅速發展，範圍廣、產量大。多採用本地瓷土，胎料處理遠不及宋、金精細。胎鬆質粗，瓷化程度低，增加了淺白色胎，個別窯場使用護胎釉。

宋、金、元鈞瓷釉面都有一個共同特徵：或疏或密的開片現象。這種開片不同於哥釉瓷的開片，並非窯工刻意為之。產品燒成後，由於胎、釉之間膨脹與收縮係數不同，在複雜的保存條件下，其中某一條件失衡都會導致釉面產生裂紋，出土物中此現象尤為明顯。

4.永樂白釉潤如堆脂、純白似玉

明代瓷器釉面都閃現不同程度的青白色，器足釉面與器身釉面色調多不一致。

明代早期釉面常有無色的自然開片及縮釉現象。

永樂時期白釉最負盛名，釉質肥厚，潤如堆脂，純白似玉，釉面光淨晶瑩；胎色純白，胎質細膩，並且有厚薄不均現象。如在強光下透視可以看到胎釉呈一種粉紅、肉紅或蝦紅色的傾向。這一特徵，是其他瓷器中所沒有的。

明代永樂、宣德，清代康熙的江西瓷器的胎釉各具特色。

5.宣德露胎處常有紅色點

明代宣德與永樂時間雖近，但瓷胎釉色卻迥然不同。同一器皿，永樂胎厚，宣德胎薄。宣德時大件琢器底部多無釉，露胎處常有紅色點，俗稱「火石紅斑」，還有鐵銹斑點。清康熙、雍正時的仿宣德瓷器則無此特徵。

明代宣德的橘皮釉，與清代雍正和晚清、民國後仿者的小波浪紋釉面之間，有著細微的差別。明代晚期黃釉的釉面閃現有血絲狀小紅點。

6.康熙胎體最重，一件器皿施兩種釉

清代康熙時瓷器的胎釉，胎色細白，胎質純淨，細膩堅硬，釉面具有縝密感，出現硬亮青釉、漿白釉，且口沿多有破泡。與各朝代的同一器皿相比，它的胎體最重。

此外，這一時期的同一件器，往往施兩種白釉，器內、口緣、器外底施粉白釉，其釉較稀薄，往往見有小縮釉現象；底部還現有坯胎中旋紋痕跡。器身施亮青釉，其釉瑩潤光亮，胎釉結合極堅密。

一件器皿施兩種釉，是清代康熙年間生產的瓷器的最大特點。

7.從器足的無釉處觀察

鑑別胎質時，可從器足的無釉處觀察，注意胎土淘煉的純淨與燒結的縝密程度。歷代淘煉方法有別，明代胎土中含金屬雜質較清代、民國的為多。如著名的永樂、宣德細砂匠器，露胎處均可見金屬自然氧化形成的黑褐色星點或火石紅痕；而後仿的清代、民國胎體，卻均因淘煉過細，無此種氧化斑，這是贗品致命的破綻。

8.明代瓷器胎體迎光透視顯肉紅色、雍正瓷器純白

明代瓷器胎體迎光透視都顯肉紅色，清代及民國仿品則為青白色。如成化瓷器胎體以潔白細潤著稱於世，迎光透視顯牙白或粉白色，具有如脂似乳的瑩潤光澤。

而清代雍正官窯所仿成化瓷器贗品，造型、釉面、紋飾、色調姑置不論，其胎質迎光則現純白色或青白色，具有清代瓷質的典型特徵。

康熙器胎質的純淨、細膩和堅硬，也為清末光緒及民國仿品所不能及。

9.臺灣新仿明、清官窯均具現代瓷特徵

臺灣新仿道光款斗彩鴛鴦臥蓮臥足墩碗及其他一些仿明、清官窯瓷器，胎質均具有現代瓷特徵，與景德鎮新瓷一樣，所用國產瓷土多是由內地運銷日本，又轉手賣到臺灣的。

10.日本仿明清瓷發聲清越

很多日本仿中國明、清時期的瓷器，其胎質燒結瓷化程度都高於中國，以指輕叩，發聲

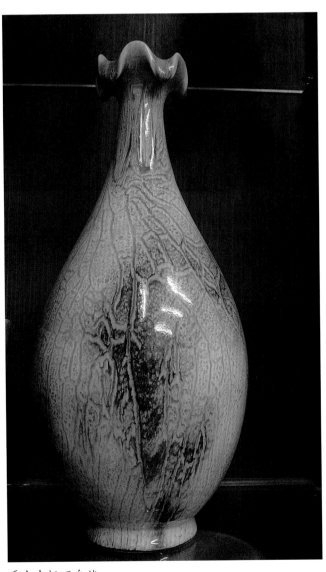

看上去極不自然。

清越。

11.漿胎始於清初，體輕質軟

漿胎的盛行始於清初，特點是體輕質軟。元代以來胎體足部所呈現的火石紅痕，時代越早便越濃重，到清代乾隆初期便漸行消失。近代許多仿古器，往往對此現象不加考究，做不出自然古拙的效果，但近年景德鎮仿品除外。

12.不同器形、不同釉色的辨別對斷代和辨偽很重要

以各個時期不同器形、不同釉色所具典型來斷代和辨偽，也是一種切實可行的途徑。研究並類比各個時代不同形式的器形特點，找出其繼承、發展、演變的規律，和研究造型、紋飾一樣至關重要。

13.應借助放大鏡觀察釉面

對於明、清兩代各品種釉面的觀察，除以雙目直觀外，必要時還可借助放大鏡，特別是對較難鑑別的後掛彩釉器，觀察時更要注意釉質的粗細、光澤的新舊、釉面的厚薄，以及氣泡的大小、疏密的程度等特徵。

14.牢記各時代釉面的典型表現

對各時代釉面的典型表現，要牢記心中。如乾隆時期茶葉末等一色釉，其圈足胎釉切削處呈現特有的鋸齒紋。對清代早期釉面上所表現的蛤蜊光、彩暈與民國新仿品釉面的火光的區別要多比較。對雍正、乾隆窯變器的五彩繽紛的「火焰青」釉面要多觀察。這些不同時代的釉面均各自具有典型的時代特徵，據以識破贗品最有說服力。

15.從釉面新舊光澤辨真偽

從釉面的新舊光澤上，也可辨別真偽。

過去，仿作者善窺風雲，投其所好，專仿製名品。贗品中有迎合日本人喜愛的嘉靖、萬曆五彩瓷，也有法國人喜歡的康熙三彩器和明代琺華器，以及名貴的宣德青花、寶石紅，弘治嬌黃，正德孔雀綠，康熙、雍正五彩、粉彩、琺瑯彩器等。

在仿製中，除力求逼真外，還故弄玄虛，將釉面做舊：土埋、打磨、藥浸、茶煮、漿沱，甚至稍加破損，顯示其出土狀。這些不自然的舊光澤，絕沒

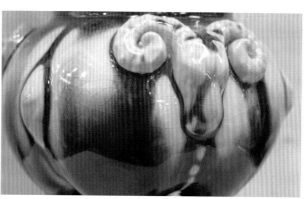

從釉面新舊光澤辨真偽。　　施釉的厚薄密疏也是真偽依據。

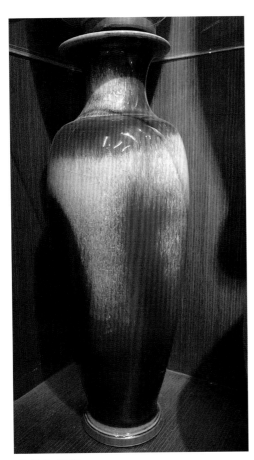

要綜合判斷。

有古瓷那種年深日久自然形成的「酥光」現象。

16.施釉的厚薄密疏也是真偽依據

各時期施釉的厚薄，釉面的瑩潤與乾澀，釉質的縝密和疏鬆及濃縮、積釉等情況，也是辨偽真偽的一個重要依據。如常見明代永樂白釉器口、底、邊角與釉薄處閃白或泛灰黃色，釉厚處閃淺淡青色；永樂翠青積釉處的氣泡密集，玻璃質強；宣德釉面的棕眼現象；弘治以後藍釉釉面的灰黑色調等，都是不易仿做的特徵。

17.要綜合判斷

對於明、清瓷器胎和釉所表現的時代特徵，必須聯繫考察，不可偏執一方，並需結合其他方面來共同判斷；否則，單憑胎釉特徵作為標準，勢必流於主觀片面，妄斷真偽。

在辨別瓷器時，運用胎釉特徵就能很快剝去偽裝，去疑解惑。不同的時期，不同的地區，在胎釉的成分和燒造工藝上都有比較顯著的差別，可代表當時的時代風格。若能經過長期實踐和切磋，總結出它們的發展規律，甚至從物理變化及化學成分方面加以研究，發前人之所未覺，集前人之所未成，便能豐富和充實其胎釉的辨偽內容。

掌握好各朝瓷器瓷胎、色釉的主要特點，是我們鑑別古瓷器的年代和窯口的可靠的依據。

損傷瓷器的辨偽要點

中國古瓷器保存至今完好無損者數量很少。無論是出土器還是傳世品，由於受自然界或人為等因素的作用，大部分都有不同程度的損壞。

俗話說：「瓷器一毛（指的是毛口、小損傷）不值分毫。」可見損傷的瓷器和完好瓷器的價值的天壤之別。

所謂瓷器的損傷，指的即是瓷器的病。精美的瓷器，尤其是古代官窯瓷器凡有損傷，其價值則大跌，僅為原價的幾分之一。

但現在因名窯瓷器越來越少，損傷的名瓷器也有一定的收藏價值。

修復古瓷器是一項傳統技藝，當古瓷器品類成為鑑賞家和古董商們角逐的目標時，古瓷器修復技藝就應運而生了。到 20 世紀 40 年代，這些藝人中的佼佼者的修復技術已達到相當高的水準。損壞的器物經他們之手修復後，連收藏者本人也不能自辨其損壞部分。

根據不同修復目的和修復要求，可以把損傷古瓷器修復工作主要有三類：研究修復、商品修復和展覽修復。

這裏主要從收藏角度談商品修復。收藏市場上的有些瓷器的損傷經過人工修飾或者改頭

換面，極易蒙人。如何來鑑別它，在價值上還它本來面目，這也是瓷器收藏中的一個重要課題。

如何認識瓷器的損傷呢？損傷瓷器的辨偽要點如下。

1.區別先天性損傷和後天性損傷

瓷器的損傷可分為兩種類型：先天性損傷和後天性損傷。

先天性損傷指的是由於瓷器燒製過程中出現的種種意外現象而造成的損傷；後天性損傷即是在瓷器燒成後，在留傳或使用的過程中出現人為的損傷。它們又都可細分成胎傷、釉傷和彩傷。

2.窯裂產生的原因有兩種

先說說先天性的胎傷（胎病），其中有窯裂、變形、胎泡、窯粘等。

窯裂是瓷器在燒造的過程中，胎體的某一部分出現有裂痕的現象。

這種窯裂產生的原因有如下兩種。

一是由於配料的不當。如景德鎮所用的瓷土分別取自浮梁和祁門，而兩地瓷土的性能各異，有軟硬之分。浮梁的高嶺土黏性很弱，而安徽祁門的瓷土則黏性較強，若兩處的瓷土配合不當，黏性強的祁門土比例過大，經窯燒後即會出現窯裂的現象。

二是燒造時瓷胚尚未充分晾乾即裝入匣鉢入窯，胚體中還殘存一部分的水分。入窯燒製的開始階段必須用小火低溫蒸發水分，等胚體完全乾燥後，才可逐漸提高溫度，用高溫焙燒。如果低溫燒製的時間過短，水分尚未蒸發光而即轉入高溫，則胚體中的水分就會因急劇化成蒸汽，從而膨脹致使器壁破裂。

3.變形產生的原因有三種

一是配料時黏性較弱的瓷土過多，燒製時胎體癱軟變形。

二是燒製時瓷器的各個部位所受的溫度不均衡，或者溫度上升過快所致。

三是在入窯燒製的時候窯內的匣鉢跌倒，稱之倒窯，造成匣鉢內的瓷器變形。

4.宋代前瓷器多胎泡

胎泡的形成是由於瓷土在洗練時不細緻所致，瓷土中含有水和空氣，若瓷胚中的空氣沒有被擠壓出去，燒成後在器體的某一部分就會凸起形成一個小泡，形同腫瘤。這類胎泡的瓷病在宋代以前的瓷器中出現較多，在宋代以後的景德鎮及德化等著名窯口的瓷器中很少出現。

5.器粘也是一種病

器粘是指燒窯時因為窯內的瓷器堆放過多過密，燒製的溫度驟升，使彼此的胎和釉粘連在一起。當然亦可能是燒製的時候某件瓷器突然倒塌，與旁邊的瓷器甚至與匣鉢粘連到一起。它們出窯後有的已經分割不開，有的硬性分開，亦必然造成分開部分的胎體和釉面的損傷。

6.釉面帶氣泡狀的破痕稱爆釉

先天性的釉傷（釉病）也有多種，如有粘釉、漏釉、縮釉、冷紋、爆釉。其中最多見的是爆釉。

釉經過攪拌，有時亦會產生氣泡，施釉後，不經過檢查便入窯燒製，這類釉面上的氣泡經高溫膨脹崩破，使釉面出現帶氣泡狀的破痕。有的氣泡一時雖未崩破，出窯後亦極容易被碰破。上述情況的釉病稱爆釉。

7.無釉的小圓點稱為縮釉

如果瓷胎在施釉前某個部位沾有油脂，燒成後該部位則會出現無釉的小圓點，俗稱為縮釉。

8.粘釉與器粘相關

粘釉的情況與上述的器粘一樣，只是粘得不厲害，僅造成釉面的損傷，而沒有涉及胎體。

9.露出胎骨稱漏釉

漏釉指的是瓷器的生產者粗心大意，在施釉時疏忽造成了胚胎掛釉的一部分的遺漏，燒成後瓷器未施釉處便露出胎骨的現象。

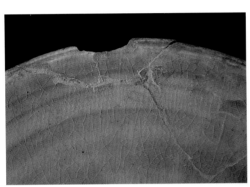

磕崩俗稱毛口。

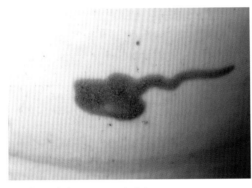

由外傷造成的缺釉稱崩釉。

注意觀察器底。

10.出窯驟遇冷風釉面開裂形成冷紋

冷紋的現象是在釉面上出現數量、部位、大小、長短、縱橫不一的紋片。冷紋是瓷器燒成後尚未完全冷卻即匆匆出窯，驟遇冷風，釉面開裂形成的紋片。不過冷紋僅傷釉面而不傷胎骨。

11.裂紋有多種類型

瓷器除了在燒製過程中產生的各種損傷，謂之先天性瓷病外，也有因使用和保存不妥而引起的各種損傷，謂之後天性瓷病。後天性瓷病主要指裂紋等。

瓷器硬而脆，它經過激烈的磕碰致使胎體和釉面產生裏外一致的裂紋，稱為紋。有的紋在器口，傷痕從口部一直延伸下去，似一條直線，稱「沖口」；紋在瓷器腹部稱「炸肚」；紋在器底稱「炸底」；紋在口沿呈橫線狀的稱「擊紋」；也有較輕微的僅在一面釉面上形成的後天裂痕，俗稱「擊紋」。

12.磕崩俗稱毛口

瓷器的口部或底邊沿部分因磕碰致使釉或器胎碰損了一小塊稱磕崩，通俗稱毛口或毛底。

13.由外傷造成的缺釉稱崩釉

瓷器如保管不慎，其釉和彩便易受到損傷，瓷器受到極輕微的磕碰雖未傷及胎體，卻使釉或彩傷缺一小塊，這種由外傷造成的缺釉，稱磕釉或崩釉，缺彩的稱崩彩。

14.失光俗稱「疲」

瓷碗、盆、碟類如放置時疊在一起，上面的器底（無釉、較粗糙）與下面的器心（帶釉或彩）直接接觸、移動、摩擦，則必然使下面瓷器的器心釉彩畫傷，或者天長日久，致使下面的瓷

器器面失去光澤，稱之「失光」，俗稱「疲」。

15.釉和彩成塊或成片脫落稱剝釉、剝彩

這是南方出土的瓷器中出現較多的現象，南方的氣候溫暖潮濕，致使墓葬中瓷器的釉和彩成塊或成片地脫落。

16.修復作假手法多樣

市場上古舊瓷器的損傷往往是和修復、作假聯繫在一起的，損傷後的瓷器經過修復和改頭換面極容易蒙人，我們必須充分注意。其手法大致有磨口、截口、塗漿口、接口、磨底、鑲底、吹釉、補彩、後加彩等。

17.磨口瓷器口沿必然無釉

瓷器的口沿多處磕碰產生了多處毛口和崩口，因修補處太多易露馬腳，則乾脆沿器口磨掉一圈，使之平滑如初，謂之磨口，但經過磨口處理的瓷器口沿必然無釉，而且從外形上仔細觀察，就會感到似乎小了一圈。

18.瓶件頸部短多為截口造假

瓷器的口沿磕撞後崩掉一塊或多塊，有的部位甚至還出現了沖口，而沖口的裂痕不長，則截去一節受損的部分，再將口沿磨圓，謂之截口。

截口的處理以瓶件為多。經過該種修復處理後，瓶件的頸部必然短了一截，口徑亦變小，外形就發生了變化，只要仔細觀察不難分辨出來。

19.塗漿口指甲畫之會現微凹

經過磨口和截口的瓷器，口沿部分必然無釉，修復者則在口沿無釉處塗上一層芝麻漿似的濃淡不一的色彩，外部再罩上一層薄薄的透明樹脂，加以保護，俗稱塗漿口。看似有一股舊氣，然樹脂的手感微黏，若以手指甲畫之則會出現微凹。

20.撫摸瓶口頸內可辨接口

舊瓷器的瓶件如口部傷缺過多，修復者就將原損的瓶口從頸部末端全部截去，另配以同樣大小的瓶口黏合上，這種方法稱為接口。

接口以清代康熙年間的五彩瓶件居多，在舊瓶的截斷處往往多彩繪有墨彩紋飾，經接口黏合修補後在接縫處再填上彩色就很不易看出。我們可以用手指在瓶口的頸內側撫摸，如感周圍不平，微凸有縫隙的，大多為接口。接口的瓶頸有以同時代的舊瓶黏結者，也有用新燒成的仿古瓶頸配合黏結的。

21.款識磨去往往有假

磨底是將瓷器原有釉的底端款識磨去。磨底大多係故意

在辨別瓷器時，運用胎釉特徵就能很快剝去偽裝，去疑解惑。

磨之，因為瓷器中仿古的很多，如清代康熙仿明成化、雍正仿宣德等，其中有仿得比較好的，往往會被作假者磨去原來的款識，以充明代的真品。

另有一種特殊情況是，清代的官窯器散失於民間，當時因怕查究，故意將款磨去。

22.鑲底造假有蹊蹺

在舊仿舊（如民國仿清、清仿明）和新仿舊的瓷器中有一種鑲底的造假辦法。即將原來的器底自圈足以內全部磨去釉和款識，直至圈底的一半厚度，另將帶款識的真器底按尺寸磨好，鑲入磨去器底的圈足內。這樣原器外部的模樣不變，亦不漏水，我們在鑑賞和收藏時不能單憑款識真偽就下結論，從而忽略了對整件瓷器的全面觀察。

23.吹釉和補釉掩人耳目

吹釉是將有缺陷和損傷的瓷器彌補起來。吹釉以前是用口吹氣，將細小的釉點直接吹至要修補的瓷器釉面上的某個部分。吹釉因為較均勻，釉面可厚可薄，比較容易掌握，用吹釉辦法修補瓷器，大致損傷在瓷器的口部地方。吹釉以後有的還再加彩繪，稱為補彩。這樣更易掩人耳目，觀察時須更加注意釉和彩的全身一致性。

24.白釉上現細小灰點是後加彩

在原來舊的白釉瓷器上再加以彩繪，稱為後加彩。如後加三彩的大多以舊的青花瓷器磨去外層的白釉和青花，以充澀胎，然後再加上三彩。

白釉經過再燒後，釉色蒼白而顯鬆弛，折光視其表面呈現微細的波紋，同時在白釉或彩色釉上常常會出現細小的灰點。我們在鑑賞時，除上述的特徵外，還須注意瓷器的彩色和圖案的線條是否與同時代的舊瓷器保持一致。

25.瓷器修補器會有後遺症

瓷器損傷後經過現代技術的修補，在外觀的胎、釉、彩等方面已較難辨明。有的沖口經修復，扣之聲音與好的瓷器相同，但若干年後還是會反映出來的，因為修復的原材料已經老化了。

26.商品修復最精細

上述都是屬於商品修復，即把修復好的器物作為商品進行交易。

為了能使商品取得較好的觀賞效果並獲得較高的商業利潤，對此類修復的技術要求極高。它不僅要做到把壞損的器物恢復到原有形狀，而且還要由一系列的技術加工，使其表面的色彩、紋飾、質感、自然舊貌等，呈現出完好無損的視覺效果。

27.研究修復只是簡單處理

研究修復的目的是為考古專家和學者們的研究工作提供較好的實物資料。因此，此類修復對損壞不嚴重的器物比如：剝釉、沖口、土蝕、非完全性斷折及少量缺損等情況，一般只需清理乾淨表面污垢，而無需進行其他方面的修理工作。

對損壞嚴重的器物，也只需在清理乾淨表面污垢的基礎上，把斷裂的各部位重新黏結在一起，必要時可把短缺嚴重的部位用石膏填平補齊，對風化嚴重的陶器進行適當加固處理就可以了。

28.展覽修復有時有意留下少量損壞

展覽修復是為博物館、展覽館提供理想的實物展品，以供廣大觀眾參觀鑑賞。

此類修復的技術要求，與商品修復基本相同。其不同的是，對修復部位表面的視覺效果

的要求可以比商品修復稍差一點。因為普通觀眾是不可能把展品拿在手裏進行觀察、鑑賞的。只要隔著展櫃的保護玻璃看不出大面積的損壞痕跡就可以了，有時還要有意留下少量損壞部位不去修復以供鑑賞。

青花瓷作舊與辨偽

一件仿古瓷的製作，諸如青花發色、畫工、圖案、造型、落款等方面與舊瓷器頗為相像，幾可亂真，除了燒造時按古瓷製作外，還要完成下列步驟：

1. 磨損

用細砂輪磨平毛糙的地方，主要是胎底，同時將瓷器放在地上來回滾動，用硬器輕輕敲打出崩口，如有需要，還可用玻璃裁刀在瓶內外畫出雞爪紋。

2. 剝釉

剝釉最好是在沿口上，用什錦銼刀的尖端先撬出一個缺口，然後繼續延伸。

3. 戳破氣泡

用利器將釉面的大氣泡戳破。器物的底部一般來說釉層較厚，比較好操作。

4. 去火光

將50%的氫氟酸水溶液，用刷子均勻塗刷器物的表面，由下往上刷，釉層厚的地方塗刷時間可長些，薄處可相對短些。一般塗刷半分鐘至一分鐘後，即馬上用水沖洗乾淨，以免時間過長，釉層表面腐蝕得太厲害會毫無光澤。如果覺得太亮，在表面塗點沙拉油，會使它溫潤如玉。

5. 做色

其目的是給人一種已用舊、髒東西都跑到瓷器縫裏去了的感覺。用高錳酸鉀溶液摻入少許紅糖塗遍器身，底部足圈重點塗，約48小時後用乾布擦拭。所有露胎處、開片處幾乎都呈不同程度的紫褐色。如果覺得底足顏色太深，可用洗衣粉擦洗，用細砂紙打磨，使胎微露白色，似糯米胎，視覺上給人以誤差。

6. 做土鏽

在縮釉處、露胎處以及想做土鏽的地方塗少量502膠水，拍上黃泥。黃泥最好是墓土，

古玩市場上將當代瓷器當作古董青花瓷賣。

古玩市場上將當代瓷器當作古董青花瓷賣。

其中帶有少量老石灰。也可以在器物的某個部位放上幾枚鐵釘，撒點鹽。一個星期以後，瓷面上的鐵銹用刀刮不掉，鹽酸也難以洗去。

7.陳舊感

器物的底部扔點甜食碎渣，吸引蟲子，結上蜘蛛網，撒上蟑螂屎，蒙上灰塵。

掌握了作舊的伎倆，識別也就容易了。

（1）用水將器物沖洗乾淨。過多使用高錳酸鉀的，水會呈紫色。有時用手指醮點水一摸，手指也會染成紫褐色。

（2）順著太陽光線，用十倍以上的放大鏡探視瓷器表面釉層，老瓷表面的磨損縱橫交錯，粗細深淺不一，新瓷器則無這一現象。有的作偽者用砂紙擦，線條、方向和力度幾乎都一樣。

（3）老瓷自然剝釉是由於胎釉結合不好或時間造成的，剝釉的周圍還可以再剝。新瓷剝釉則是打出來的，剝釉的周圍胎釉結合處還是緊密的。

（4）用大頭針撬縮釉處或破裂的氣泡，用放大鏡觀察其氧化程度。

（5）凡用氫氟酸處理過的瓷器，高倍放大鏡下可顯現出無數個被酸腐蝕過的小孔。

（6）清中期以前的瓷器，由於瓷土的關係，非常掂手（即重量大）。清中期以後包括現在的新瓷，胎質疏鬆，有的胎雖然厚，拿在手上卻輕飄飄的。

瞭解青花瓷作舊方法和辨偽技巧，最好能有機會到瓷都景德鎮看看那裏的瓷器師傅是如何操作的。還可以到老城區建築工地上撿舊瓷碎片，或到收藏市場購買瓷器碎片，見多識廣，眼力才會不斷提高。

舊瓷片會增強真品的感覺，面對大量的明清青花舊瓷片，可以讓人熟悉那如脂似玉的胎骨，晶瑩剔透的釉水，流暢的線條，回味無窮的顏色和畫面上濃郁的生活氣息。最重要的是，可以由舊瓷片瞭解那個時代的文化特點。